国家社会科学基金一般项目"农业供给侧结构性改革视角下新型职业农民培育研究"（编号：16BSH064）成果

新型职业农民培育研究

熊凤水 著

Xinxing Zhiye
Nongmin
Peiyu Yanjiu

中国社会科学出版社

图书在版编目（CIP）数据

新型职业农民培育研究／熊凤水著 . —北京：中国社会科学出版社，2020.9
ISBN 978 - 7 - 5203 - 6904 - 6

Ⅰ.①新… Ⅱ.①熊… Ⅲ.①农民教育—职业教育—研究—中国 Ⅳ.①G725

中国版本图书馆 CIP 数据核字（2020）第 141186 号

出 版 人	赵剑英
责任编辑	田　文
责任校对	张爱华
责任印制	王　超

出　　版	中国社会科学出版社
社　　址	北京鼓楼西大街甲 158 号
邮　　编	100720
网　　址	http://www.csspw.cn
发 行 部	010 - 84083685
门 市 部	010 - 84029450
经　　销	新华书店及其他书店
印　　刷	北京君升印刷有限公司
装　　订	廊坊市广阳区广增装订厂
版　　次	2020 年 9 月第 1 版
印　　次	2020 年 9 月第 1 次印刷

开　　本	710×1000　1/16
印　　张	18
字　　数	251 千字
定　　价	99.00 元

凡购买中国社会科学出版社图书，如有质量问题请与本社营销中心联系调换
电话：010 - 84083683
版权所有　侵权必究

序　　言

在经济社会快速转型的进程中，我国农村劳动力大规模外出务工经商，农村出现空心化、老龄化现象，"谁来务农"成为一个现实而紧迫的问题，引起全社会的高度关注。中国作为世界上人口最多的国家，粮食安全的主动权必须牢牢地掌握在自己手里，保证每个中国人能吃饱吃好、吃得安全和健康。同时，在全球化时代，我们国家也要广泛地参与国际竞争，成为农业强国，为世界农业发展作出更大贡献。在这个宏大的背景下，培育新型职业农民、确保农业后继有人是现实的需要，是时代的呼唤。新型职业农民能够提升农村人力资本水平，提高农业生产和管理的科技含量，解决"谁来种地"和"如何种地"的问题，从而保障国家的粮食生产和农业安全，促进现代农业可持续健康发展，助力乡村振兴战略，推进城乡一体化发展，年轻学者熊凤水撰写的《新型职业农民培育研究》一书契合了这一时代需求。细细读来，该书呈现以下几个特点：

一是新型职业农民的学理探讨。农民是一个在中国耳熟能详的名词，但是容易引起混淆和歧义。有传统意义上自给自足的农民，有外出打工的农民工，有已经在城市买房定居、户口仍然留在农村，虽然不再从事农业生产和经营，但是在户籍身份上仍然是农民，也有大中专毕业生在农村从事特色农产品的生产、管理和销售工作，但是并没有农村集体成员的身份，在户籍上属于非农业户口的市民。本书对比分析了传统农民、兼业农民和新型职业农民三种代表性的农民类型，进行学术梳理，详细论述了新型职业农民的特征、素质要求和重要价值，提出了培育蓝领、白领和灰领等层面的新型职业农民。作者指出，从身份到契约是社会的进步，从传统意义上的身份农民走向现代意义上的职业农民，契合了中国农业的发展趋势。培育新型职业农民是顺势而为，是建设现代社会的应然之义，符合社会文明的发展方向。

二是以开阔视野看待新型职业农民培育。现代农业发展和新型职业农民培育是一体两面：一方面，只有现代农业充分发展了，才能提供新型职业农民的成长空间。作者敏锐地看到了这一点，从更宽阔的视野上，跳出职业农民来讨论如何培育职业农民，从促进现代农业发展的历史进程中来培育新型职业农民；另一方面，新型职业农民的壮大能够促进现代农业持续发展，推动中国由农业大国走向农业强国。作者指出，与时俱进的制度创新是新型职业农民培育的基础，通过"三权"分置、"三变"改革，推动土地流转工作的有序开展，实现适度规模经营，为新型职业农民培育奠定基础。健全完善的服务体系是新型职业农民培育的保障，完善的社会化服务体系，顺应了社会分工细化的趋势，推动了蓝领、白领和灰领职业农民的发展。纵横拓展的产业链是新型职业农民培育的关键，需要从纵向和横向两个层面延伸和拓展农业产业链，让新型职业农民能够分享到产业链中高端的收益，拓展出更多的就业岗位和盈利空间。只有现代农业得到可持续健康发展，实现适度规模经营效应，农业产业才有更大的盈利空间，在市场机制的调节下，新型职业农民才能茁壮成长。作者敏锐地指出，新型职业农民培育是发生在广袤的农村大地上，离不开优良的农村社会环境，有效的社会治理是新型职业农民培育的基础性工程。

三是立足现实提供解答钥匙。培育新型职业农民，是建设现代农业生产经营管理体系的战略选择和重点工程，是促进城乡一体化发展、实现乡村振兴的重大制度创新。作者针对新型职业农民培育提出了一些可操作性的举措。第一是不断加强培训力度。现代农业对生产、经营和管理者提出了很高的要求，需要建立和完善农业教育体系，在需求调查的基础上增强培训的针对性，采用灵活多样的培训方式，分层分类地进行培训，提升新型职业农民的人力资本。第二是建立职业门槛制度。通过系统学习和教育培训，对于考核合格的颁发新型职业农民资格证书，享受相应的扶持补贴和应有的各项权利，更好地落实好各项惠农政策，同时，完善退出机制，在竞争中提升新型职业农民的综合素质。第三是建立职业伦理和道德。新型职业农民在生产、经营和管理的各个环节都需要坚守职业伦理，遵守职业道德，向消费者负责，向全社会负责，生产出高质量的农产品，树立社会认可度和公信力，才能有长远的发展前景。这些举措有很强的针对性，对于培育新型职业农民具有重要的参考和借鉴价值。

总的来看，该书结构严谨，条理清晰，立足于扎实调研获得了大量有价值的田野资料，是一本有理论基础和应用价值的学术专著。新型职业农民的培育在中国是一个新事物，对该问题的学术研究和实践探索仍然处在起步阶段，没有成熟的模式可以借鉴。本书聚焦于一个新颖的研究主题，具有重要的创新意义。当然，新事物也意味着研究难度大、需要探索的问题多。作者在读研期间就对三农研究产生浓厚兴趣，工作以后一直关注三农领域，连续完成两项以三农研究为主题的国家社科基金课题，难能可贵、可喜可贺，希望作者能够继续努力、持之以恒，取得更加丰硕的研究成果。

华中师范大学社会学院教授

博士生导师

2020 年 5 月

目　　录

第一章　导论 ………………………………………………………（1）
　一　文献综述 …………………………………………………（3）
　二　研究视角与研究内容 ……………………………………（11）
　三　研究方法 …………………………………………………（20）
　四　调研说明 …………………………………………………（23）

第二章　新型职业农民：中国农民的未来走向 ……………（26）
　一　农民概念辨析与属性探讨 ………………………………（26）
　二　新型职业农民的特征与素质要求 ………………………（34）
　三　新型职业农民的重要价值与组成部分 …………………（47）
　四　新型职业农民的来源与组织载体 ………………………（57）

第三章　与时俱进的制度创新：新型职业农民培育的基础 ……（67）
　一　土地流转 …………………………………………………（68）
　二　三权分置 …………………………………………………（83）
　三　三变改革 …………………………………………………（97）
　四　适度规模经营：一个有待厘清的重要主题 ……………（108）

第四章　健全完善的服务体系：新型职业农民培育的保障 ……（115）
　一　基础性公共服务 …………………………………………（116）
　二　金融服务 …………………………………………………（126）

三　市场化服务 …………………………………………（135）
　　四　培训服务 ……………………………………………（145）

第五章　纵横拓展的产业链：新型职业农民培育的关键………（156）
　　一　产业链拓展的学理基础与现实意义 ………………（157）
　　二　产业链拓展的方式 …………………………………（160）
　　三　产业链拓展的路径分析 ……………………………（182）
　　四　产业链拓展中维护和实现好新型职业农民的利益……（190）

第六章　有效的社会治理：新型职业农民培育的延伸性工程………………………………………………………………（197）
　　一　大户经营的可能风险 ………………………………（197）
　　二　行政推动型土地流转的风险 ………………………（209）
　　三　乡村灰色势力的渗透风险 …………………………（218）
　　四　非粮化非农化与农业用地减少的风险 ……………（227）

第七章　结论与讨论 ………………………………………（236）
　　一　建立政府、市场、社会、农民多主体的良性运行机制 …………………………………………………（236）
　　二　新型职业农民培育是一项前景光明但不能操之过急的事业 …………………………………………………（249）

参考文献 ……………………………………………………（252）

后　记 ………………………………………………………（279）

第一章 导论

国以民为本，民以食为天。农业问题是事关我国长远发展大局和现代化建设的重大问题，农业是关系到国家安危的战略性产业，特别是对于中国这样一个人口大国来说，农业的地位怎么强调和重视都不为过。"民惟邦本，本固邦宁"，党和国家领导人一直高度重视农业生产和农业建设，中国是世界上人口最多的国家，粮食安全问题，不仅在国内受到高度重视，也引起全世界的广泛关注，很多国外的智囊机构和学者也在研究中国的粮食安全问题。代表性的有1994年美国学者莱斯特·布朗公开发表的《谁来养活中国？》一文，这篇文章认为随着中国人口总量的持续增加，收入的提高会带来消费结构的转型升级，中国对粮食的需求会进一步增长，在中国大规模推进城市化和工业化建设的宏观背景下，用于耕种的土地减少，中国粮食供应会相应减少，中国将面临巨大的粮食缺口，由此向中国也向世界提出了"谁来养活中国"的问题。中国人民用行动和实践很好地回答了这个问题，消除了西方国家的担忧：中国人民在实践中不但没有给世界粮食带来安全隐患，而且还通过创造性劳动为世界粮食发展作出了重大贡献！中国政府和人民向全世界作出庄重承诺：中国人民不仅可以自力更生，自己养活自己，不断提高本国人民的生活质量，而且还将会为世界粮食和农业的发展作出自己的贡献。中国在农业生产上能取得如此辉煌的成就，与中国长期坚持正确的粮食战略密切相关，始终在任何时候都坚守"确保谷物基本自给、口粮绝对安全"的战略底线。粮食属于特殊的战略物资，不可完全听凭市场调节，更不能由国际粮商控制。谈论到粮食生产，就不得不提到农民，农民是粮食生产的主体，可以毫不夸张地说，农民是在做一件天大的事情，理应得到全社会的认可与尊敬。遗憾的是，从现阶段的实际情况来看，农民在社会中的地位分层与农业在国家中的战略地位并不相符，整体而言，农民处于社会分层中的中下阶层位置，从经济收入和社会地位来看，有很大比例的农民居于社会分层的底端。

现在中国的农业，很大程度上依然属于低收入、低效能、工作条件和环境相对恶劣的产业，全社会甚至农民自己都看不起农业，瞧不起农民，从事农业就感觉低人一等。农民教育子女的一句口头禅就是，"你再不好好读书，就回家种田"，说明社会对农业和农民的偏见到了何种程度，这与中华民族历史上悠久灿烂的农业文明实在是不相匹配。在经济社会深刻转型的进程中，农村青壮年劳动力大量外出务工，农村出现空心化、兼业化、老龄化现象，农村地区从事农业生产的大部分是20世纪60年代出生的人；70年代的农民不再愿意种田；80年代的农民不会种田；90年代的农民孩子甚至连自家田地的位置在哪都不知道。年轻人普遍存在种地和产粮积极性不高的问题，"谁来务农"已引起社会高度关注，我国农业现代化陷入传统农民数量急剧减少与培育新型职业农民发展现代农业滞后的困境之中。为了解决这一问题，2012年"中央一号"文件首次提出要大力培育新型职业农民，全面造就新型农业农村人才队伍，明确提出将"农民"视为一种职业。新型职业农民的提法淡化了身份意识，突出了农民的职业属性。面对农业发展的新形势，强调培育新型职业农民，适逢其时而又一针见血，只有保证"有人种田"，才能谈得上"种得好田"。随着现代农业快速发展，高新技术层出不穷，农业功能不断拓展，岗位不断细化，对农业从业者提出了更高的要求，兼业农民、传统农民难以适应现代农业的需要。从农业发展阶段看，没有农民职业化，就没有农业现代化。

一　文献综述

培育新型职业农民，前提是要发展现代农业，只有农业得到健康持续发展，职业农民的培育才有坚实根基。农业是基础性产业，一直受到政府和学界高度重视，家庭承包责任制实施以来，"三农"问题得到持续关注。已有对农业和农民的研究，主要体现在以下几个方面。

（一）如何促进农业发展的论述

1. 对家庭承包责任制的分析

改革开放以后，中国农业连续多年超常规增长，"农业生产取得长足的进步，家庭联产承包经营制被人们普遍认为是中国 20 世纪末最成功的经济改革政策和制度安排之一"[①]。人民公社时期"一大二公"的体制，无法调动农民生产的积极性，较为普遍地存在"磨洋工"现象，干活不出力，吃饭不含糊，粮食库存在短时期内耗尽。"因为农业监督的困难，以家庭为基础的生产模式比生产队更有效率"[②]。家庭承包经营责任制的特点是"交够国家的，留足集体的，剩下的都是自己的"，极大地提高了农民的劳动积极性，推动了农业生产快速发展，农民能够吃得饱饭，这是中国农业生产的巨大成就。但是，从 20 世纪 80 年代后期开始，农村经营体制出现改革绩效递减，农业较长时期徘徊不前，农民增产不增收现象明显，投入农业生产的积极性降低，"三农"问题突显出来。学术界不断反思家庭承包经营制的缺陷，代表性的观点包括：农地承包经营权缺乏明晰性、排他性、安全性、可转让性、权能责任利益缺乏对称性、承包经营权可实行性受到限制，农村土地承包经营权表现出相当程度的产权残缺并

[①] 陈明：《农地产权制度创新与农民土地财产权利保护》，湖北人民出版社 2006 年版，第 7 页。

[②] 林毅夫：《中国家庭承包责任制改革：农民的制度选择》，《北京大学学报》（哲学社会科学版）1988 年第 4 期。

正成为阻碍我国农村社会经济进一步发展的障碍因子①。土地承包经营权的法律保护依据不足，农村土地承包关系不稳定，农民土地财产权利及相关权益缺乏有效保护，影响了经济绩效②。土地均分、小农分散经营导致生产效率损失③。

针对集体所有、家庭承包的弊端，有学者提出用国有永佃制代替集体所有制，实行土地国有化、农民永佃制成为一种现实可行的制度选择，而且在我国的经济、政治和社会生活中不会引发剧烈动荡④。有学者认为以土地私有制取代集体所有制，把土地所有权交给农民，实行农地私有化，才符合经济学逻辑，才能避免农民革命的爆发⑤。主流的观点认为现有的农村土地制度是适合中国实际情况的，只要从客观实际出发，不断进行改革与创新，仍然具有强大的生命力⑥。

2. 对土地流转的论述

如何对传统农业进行改造，是一个没有统一结论的争议性话题。"目前关于此项研究主要有三条进路：一是在理论上坚持以社会化大生产改造传统农业，在实践中又转化成以集体化为载体改造传统农业。二是以农户、村社为基础发展合作社及纵向一体化改造传统农业。三是通过引进新的生产要素及人力资本投资来改造传统农业"⑦。三种具体方式在现实执行中孰优孰劣，也是众说纷纭，没有形成定论，但均需建立在一个共同的前提之上，那就是土地适度规模经营。通过土地流转来实现土地使用权的集中进而实现规模经营，得到学术界的公认。土地流转在理论上形成了共识，在实践中也具备了客观条件。农民大规模外出打工、离土离乡为土地流转创造了有利的条件。

---

① 钱忠好：《中国农村土地承包经营权的产权残缺与重建研究》，《江苏社会科学》2002年第2期。
② 丁关良：《农村土地承包经营权性质的探讨》，《中国农村经济》1999年第7期。
③ 叶剑平：《中国农村土地产权制度研究》，中国农业出版社2000年版，第26页。
④ 安希伋：《论土地国有永佃制》，《中国农村经济》1988年第11期。
⑤ 张曙光：《私有或者革命》，《财经文摘》2008年第7期。
⑥ 孔祥智：《土地流转与新型农业经营主体培育》，中国农业出版社2015年版，第46—47页。
⑦ 邓大才：《改造传统农业：经典理论与中国经验》，《学术月刊》2013年第3期。

土地流转是推动规模经营、建设现代农业的需要，有利于优化土地资源配置、推广农业技术和调动农民积极性，代表性的农村土地流转模式有集体组织主导型、民间自发流转型、资本主导型[1]。但是，在实际工作中，土地流转也出现了一些问题，如土地权属含混、所有权主体模糊甚至虚置，在行政化推进色彩浓厚的背景下，现行农地"集体所有制"很难抵制地方政府滥用"公共利益需要"的名义开展的各项活动。往往违背农户的意愿，侵犯农民的权利，一些干部则乘机从中牟取私利。土地流转工作开展的过程中，农民主体性不足，传统农民难以满足现代农业的素质要求。

土地流转不仅受到中国政府和学界的高度重视，也受到国外学者的高度关注。Terry 通过对中欧国家农地细碎化的研究，认为解决土地细碎化离不开土地流转市场[2]。农地流转能够促进土地规模经营，带来规模经济和效率的提高[3]。从世界各地实际情况看，农地租赁方式已成为农地交易的最主要方式。在稳定农业基本经营制度的基础上，健全农地承包经营权流转市场，探索各种农地流转新形式，不仅非常必要而且完全正确[4]。可以看出，国内外学者对于土地流转总体上持赞同态度，认为这是走向适度规模经营的重要方式。

（二）农业发展受制约因素分析

中国农业的发展一直受到世界关注，很多学者从不同的层面分析了中国农业发展受到的制约因素，尽管不一定与中国的现实状况相符，但仍然具有借鉴与启发意义。艾尔温认为，"中国早期有众多技

---

[1] 曾福生等：《农地流转的理论模式与机制构建》，中央编译出版社 2012 年版，第 109 页。

[2] Terry van Dijk, "Scenarios of Central European Land Fragmentation", *Land Use Policy*, Vol. 20, 2003, pp. 101–113.

[3] Jirong Wang and Eric J. Wailes, "A Shadow-Price Frontier Measurement of Profit Efficiency in Chinese Agriculture", *American Journal of Agricultural Economics*, Vol. 78, No. 1, 1996, pp. 146–156.

[4] Yao Yang, "The Development of the Land Lease Market in Rural China", *Land Economics*, Vol. 76, No. 2, 2000, pp. 252–266.

术创新，而后来逐渐丧失技术的创造力，并不是因为资本的不足，政治的压力和企业精神的匮乏，而是因为高度社会稳定之下形成的人口膨胀而导致人地比率的失调"[1]。赵冈认为，"由于人口不断增长，人地比率持续升高，导致节约劳力和劳动在中国已经没有什么价值，劳动力总体上呈现出无限供给状态。因此，以节省劳动、减少劳力、提高劳动生产率的技术创新面临动力不足的困境，技术创新的激励程度和创新概率随之下降"[2]。机器排斥工人的现象在农业领域也一定程度存在，因为农业人口众多，在没有找到更好的就业出路之前，只能是集中于农业领域就业，抑制了农业技术创新与发展。格尔兹（1963）在《农业内卷化》这本名著中首次提出"内卷化"概念，用以描述印尼爪哇地区一种生态稳定性、内向性、人口快速增长、高密度的耕作过程。"由于缺乏有效的技术方法和工业因子的引入，农业无法发展"[3]。黄宗智通过对长江三角洲乡村发展进行深入的历史和经验研究，也得出了基本类似的结论，认为小农经济导致的"过密型商品化"是造成中国乡村社会未能得以长足发展的原因所在。"所谓过密化，是指伴随着单位劳动生产率降低的生产增长"[4]。通过梳理可以发现，以上学者都在一定意义上承认，由于人口过剩或者农业劳动力过剩，人均田地数少，导致农业生产率和人均收入增长率出现停滞或递减等问题。

农业发展除了受到人多地少的制约外，还有其他一些因素，如农民负担过重。针对农民增产不增收的现状，学界和政府进行持续的思考，不断减轻农民负担，2006年政府在全国范围内取消了农业税和农业特产税，同时加大国家财政支农力度，增加财政支农资金的数量，制定各种惠农政策，加大对农业的扶持。除了"多予少取"之

---

[1] Elvin, Mark, *The Pattern of the Chinese Past*, Stanford University Press, 1973, p. 315.
[2] Chao, Kang, *Man and Land in Chinese History: An Economic Analysis*, Stanford University Press, 1986.
[3] Geertz, Clifford, *Agricultural Involution*, University of California Press, 1963.
[4] 黄宗智：《长江三角洲小农家庭与乡村发展》，中华书局1992年版，第223页。

外，学界还在不断对农业生产经营模式进行反思。我国传统农业经营模式存在弊端，一是经营主体的自然人状态，农户经营规模过小，统一经营不够，经营缺乏集约功能，是我国农业经营体制的重大缺陷。二是农产品生产的自然状态，缺乏科学合理的统一标准与流程规范，质量缺乏安全性。三是经营活动的自由状态，农户几乎可以随时决定是否经营、流转乃至闲置，经营缺乏稳定性[1]。

（三）对新型经营主体和职业农民的讨论

我国农业生产经营中以一家一户为单位的小规模生产经营模式已不适应现代市场经济条件下对农业产业化的要求，为了适应新形势，需要推进农业经营体制机制创新，加快农业经营方式转变。[2] 党的十八大报告明确提出，要大力构建集约化、专业化、社会化、组织化相结合的新型农业经营体系。小农意识下传统农民的价值观念、生产方式、经营技巧、组织理念难以适应新型农业经营体系的需求，在社会快速变迁的进程中，农业发展面临新形势和新要求，呼唤新型农业经营主体的出现和壮大。"新型农业经营主体是指具有相对较大的经营规模、较好的物质装备条件和经营管理能力，劳动生产率、资源利用率和土地产出率较高，以商品化生产为主要目标的农业经营组织，其主要特征包括适度规模和专业化生产、集约化经营、市场化程度高等"[3]。新型农业经营主体组成成分多样，"主要包括专业农户、家庭农场、农民专业合作社、农业企业、专业服务组织等，是建设现代农业的微观基础"[4]。加快培育新型农业经营主体，得到了政府和学界

---

[1] 肖俊彦：《构建培育我国新型职业农民的政策框架》，《中国经济时报》2016年8月23日第8版。

[2] 孔祥智：《土地流转与新型农业经营主体培育》，中国农业出版社2015年版，第32页。

[3] 张照新、赵海：《新型农业经营主体的困境摆脱及其体制机制创新》，《改革》2013年第2期。

[4] 孙中华：《大力培育新型农业经营主体 夯实建设现代农业的微观基础》，《农村经营管理》2012年第1期。

的共识，在实践政策层面也在加快落实推进。

学术界在新型职业农民的研究上，聚焦于以下几个方面展开：第一，新型职业农民含义的研究。2013年，农业部印发《关于新型职业农民培育试点工作的指导意见》，指出新型职业农民是指"以农业为职业、具有一定的专业技能、收入主要来自农业的现代农业从业者，主要包括生产经营型、专业技能型和社会服务型职业农民"[1]。总体来看，"新型职业农民是指掌握现代农业生产经营的专业知识和技能，以自主选择为前提、以市场为导向，在农业产业化各环节中从事生产、经营、服务等专业工作，并获得相应报酬的职业群体"[2]。第二，新型职业农民内涵的研究。"从与传统农民角色差异性的角度，新型职业农民不再是身份地位的象征，而是从事现代农业生产经营的农民"[3]。打破了身份的延续性，"新型职业农民不再是子承父业、被迫无奈的结果，而是由农民自主选择的职业"[4]。具有"全职务农、高素质、高收入、社会尊重"的基本特征[5]。第三，新型职业农民培育的对策研究。主要从资金支持、教育培训和法律保障等方面开展工作，在实践中完善农村人力资本提升的教育机制和人才流动机制[6]。新型职业农民培育是一个系统工程，需要构建"政府主导、行业指导、企业参与"的新型职业农民培育机制，引入"参与式"的培育理念，实现新型职业农民的自我发展[7]。尽管全国各个地区在实践中对新型职业农民的培育进行了诸多探索，采取了很多激励措施，也取

---

[1] 范巍：《农业部办公厅关于新型职业农民培育试点工作的指导意见》，《农民科技培训》2013年第8期。

[2] 童洁、李宏伟、屈锡华：《我国新型职业农民培育的方向与支持体系构建》，《财经问题研究》2015年第4期。

[3] 朱启臻：《新型职业农民特征、地位与存在形式》，《农民科技培训》2013年第11期。

[4] 蒋平：《新型职业农民培育的几点思考》，《农业科技培训》2012年第4期。

[5] 李文学：《新型职业农民须具有四大特质》，《农村工作通讯》2012年第7期。

[6] 沈红梅、霍有光、张国献等：《新型职业农民培育机制研究——基于农业现代化视阈》，《现代经济探讨》2014年第1期。

[7] 许浩：《培育新型职业农民：路径与举措》，《中国远程教育》（综合版）2012年第11期。

得了一些成效，但仍然面临很多不足。总体来看，目前国家层面还没有形成行之有效的培育新型职业农民的政策体系，迫切需要深入研究。"很多培训规划不符合地方农村发展实际、培训方式不符合农民生产习惯、培训内容与农民需求脱节，农民参与度不高。"① 此外，由于各地重视程度不同，还存在法制保障滞后、资金投入不足和覆盖面窄等问题②。

（四）对国外农业发展的研究

国外在发展现代农业上，也进行了诸多探索，取得了很多成功的经验。第一，国外职业农民培育的具体做法。美国农业现代化发展历程中，政府起着非常重要的作用，通过立法协调等手段，利用经济杠杆，弥补市场不足，提供资金、技术支持，发展农业协会。日本对农业实行高补贴政策，对农业实施强有力保护，支持农业协会。韩国实施"新村运动"，加强农业基础设施和生态环境建设，建立农业风险保护机制，促进农业现代化③。第二，对国外职业农民发展、教育、扶持和培训的经验总结。发达国家的职业农民已经在实践中获得了较大的成功，主要的培育措施包括依靠立法支撑、教育和培训、强化服务和管理等手段促进职业农民的发展。美国、日本和新西兰等国极具代表性④。发达国家的先进经验和做法，可以借鉴到国内，为职业农民的发展服务。

---

① 李俏、李辉：《新型职业农民培育：理念、机制与路径》，《理论导刊》2013 年第 9 期。

② 张桃林：《培育新型职业农民将伴随农业现代化发展全过程》，《农民科技培训》2012 年第 5 期。

③ 曾福生：《农业现代化与农村经济组织模式创新研究》，中国农业出版社 2013 年版，第 106—116 页。

④ 具体内容请参见以下文献：李志远、李尚红：《美国的家庭农场制给予的启示与我国农业生产组织形式的创新》，《经济问题探索》2006 年第 9 期。杜妍妍、姜长云：《发达国家农民培训的特点与启示》，《宏观经济管理》2005 年第 7 期。李红、王静：《日本农民职业教育：现状、特点及启示》，《中国农业教育》2012 年第 2 期。许东风：《新西兰农民工教育培训的经验及启示》，《调研世界》2011 年第 12 期。

（五）已有研究评述

总的来看，已有研究成果丰硕。但目前我国"三农"问题依然突出，并没有得到真正解决，这表明相关研究仍有进一步深入的空间。至少可从以下三个方面着手：第一，农产品数量增产不表示农业问题解决了。国内一方面出现粮食大量库存，产品卖不出去，谷贱伤农；另一方面却从国外大量进口农产品，供给与需求出现不匹配。农产品数量增产了，但质量不高，食品安全问题频发，成为受到全国关注的重大公共议题。需要引入一些新的研究视角，以激发对"三农"问题的新思考，促进相关政策创新。第二，作为母业的农业产业，不能只靠兼职化、老龄化的劳动人口来完成，需要新型职业农民来承担此重任。现在中国农村很多地区，青壮年劳动力都不会务农，也不愿意务农，把务农看成是没有出息、低人一等的事情，从事农业生产的大部分是50岁以上的人口，等到这一批人年老之后，谁来务农会成为一个问题。第三，应加强理论研究与应用研究的结合，许多研究较为偏向于纯学术探讨，对政策应用的支撑不够，导致目前相关政策缺乏有效性和创新性。新型职业农民的研究，很多是停留在政策呼吁层面，实质性的措施偏少，或者简单地以新型职业农民培训代替。中国农产品的安全问题、农民兼业化、老龄化问题，到最后都会趋于同一个指向：新型职业农民的发育与兴起。

农业的现代化需要农民的职业化与之相匹配，培养一大批适应现代农业要求的新型职业农民，已经成为当务之急的大事，关系到中国农业的长远发展。人是最核心、最重要、最关键的资源要素，农村人力资本是制约农村经济发展的关键因素。掌握现代科学技术知识、管理方法和创业意识的能运用新生产要素的人，才是农业供给侧改革的关键，没有农民的现代化，就不可能实现农业的现代化。激发高素质的劳动者投入农业生产中，并以农业作为长期甚至终身职业，生产出高质量的绿色有机农产品，中国的农业才会得到持续健康发展。在

一、二、三产业加速融合的今天，现代农业更需要这种具有新知识、懂管理的新型职业农民，未来农业发展的主力军就是依靠新型职业农民。"发达国家实践表明，农业现代化的核心在于人的现代化，培育新型职业农民是必然选择。"[①] 我国仍然处于社会主义初级阶段，农业现代化程度低，新型职业农民作为一个新兴概念，很多理论与实践问题还处在探索之中，相关研究仍然处于起步阶段，急需进行系统的梳理，努力进行理论与实践的创新。

二　研究视角与研究内容

（一）农业供给侧结构性改革视角的背景

"三农"问题一直受到高度重视，学界和政府提出了很多对策，为中国农业发展作出了重大贡献，中国自豪地宣布已经解决温饱问题，正在进入全面小康社会。但解决农产品数量不代表解决了农业的全部，现在恰恰是数量上出现了问题。从供给侧入手是一条可行的、具有重要价值的路线。2015年中央农村工作会议首次明确提出要大力推进农业供给侧结构性改革，强调从农业供给角度实施结构优化，增加农产品长期有效供给。

1. 农产品供给和民众需求出现结构性错位

随着收入和消费水平的提高，民众的健康意识与安全意识大幅度提升，城乡居民对农产品的消费需求在不断更新升级，日益呈现出优质化、精品化、个性化和多样化的趋势，安全消费、品质消费、品牌消费、绿色消费、体验消费等日益受到重视，成为农产品消费需求新的重要增长点，不再是简单地停留在吃饱穿暖层次上，而且不断延伸农业的消费功能，对农耕文化、农耕体验、农业科教和生态价值的需求逐渐兴起，日益成为农业创新供给追求的"新常态"。

[①] 李国祥、杨正周：《美国培育新型职业农民政策及启示》，《农业经济问题》2013年第1期。

这些优质化、个性化、多样化的农业需求,特别是新型需求往往属于中高端需求①。中国农业生产目前还没有顺应消费需求的变化,仍然处于要素驱动型阶段,具有高投入、高产出、高污染的特征。过度依赖化肥、农药、薄膜等来维持农作物的增产,石化农业发展模式给农业带来了沉重的负外部性,包括农产品重金属、激素含量和农药残留超标,土壤功能退化,农业污染严重等。从一些主要的农产品供给来看,大米被媒体曝光出存在"镉超标";玉米高速增产,出现需求过剩;大豆生产出现大额缺口,依赖于进口;受"三鹿奶粉"等事件的影响,国产牛奶在质量、信誉保障方面难以满足消费者的要求,仍然心存阴影。总体上看,农业供给结构和产业结构的转型调整比较慢,没有跟上消费需求结构升级的步伐,供给与需求不匹配,农产品存在无效或者低效供给,不能有效满足民众的真实需求,生态、有机等高品质农产品和农业旅游休闲产品等供给跟不上日益扩大的需求。产生矛盾和问题的焦点在于供给侧,农产品供给没有很好地满足消费者的需求,产生买难卖难现象,供需结构出现失衡。

2. 农产品产量、进口量与库存量"三量齐增"

因为供给和需求出现结构错位,低层次的产品无法出货清仓,高质量的产品只能依赖进口,出现农产品供给量、进口量与库存量"三量齐增"的局面,农产品"洋货入市、国货入库"问题突出。据进入21世纪之初的调查资料,全国范围内120种农产品均处于供大于求的状态,即使是新出产的产品也依然在短时间内出现这种局面②。市场上质量欠佳的中低端粮食产品过剩严重,中高端产品和精深加工产品比较稀缺,不少精深加工产品和专用型、功能型产品依赖进口。近年来,受人力成本和物价上涨的影响,我国农产品生产成本不断提

---

① 姜长云、杜志雄:《关于推进农业供给侧结构性改革的思考》,《南京农业大学学报》(社会科学版)2017年第1期。
② 国亮、侯军岐:《供给侧改革背景下农业产业升级分析》,《河南社会科学》2017年第1期。

高，与此同时，国际大宗农产品在技术改进的助力下，价格总体上呈现出下降的趋势，国内农产品的价格要高于国际市场价格。"2015年我国粮食实际缺口只有500亿斤左右，但实际进口粮食却高达2400亿斤，其中的一个重要原因，就是国内粮食市场价格明显高于国际粮食市场价格"①。2010年以来国内主要农产品的价格都要高于国际市场价格，"小麦现货价比国际现货价高出1000—1200元/吨，稻谷高出1100—1600元/吨，玉米高出900—1200元/吨。高额的粮食生产成本，在国际上完全不具备比较优势，没有市场竞争力，只能是增产越多，亏损越多"②。由于供给与需求的结构矛盾，不时出现"谷贱伤农"情况，如2015年底的粮价大跌、苹果滞销、白菜价跌，2017年棉花价格大幅度下降、鸡蛋下跌等导致的"伤农"局面。"种粮一年不如打工一月"，粮食生产核心区大量农村劳动力转向城市二、三产业，农民"老龄化"、农业"兼职化"、农村"空心化"趋势进一步加剧。

3. 农业政策的两难困境

原有的农业政策主要是从需求侧出发，以满足民众的需求尤其是以衣食的基本需要为出发点，对粮食种植进行保护和补贴。现在出现大量库存，如果再一味地进行补贴和保护，则会因为更高的库存带来更大的亏损，对落后产能的保护导致无法进行农业产业的更新和升级。但是如果不保护，我国农业生产面临着农产品价格"天花板"封顶、生产成本"地板"抬升等新挑战。粮食属于特殊的战略物资，不能掌握在国外生产者手中，因而现有的农业政策面临两难困境。需要从供给侧着眼，更加重视农产品的结构调整，增加符合市场需求的有效供给，增强农产品的国内国际竞争力，而不是传统农作物单纯的产量增加，实现农业发展由数量增长向数量、质量和效益增长并重。

---

① 许经勇：《农业供给侧改革与提高要素生产率》，《吉首大学学报》（社会科学版）2016年第3期。
② 周蓉：《农业供给侧改革的科技支撑》，《中国农村科技》2016年第5期。

（二）农业供给侧结构性改革的研究内容

从农业供给侧结构性改革的视角看，我国农业发展过程中存在着去库存、降成本、补短板的迫切需要。

1. 去库存

库存增加往往是由于农产品的价格或者品质方面的原因引起的，中国农产品从目前来看在这两方面都没有优势。政府为了保障粮食安全，采用政府保护价收购和种粮补贴等方式调动农民种粮的积极性，虽然保障了粮食的产量，不用担心吃饭问题控制在别人手里，但客观上加剧了农业的低端供给、无效供给和资源错配问题，阻碍了农产品的升级转型，导致农业生产效率低下。去库存首先要减少低端农产品供给，库存在某种程度上就是消耗和浪费，有限的资源不能再投入到低端农产品的生产上，需要转移到中高端农产品的生产上来，以需求为导向，扩大中高端农产品的有效供给，增强供给结构对民众需求变化的敏感性、适应性和灵活性，使有限的资源能够得到更充分的、更有价值的利用，这对人多地少、资源贫乏的中国农业来说尤为重要，是未来农业发展的主攻方向。

2. 降成本

中国粮食生产面临着两个"天花板"的制约：一是价格"天花板"；二是补贴"天花板"。我国目前主要粮食价格已经高于国际市场价格，这也是导致库存高的最重要原因，从消费者的角度来看，购买国外农产品更便宜实惠，而且粮食是特殊的商品，是民众的最基本刚性需求，价格提升对中低收入群体影响大，出于保障民生和社会稳定的考虑，国家对粮食价格上涨一直高度关注，继续提高粮食价格面临着"天花板"制约。我国现行粮食补贴已接近WTO规定的最高限界，在农产品国际市场进一步开放的条件下，粮食补贴面临越来越大的国际压力，补贴同样面临着"天花板"，从资源合理配置和利用的角度看，对高库存的农产品进行补贴，是在保护落后产能，没有效率和价值。要增强农产品的市场竞争力，降成本是一条可行的现实之路，需要不断进行制度创新，激发制度红利，走适度规模经营之路，提高农业的机械化、科技化水平，提升资源配置的效率，有效降低农产品的生产、运输和储存的成本，是增强农产品竞争力的重要举措。

3. 补短板

中国农产品竞争力不强，一个重要的因素是存在短板，急需补齐农业发展的短板。一是大力加强农业基础设施建设。一些农业生产配套设备，如灌溉设施、机耕路、烘干设备、存储场所等供给不足，或者年久失修，制约了现代农业机械的使用，直接增加了农产品生产、储存和运输的成本，加速了农产品的变质、腐烂和损耗，无形中增加了农产品的成本，提高了农产品的销售价格，降低了农产品的市场竞争力。二是农产品的质量和品质亟待提升。在基本的温饱问题解决之后，民众需求已经由吃得饱转向吃得健康、安全，对农产品的质量提出了更高的要求，只有生产更优质、更丰富、更适销的有机、绿色食品，使生产适应消费者需求的变化，农民才能把产品顺利地变成收入，提高农业生产的效益。农产品在现实中存在"买难"与"卖难"并存的结构性矛盾，症结就在于农产品质量的短板，因为质量不高，民众担心食品安全问题，农产品出现"卖难"。民众想买的理想中的绿色有机安全食品，市场上又不能有效充分提供。农产品质量不高是中国农产品最大的短板，也是大量进口国外农产品的最重要原因。三是农产品精深加工不够，没有形成品牌效应。在农产品的链条中，初级农产品价格低廉，附加值低，精深加工的农产品附加值高，利润高。受制于技术条件等因素，农民主要集中于农业生产和初级产品加工环节，位于农业产业链的低端，这也是导致中国农民收入低下的重要原因。补齐短板需要大力发展农产品精深加工，提高农产品的附加值，减少初级农产品的损耗和浪费，树立品牌意识，品牌可以带来更高的附加值和收益，在农产品产业链的中高端发力，这是保障农业供给侧结构性改革取得实效的重要途径。

（三）新型职业农民培育的方向

农产品"卖难"和"买难"同时存在，说明是农产品结构出了问题，供需不匹配，农业生产和经营主体需要在农产品供给环节下功夫，通过管理和制度创新，调整农业生产结构，增加农产品供给的有效性，更好地满足人民群众对高质量、绿色有机农产品的需求，提供品种丰富、畅销优质的农产品。传统农民主导生产的传统农业难以承担起满足民众日益提升的中高层次农产品需求的重任，急需新型职业农民队伍的培育与壮大。

1. 从农业生产体系培育"蓝领"职业农民

生产体系是指在农业提供的产品方面进行改革，这是农业发展的基础，生产体系主要培育"蓝领"职业农民，从事具体的农业生产活动。在农业供给侧结构性改革的推动下，"蓝领"职业农民在农业生产方面的转型体现在以下几方面。

（1）由数量到质量。在基本解决温饱问题之后，国民的日常生活消费已经与过去大不相同，农业消费结构在转型升级，中国正在由吃得饱走向吃得好、吃得安全、吃得健康转变，过去主要是追求数量，能吃饱就行，现在更加看重质量，注重健康和养生，向往有机、绿色的高质量农产品，追求符合自然生态的饮食消费。传统农业模式下的农产品，因为质量达不到消费者的要求，库存严重，价格下降，无法及时销售出去，不能顺利转化为农民的收入。与此同时，却大量进口和消费各类国外农产品，暴露出我国农业供给出现结构性错位。新型职业农民在从事农业生产时，不再以增加农作物产量为主要目标，产量增加不等于收入增加，需要由重视数量转变为重视质量，杜绝大量使用化肥、农药、增长素，提供绿色、环保、生态的高质量农产品。通过由数量转变为质量，让土地休养生息，增强农业可持续发展的能力。

（2）由小而全到专而精。传统农业主要是满足家庭需要，目的是自给自足，家庭需要什么就种植什么，种植的农作物品种很多，但每一种农作物的数量很少，小而全，摊大饼，没有专业分工，效益低下，这是传统农民的生产特征，这种生产模式只能解决温饱，无法致富。新型职业农民需要紧密与市场相衔接，走专而精的农产品供应道路，瞄准市场需求，生产一种或者少数几种农作物，扩大有机农业和绿色农业的生产规模，减少常规过剩农产品的种植，采用先进的农业科学技术与管理方法，生产出有特色的农产品，更好地满足消费者的生态、健康需求，在农产品生产和存储、加工等环节充分地进行分工合作，新型职业农民要走向专而精，真正实现脱贫致富、全面小康。

（3）由种粮转变到大农业。传统农民的种植结构中以粮为主，把农业看成是种植业，甚至进一步缩小化为粮食和棉花等最基本的生存物资，在贫穷落后的年代，当然是合理的，吃饱饭比什么都重要，"手中有粮、心中不慌"说的就是这个道理。但是在基本需求满足之后，民众对农产品的需求就变得更为多样和高级，不仅要吃饱，还要吃好，还要吃出花样、吃出文化，更加追求营养的丰富性和均衡性。农产品供给需要从种粮走向大农业，在保证国家粮食安全的前提下，大力发展水果、蔬菜、养殖业、苗圃花卉等，从种粮走向农、林、牧、副、渔的大农业，由传统农民转变为新型职业农民。

（4）由第一产业延伸到第二、第三产业。传统农民把眼光聚焦在第一产业，从事粮食、棉花等基本生活物资的生产，当这些农产品出现供给过剩的时候，农民就不能顺利销售出去，无法增收，储存成本高昂，容易变质腐烂，消耗巨大，是社会财富的无形浪费。新型职业农民需要"跳出农业看农业"，在更广阔的视野上把第一产业和第二、第三产业有机联系起来，对初级农产品进行深加工，把第一产业和第二产业融合起来。从当地的自然景观和人文环境出发，大力发展乡村旅游、红色旅游、草原旅游、体验式旅游等，把第一产业和第三产业结合起来。提升农业附加值，拓展新型职业农民的增收来源。

2. 从农业经营体系培育"白领"职业农民

传统农业是为了自给自足，主体是满足家庭需求，只有剩余的农产品才到市场上交易，农业经营处于很次要的地位，新型职业农民是以市场需求为导向从事农业生产，是面向市场的农业，经营体系处于极为重要的地位，是对传统农业出现"增产不增收"现象进行深刻改革，直接关系到收入高低和可持续发展状况。从事经营管理体系的主要是"白领"职业农民，主要工作内容表现在以下几方面。

（1）紧密与市场对接。新型职业农民以市场需求为导向从事生产经营，目的就是为了获利，要在市场上进行销售，而不是为了自给自足。能否在农产品生产和市场需求之间进行有效对接，直接关系到新型职业农民是盈利还是亏本，因而，要不断地进行市场需求调查，增强市场敏锐能力，捕捉商机，做到与时俱进，淘汰没有市场需求的落后产品，这对新型职业农民的市场判断能力、预测能力和综合素质提出了很高的要求，做到紧密与市场对接，是新型职业农民与传统农民的显著差别。

（2）品牌树立与运作。科技进步带来产品丰盛，农产品整体转向买方市场，争夺市场份额的竞争越来越趋于白热化，要提高农产品的附加值，把农业做强做大，就需要树立品牌意识。中国是农业大国，但不是农业强国，可能有些人能说出烟台的苹果、阳澄湖的大闸蟹、张飞牛肉、西湖龙井等，但是整体上能够树立起来的品牌不多、名气不大。新型职业农民要获得更多的利润，要走农业品牌化之路，这需要有长远的眼光、科学的规划和持续的努力，没有任何一个品牌是一天建立起来的，精心呵护才有可能茁壮成长，未来在农产品品牌设计、运行、销售等方面需要投入更多的人力资源，拓展了"白领"职业农民的发展空间。

（3）提高农民组织化程度。农民虽然人数众多，但力量弱小，呈现出一盘散沙的原子化个体状态，管理成本大，对外难以发出统一的声音，市场谈判能力弱。新型职业农民的发展壮大需要借助于农民组织化程度的提高，通过农民合作社、专业协会等方式，将农民组织起来，提高农户生产和销售的组织化程度，增强在市场竞争中的谈判能力，对外维权，更好地保护新型职业农民的合法权益。通过行业协会对内监管，有效监督协会成员的生产经营行为，遵守职业道德，提高农产品的质量、信誉和形象，树立农产品的品牌意识。在农民合作社、行业协会等管理岗位上需要更多的新型职业农民参与。

3. 从农业服务体系培育"灰领"职业农民

新型职业农民从事的现代农业，科技含量高，需要进行分工合作，每一个人只从事农业生产或者经营中的某一个环节或者某几个环节，实践中会衍生出很多为农业进行服务的工作岗位，可以称为"灰领"职业农民，意指那些既能动脑又能动手，具有较高的知识层次、较强的创新能力、熟练掌握农业某个方面技能的职业农民，是具有良好理论素养和较强实践操作能力的复合型、实用型人才。传统农业分工合作的要求低，导致农业服务是短板，极大地制约了现代农业的发展，需要大力加强。农业服务体系包括公共性服务和经营性服务，公共性服务往往由政府提供，或者由政府购买服务；经营性服务由各类市场组织的新型职业农民提供。农业服务体系能够解决一家一户办不了、办不好、办起来不划算的事情，也能够给新型职业农民的发展提供更多的就业岗位。

（1）为农业提供产前、产中、产后的服务。从农业生产环节来看，可以为农业提供产前、产中、产后的服务与管理。产前的服务如田地平整的机耕手，产中的服务如喷药、除草等，产后服务如烘干、存储等。通过专业服务，可以提升农业生产的效率，解放出更多的农村剩余劳动力，降低生产成本，扩大农户的种植规模，实现适度规模经营效应。

（2）建立质量追溯体系。新型职业农民的持久发展需要建立在高品质的农产品基础上，注重农产品的品牌建设，维护良好的信誉和形象，要建立农产品质量追溯体系。杜绝违禁化肥、农药、兽药、激素进入农业生产环节，建立高标准生产基地，从源头上保障安全。通过定量包装、按期检测、标识标志和商品条码等技术手段，建立起"从田头到餐桌"的全程质量追溯体系。完整的质量追溯体系涉及很多环节，需要大量懂技术和规则的行政管理类新型职业农民参与进去。

（3）各种技术指导、咨询服务等。现代农业科技含量高，更新速度快，个体职业农民不可能在农业生产的所有环节都能熟练掌握和应用各种技术，当某一个具体的环节出现不能解决的问题的时候，就需要向专业人士进行咨询,以便能够得到及时有效的指导。技术指导与咨询服务可以为农业生产保驾护航,是现代农业发展分工合作的必然结果,也拓展了新型职业农民的就业空间。

三 研究方法

社会研究方法是一个有着不同层次和方面的综合体系,通常将社会研究的方法体系划分为三个不同的层次或部分,即方法论、研究方式、具体方法及技术。在社会研究中,存在两种基本的方法论倾向:一种是实证主义方法论;另一种是人文主义方法论。实证主义方法论认为,社会研究应该向自然科学研究看齐,应该对社会中的现象及其相互联系进行类似于自然科学那样的探讨。人文主义方法论认为,研究社会现象和人们的社会行为时,需要充分考虑到人的特殊性,考虑到社会现象与自然现象之间的差别,要发挥研究者在研究过程中的主观性。用马克斯·韦伯的话说,就是要"投入理解",或者是赖特·米尔斯所说的"人对人的理解"[1]。研究方式是指研究所采取的具体形式或研究的具体类型。在研究方式上,定量研究是实证主义方法论的典型特征;定性研究是人文主义方法论的典型特征。社会研究的具体方式划分为四种主要类型,分别是调查研究、实验研究、实地研究和文献研究。前两者倾向于定量研究的性质,后两者倾向于定性研究的性质。定量研究和定性研究是我们在社会研究过程中可以采取的两条途径,二者之间不存在谁优谁劣的问题。在社会研究者认识社会现象的过程中,它们发挥着各不相同的作用。在实际社会研究中该运用哪种方式,不仅取决于研究者的个人兴趣,也取决于研究者所要研究的问题。具体方法和技术指的是在研究过程中所使用的各种资料收集方法、资料分析方法,以及各种特定的操作程序和技术,包括问卷法、访谈法、观察法、统计分析法、定性资料分析法等。

---

[1] 风笑天:《社会学研究方法》,中国人民大学出版社2001年版,第7页。

从实际情况来看，大多数研究都是在两个端点之间，只不过有的实证多一点，有的理解多一点。因为从具体操作的角度来讲，任何研究者都不能纯粹的只是进行材料的堆积，也不是纯粹的自言自语，都必须是两者的结合。避免布迪厄所警告过的那种把对方法的反思与方法在科学工作中的实际运用脱离开来的"唯方法论主义"①。本文的研究主题是如何培育新型职业农民，新型职业农民的发展和壮大一定要结合当地的实际，与人均田亩数的多少、农业基础设施状况、政府的引导与扶持、市场行情、气候环境等因素密切相关，没有放诸四海皆适用的标准模型，一定要结合当地当时的实际，采取接地气的对策措施，才有可能为新型职业农民的培育提出有针对性、可行性的建议。从研究主题和对象特征上来看，本文属于人文主义方法论，适合于进行定性研究。定性研究方法是指"在自然环境下，使用实地体验、开放型访谈、参与型与非参与型观察、文献分析、个案调查等方法对社会现象进行深入细致和长期的研究；其分析方式以归纳法为主，研究者在当时当地收集第一手资料，从当事人的视角理解他们行为的意义和他们对事物的看法，研究者本人是主要的研究工具，其个人背景及其与被研究者之间的关系对研究过程和结果的影响必须加以考虑；研究过程是研究结果中一个不可或缺的部分，必须详细加以记载和报道"②。在如何培育新型职业农民问题上，除了要深刻理解政府的政策意图之外，还要站在农民的立场和处境上，真实地了解新型职业农民的需求和面临的困境。本文在研究方式上主要采用实地研究和文献研究。

实地研究是指深入调查现场，利用参与观察访问、座谈等方法收集少数单位的各方面信息，以便对调查对象作深入解剖分析的调查研究方式③。新型职业农民的培育是一个系统工程，涉及很多方面，不

---

① [法] 皮埃尔·布迪厄、[美] 华康德：《实践与反思——反思社会学导论》，李猛、李康译，中央编译出版社2004年版，第31页。
② 陈向明：《社会科学中的定性研究方法》，《中国社会科学》1996年第6期。
③ 袁方、风笑天：《社会调查原理与方法》，高等教育出版社1990年版，第53页。

仅和土地流转、三权分置、三变改革等农业基本制度密切关联，而且与各地的具体条件，如人均田地数、土壤肥沃程度、地理位置、种植何种农产品等息息相关，也同当地的政府支持力度、农民自组织能力、社会治理状况等高度相关。为了更好地了解各地的具体做法，总结出成功的经验，提出可操作的对策建议，笔者多次进行实地调研。根据可行性和方便性的原则收集资料，非随机选取调研样本，对中国幅员辽阔的广大农村来讲，可能并不具有代表性和推论性，但是一定需要有类型分析意义。选取的田野点是大部分农村地区的一个缩影，既不落后，也不发达，可以提供一种可以进一步参照、比较乃至批判的东西。在具体收集资料的方法上，本文主要采用观察法、访谈法。观察法是人们在调查中广泛采用的一种方式，在社会科学中，它是搜集社会初级信息或原始资料的方法，这种方法通过直接感知和直接记录的方式获得信息[1]。通过有目的、有计划的观察，可以了解处于自然状态下的社会现象，获得的资料比较真实、可信。观察法的干扰因素相对是较少的，不会引起别人的注意与警觉，不会出现有意掩饰的现象，观察得到的资料真实可靠。访谈法是一种最古老、最普遍的收集资料的方法，也是社会研究中最重要的调查方法之一。访问的过程实际上是访问者与被访问者双方面对面的社会互动过程，访问资料正是这种社会互动的产物。根据交流方式，可分为直接访问和间接访问（如电话访问），根据一次被访问的人数，可分为个别访问与集体访问。根据对访问过程的控制程度，可分为结构式访问与无结构式访问[2]。访谈法收集的信息资料具有较好的灵活性和适应性，其优点是非常容易和方便可行，引导被访谈者深入交谈可获得可靠有效的资料，访谈者与被访谈者在交流中可以相互启发，有利于促进问题的深入分析，有时候可以得到一些意外的收获和灵感。本项研究的访谈采用半结构式的访问形式，访谈主要包括两类对象。一类是县农委和镇

---

[1] 袁方：《社会研究方法教程》，北京大学出版社1997年版，第334页。
[2] 同上书，第268页。

村干部；另一类是新型职业农民当事人。访问总是与观察同时并用的，走走看看、听听问问，亲自到实际中去跑、去看、去问、去想。

文献研究是社会学研究的重要环节，查阅精品文献并且精读之，就有可能使研究从高起点展开，避免走弯路。中国农村幅员辽阔，各个地区都在事实上存在新型职业农民，都有切合当地实际的一些好的做法，通过大量的文献分析与总结，梳理有关新型职业农民的研究进展，把握研究的最新动态，特别是从供给侧结构性改革视角出发，分析其演变脉络，理清理论和实证研究的最新进展，通过广泛的文献阅读，可以为本研究奠定坚实的基础。受学科结构的影响，本文主要从社会学的专业角度出发展开研究，同时合理运用经济学、政治学、管理学中关于供给侧改革、农业发展、新型职业农民培育等相关主题的理论工具。文献研究的价值主要体现在以下两点：一是了解国外的先进做法。欧美发达国家的农业基本上是由职业农民来经营，已经有较为成熟的发展模式，虽然因为国情不同，不一定完全适用于中国，但毕竟可以提供一种借鉴与启发，对中国培育新型职业农民有参考价值。二是形成一个个鲜活的案例。个案本身是个别的，但通过个案揭示出的事物运行机制却带有相当程度的普遍性。通过文献了解各地种植能手、专业大户、家庭农场等新型农业经营主体的成长案例，总结归纳农业结构调整中培育新型职业农民的示范做法，对于摸索新型职业农民的培育路径具有重要意义。

四　调研说明

实地研究首先涉及调查"点"的选取问题，田野点的选取需要坚持两个原则：一是代表性；二是可行性。代表性原则要求选取的地方不能基础条件太好，条件太好的地方容易成为"看点"，没有代表性，其他地方没有可复制性和借鉴性。也不能条件太差，新型职业农民在现阶段而言毕竟还是属于新事物，太落后的农村地区，还基本上是传统农民和兼业农民，新型职业农民数量太少，概率太低，难以挖掘出有价值的发展模式。可行性原则是指研究者能够顺利地进入田野地点，能够得到当地政府和新型职业农民的配合与支持，在收集资料上具有现实可操作性。在代表性和可行性原则的指导下，本书以安徽省宿州市的新型职业农民发展实践为调研基础，同时兼顾安徽省其他地市和安徽省周边省份如山东省。安徽省是农业大省，是中国农村改革的发源地，农业发展水平和农村改革探索堪称全国的一面镜子，具有标本意义。宿州市是传统农业大市，在安徽省农业基础良好，在新型职业农民培育上具有代表性。（1）独特的区位和资源禀赋。宿州市地处黄淮海和长三角两大经济区域的交汇处，是安徽省参与国家"一带一路"建设的最便捷区域，区位优越，交通便捷，资源丰富，劳动力充沛。暖温带半湿润季风气候，适宜多种农作物生长和畜牧养殖业发展，是我国重要的商品粮、棉、油、肉、蛋、果生产基地，主要农产品产量均居全省前列，为宿州推进"创先区"建设奠定了良好的基础条件。（2）相对坚实的现代农业产业基础。拥有地理标志产品的"符离集烧鸡"历史悠久，产业特色突出；砀山县是中国水果生产加工第一大县，拥有百万亩连成整片的果园，年产各类水果达到30亿斤，酥梨是最有代表性的农产品，占全国梨子总产量的1/8；宿州市农业机械化水平较高，走在全国前列，耕种收综合机械化率达80%以上；拥有安徽省唯一一家国家级农业科技示范园和在皖北地区技术力量雄厚的宿州市农科所，科技示范带动效应明显；宿州市光彩城农资大市场为国家农业部的定点市场，集聚全国知名企业280余家，每两年举办一次的黄淮海地区农资博览会，已成为中原地区影响力最大的品牌展会之一。全市围绕粮食、果蔬、畜牧、林木四大支柱产业的种植、加工、销售、储运和服务等一体化的产业链初步形成。砀山水果，埇桥、泗县板材，萧县面粉，灵璧畜禽养殖加工成为宿州市代表性的龙头企业集群，特色农业取得长足进步，发展成效明显。（3）丰富的改革创新前期经验。宿州市在农村税费改革、农村小型水利产权制度改革、农村社会综合改革、农科教结合与产学研协作等方面持续发力，形成了很多有价值的经验，走在全省前列。农村土地流转工作起步较早，开展较快，在土地规模化、农业科技化、服务规模化等方面积累丰富的经验。2010年8月，宿州市被农业部认定为全国第一批国家级现代农业示范区；2012年1月，宿州市被中央农村工作领导小组批准为安徽省唯一市级农村改革试验区。"两区"建设按照"三次产业联动、体制机制创新、多元主体参与、项目强力支撑"的"四位一体"工作思路，大力推进农业产业化、集约化、高效化，强力推动农村改革，创新现代农业经营体系，积累了丰富的农村改革经验。宿州市在农户小额信用贷款和担保方式等金融创新方面进行了持续探索，取得了一定突破。宿州市还是农业部确定的全国5个科技入户试点城市之一，每年培训农民达到25万人。宿州市在现代农业发展和新型职业农民培育上具备一定的代表性，作为调研点也具有可行性，安徽大学中国三农问题研究中心与宿州市保持着良好的长期合作关系，宿州市为课题调研给予充分支持与配合。

在调研点的选取上，本书以宿州市为基础，但又不局限于宿州市，因为新型职业农民总体上来说是个新事物，并没有一个成熟的模式，各地都在如火如荼地进行摸索与创新，尽量多到不同的地方走走看看，学习不同地区好的经验与做法。以调研地点划分，笔者的课题调研可以分为安徽省宿州市、安徽省其他市县，安徽省之外的区域。安徽省宿州市的调研主要集中在埇桥区、砀山县、泗县、灵璧县，安徽省其他地区有宣城市郎溪县，芜湖市繁昌县、南陵县，亳州市蒙城县、涡阳县，六安市霍邱县，合肥市包河区、庐江县。安徽省外的有山东省莘县、昌乐县，黑龙江省穆棱市、东宁市，河南省新乡县，云南省寻甸县，贵州省湄潭县。此外，为了更好地了解安徽省现代农业的发展状况，从2016年开始，笔者连续参加4届在合肥市举办的"中国安徽名优农产品暨农业产业化交易会"（2016年、2017年、2018年、2019年），调研安徽名优农产品的生产和经营状况。

第二章　新型职业农民：中国农民的未来走向

传统农民和兼业农民无法支撑现代农业的发展，难以提供满足民众需要的高质量农产品，新型职业农民是解决"谁来种地"和"如何种地"问题的关键，能够有效保障国家粮食和农业安全，是发展现代农业的迫切需要，是乡村振兴的现实要求，是中国农民的未来走向。

一　农民概念辨析与属性探讨

"农民"一词出自《谷梁传·成公元年》："古者有四民：有士民，有农民，有工民，有商民，即士农工商四民。""农民"这个名词在中国极为熟悉，可以说是耳熟能详、众所周知，但是要较真起来，很少有哪个名词能像"农民"那样给学者和民众造成这么多的困惑。在我国历史的长河中，"农民"一直是一个混合概念名词，具有多重价值指向的含义，是生存状态、政治身份和社会等级的象征，与发达国家"农民"只是表示"职业概念"有很大的不同。农民这个概念在不同的维度上有不同的表述，如在政治上，农民指为特定的政治阶层；在法律上，由于我国实行"城乡二元"户籍制度，农民指"具有农村户口的居民"；经济上，农民指长期从事农业生产的劳动者；文化上，常常指生活在农村的憨厚、老实、勤劳、朴素但科技文化水平不高、目光短浅狭隘的群体①。对"农民"进行学理上的梳理，有助于更清晰地把握农民的概念和属性，更好地服务于"三农"工作。

（一）农民概念的文献梳理

以农民为研究主题的文献，汗牛充栋，成果丰硕，主要从以下三个方面进行梳理。

1. 从农民的要素特征上

什么是农民，具备哪些要素才是农民？马克思从生产资料占有状况对农民作出了定义，认为农民是农业生产者，和手工业者一样，属于非资本主义的生产者范畴，是"自己仍然占有生产条件的直接生产者"②。黄琳提出农民要素的三原则："从地原则，居住在农村的就是农民；从业原则，从事农业的就是农民；户籍原则，拥有农村户口的就是农民"③。阎志民指出农民的定义可从两个角度、三个层次分析。"两个角度是户籍角度（看是否属于非商品粮的农村户口）和职业角度（看是否直接从事农业生产劳动）；三个层次包括，一是指以土地等农业生产资料长期直接从事农（林、牧、副、渔）业生产的劳动者，这是狭义的农民。二是指属于农村户口，并从事广义农业生产经营活动的劳动者。三是指农村总人口，这是最广义的农民"④。

2. 从农民的组成部分上

毛泽东把多数农民列入"半无产阶级"之中，认为"绝大部分半自耕农和贫农是农村中一个数量极大的群众。所谓农民问题，主要就是他们的问题。半自耕农、贫农和小手工业者所经营的，都是更细小的小生产的经济。绝大部分半自耕农和贫农"同属半无产阶级。⑤

---

① 张明媚：《新型职业农民内涵、特征及其意义》，《农业经济》2016年第10期。
② 《马克思恩格斯全集》（第25卷），人民出版社1974年版，第679页。
③ 黄琳：《现代性视阈中的农民主体性》，云南大学出版社2010年版，第14页。
④ 阎志民：《中国现阶段阶级阶层研究》，中共中央党校出版社2002年版，第117页。
⑤ 《毛泽东选集》（第1卷），人民出版社1991年版，第6页。

毛泽东坚持了以生产资料所有制为阶级划分标准的马克思主义阶级分析法。新中国成立后，土地私有制的扫除和阶级的消灭使得农民不再成为一个阶级，更多的是一个阶层。陆学艺对中国20世纪80年代末的农民分化做过深入研究，认为"农民已分化为八大阶层：农业劳动者、农民工、雇工阶层、农民知识分子、个体劳动者和个体工商户、私营企业主、乡镇企业管理者、农村管理者"①。

3. 从农民的属性特征上

一是从理性与道义维度。第一种观点认为，农民是理性的。珀普金在对越南的农村经济研究中发现，"农民在进行经济决策时，同样受到市场规律支配，他们犹如资本主义的公司一样，瞻前顾后，权衡长期和短期的收益，最后作出利益的最大化的选择"②。农民的观念、意识及行为选择等，都符合理性选择的逻辑，遵循自我效用最大化原则，是"理性小农"。第二种观点认为，农民的行为受道义和礼俗的影响更大。斯科特在对越南农民的历史和经验考察的基础上，提出"小农的经济意识及经济行为具有道义性特征，小农家庭始终把生计和伦理置于首要位置，遵循的基本原则就是家庭生计第一或伦理第一"③。在斯科特的眼里，农民是道义至上者，而不是个人利益至上者。费孝通关于"礼俗社会"的解释与此观点基本类似。第三种观点认为，农民是理性与道义的综合体。黄宗智通过对华北平原和长江三角洲的小农经济和乡村社会研究发现，农民介于理性和道义之间。"中国的小农是一种不同面相的综合体，小农既是一个追求利润者，又是维持生计的生产者，同时也是受剥削的耕作者"④。

二是从传统与现代维度。有学者对传统农民和现代农业者的区别

---

① 陆学艺：《社会结构的变迁》，中国社会科学出版社1997年版，第240页。
② Popkin, Samuel, *The Rational Peasant: The Political Economy of Rural Society in Vietnam*, University of California Press, 1979.
③ Scott, James C., *The Moral Economy of the Peasant: Rebellion and Subsistence in Southeast Asia*, New Haven: Yale University Press, 1976.
④ 黄宗智：《中国农村的过密化与现代化：规范认识危机及出路》，上海社会科学院出版社1992年版，第6页。

作过讨论:"农民的主要追求在于维持生计,并在一个社会关系狭隘的等级系列中维持其社会身份;现代农业者则充分进入市场,利用一切可能的选择实现报酬最大化"①。邓肃文具体区分了"传统农民"和"职业农民"的区别,认为"职业农民具有自主选择性(从事农业生产与经营的自我选择)、开放性(劳动要素的自由流动)、制约性(存在专业知识、技能、管理经验等进入门槛)等特征"②。朱启臻认为"职业农民还应该具有高度的稳定性与社会责任感,并拥有现代观念"③。传统农民是社会学意义上的身份农民,它强调的是一种等级秩序;而职业农民更类似于经济学意义上的理性人,它是农业产业化乃至现代化过程中出现的一种新的职业类型。"作为职业的农民,是可以选择的。作为身份的农民,是个人不可选择的,本质上是制度安排的产物,只有通过制度变革才能改变身份"④。

(二) 新型职业农民概念界定

已有对农民概念和属性的研究,为本文提供了学理积累和借鉴参考,本书把新型职业农民界定为:指以农业为主业、具有一定的专业技能、从事现代农业生产、服务和经营的相关从业者,关注于从"职业"的角度而不是"身份"的角度进行界定。新型职业农民群体构成较为广泛,既包括从事农业生产经营的农民,如种植养殖大户、家庭农场主,也包括为农业生产经营提供服务和劳务的从业者,如农机服务人员、统防统治植保员、农村动物防疫员、水利员、沼气工,甚至包括更广泛的社会服务体系(技术服务和劳务服务)的从业者,如土地仲裁调解员、测土配方施肥员、农村信息员、从事农产品储存、运输和加工行业的服务人员、农村经纪人等农业社会服务人员,

---

① E. R. Wolf, *Peasants. Englewood Cliffs*, New Jersey: Prentice-Hall, 1966.
② 董帮应:《基于规模经营视角的农户经营主体的变迁》,安徽大学博士学位论文,2014年,第89页。
③ 朱启臻:《新型职业农民来源可多元化》,《农民日报》2012年3月21日第6版。
④ 张英洪:《农民、公民权与国家》,中央编译出版社2013年版,第326页。

实际上涵盖了政府提供的农业服务外（政府体制内的人员在职业上属于公务员）的所有农业社会化服务领域。新型职业农民的定义跨越了户口所在地的束缚，不以户口为依据，完全是一种职业表述，而非身份界定。例如，一个大学生毕业后，尽管户口在城市，只要获得了相应的新型职业农民资格证书，在农村从事农业生产、管理和经营活动，就可以算是"新型职业农民"。

为了更好地加深对新型职业农民概念的理解，此处强调以下几点。

1. 事实主义

到底谁是农民，不应按先赋性的身份来确定，而应坚持事实主义，按照实际要素来决定。郑志涛认为，我国应确立居住、职业和生产资料三要素。首先，经常居住地必须为农村，这是由我国农用地集中于农村的客观现状所决定的。根据该要素，农民实际上也为农村居民。其次，以个体劳动直接从事农业生产并以农业收入为主要生活来源。"以个体劳动直接从事农业生产"是农民资格职业性的完整体现。最后，拥有农用地使用权，以区别于失地农民[①]。尽管在具体的特征上，不同学者的界定可能会有所差别，例如，随着交通的便捷和汽车的普及，职业农民也有可能白天在农村工作，晚上回城市居住，居住地并不一定在农村，但都需要从事实层面对职业农民进行界定，强调从事农业生产、经营、管理和服务等方面的具体工作，而不是依据先赋性的身份或者户口决定。城市户籍的市民到农村承包荒山、荒地，具体从事农业相关方面的工作，并以此作为主要收入来源，也可以算是职业农民。

2. 职业门槛

新型职业农民将专职从事农业生产与管理，对工作性质进行了限定，要求从事的职业是农业而非其他产业。不是每个人都能成为新型职业农民，对技能、素质提出了更高的要求，设置了职业门槛。国外

---

① 郑志涛：《从身份到职业：我国农民主体资格认定标准的重构》，《江西社会科学》2015年第2期。

的职业农民一般要经过专业培训和职业认证，拥有严格的准入和退出机制，以立法的形式明确农民的主体范围和认定要素，明确"谁是农民"的标准。在认定要素方面，德、日两国以"直接从事农业生产"和"拥有农用地所有权"作为认定要素，相较于我国目前以"农业户口"作为认定要素，更能体现农民职业性，对农民主体资格认定标准立法有助于在法律上实现农民由身份概念向职业概念的转变。我国各地近几年在大力进行新型职业农民培训，给培训合格的新型职业农民颁发新型职业农民资格证书，这在职业门槛上也是向前跨进了一步，但是在现实执行中，并不是要求只有新型职业农民证书的才能从事农业生产、经营和管理。客观来说，我国职业农民的门槛才刚刚起步，还有很长的路要走。农民的职业属性要求参照其他行业的方法，给职业农民建立社会保障体系，包括以个人缴费、集体补助、政府补贴相结合来筹资的社会养老保险制度，使新型职业农民真正能够分享经济社会发展成果，能够切身体会到职业农民的荣誉感和责任感，成为安居乐业的职业化人士。

3. 自致性分工明确

新型职业农民是自主选择的，具有开放性，是市场主体的理性经济人，是农业规模化、产业化和现代化过程中的新职业。"职业农民强调农民作为一种职业标识而存在，在立法上实现农民由身份向职业的转变。身份农民从事的是自给自足的传统农业，呈现小而全的特征，难以与现代化大生产相适应。职业农民分工明确，作为职业的农民，是社会分工的产物"[①]。专而精体现在职业农民的分工上，"分工是劳动效率提高和财富增长的重要源泉，想方设法提高农业分工水平是中国小农经济效率改进的基本思路之一"[②]。新型职业农民整体上可以分为生产型、经营型和服务型职业农民。生产型职业农民主要从

---

① [法]埃米尔·涂尔干：《社会分工论》，渠东译，生活·读书·新知三联书店2000年版，第24页。
② 楼栋、孔祥智：《新型农业经营主体的多维发展形式和现实观照》，《改革》2013年第2期。

事农业某一方面的生产活动，如种植、养殖、家庭农场、专业合作社等，集中在农产品的生产环节，处于农业产业链的基础性环节。经营型职业农民要求具有较高的综合素质和职业技能，从事现代农业的经营管理，例如涉农企业、农业中介组织等，位于职业农民金字塔的顶端。服务型职业农民是围绕现代农业产业链开展专业性服务的工作人员，包括农产品储存与流通、农业加工企业、提供各类农业服务的合作组织等。新型职业农民自致性分工明确，集中在农业产业链的某一个或者少数某几个环节，专业化程度高。

（三）农民的几种概念辨析与探讨

社会急剧转型过程中，出现时空挤压与重叠现象，从偏远落后的农村到繁华发达的都市，都在中国社会同一个时间点上展现出来，从务农的方式上来看，现阶段中国农民主要体现为同时并存的三种代表性类型：传统农民、兼业农民和职业农民。

1. 传统农民（Peasant）

传统农民以家庭为单位，从事自给自足的传统农业，生产的目标主要是满足自己和家人的需求，是为了维持生计，属于纯粹的农业生产者。家庭需要什么就种植什么，不以市场的商品交换为导向，种植的农作物品种很多，但单一农作物的产量很低，经营农业的主要手段是靠经验，不是知识、技术与科学管理。土地是传统农民的最基本也是最重要的生产资料，是家庭最主要的收入来源，因而对土地极为重视，精耕细作，充满感情地投入劳动，存在土地崇拜意识。因为缺乏抵御各类灾害和风险的能力，传统农民呈现保守倾向，属于风险规避型农民，没有动力采用新品种、新技术和新方法。农民首先必须考虑的是要养家糊口，维持家庭生计既是他们的基本需要，也是他们所认同的伦理责任。是为了使家庭生计有保证。因此，追求安全和避免风险是最主要的原则[1]。长期与土地打交道，双腿插入土中，土地是不

---

[1] 陆益龙：《西方学者眼中的中国农民及乡村社会》，《浙江学刊》2002年第4期。

会移动的,导致传统农民的眼界视野极为有限,人生的轨迹局限在村落范围之内,"凝固的土"与"封闭的乡"造就了传统农民的小农意识。传统农民在身份层面和事实层面合一,户口是农民,从事的工作也是农业。传统农民经济收入和社会地位低下,具有社会学意义上强调身份的等级秩序特征,在社会分层中处于低端位置,在某种程度上是落后、贫穷和狭隘等身份的代名词。

2. 兼业农民(Part-time Farmer)

改革开放以来,随着市场经济的发展,城市社会提供了很多就业岗位,农村地区非农职业也在增多,传统农业生产日出而作、日落而息,非常艰苦、收入低下,非农产业的收入相对较高,大量农民外出务工,产生众多的兼业农民。兼业农民主要包括两种类型:第一种是在城市务工,在农村种植少量农作物,农忙的时候回家耕种收割,农闲的时候在城市打工,获得务工收入;第二种是在农村从事各种非农职业,如做各种生意买卖、瓦匠木匠等技术工,同时种植少量庄稼。兼业农民的家庭收入主要来自于农业之外的非农产业,对土地感情淡漠,甚至把种庄稼看成是一种没有出息的表现,土地只是作为一种退路与保障在发挥替补与点缀作用,可以看到土地闲置甚至抛荒的现象出现。因为不依靠农业获得主要收入,兼业农民不会对土地进行长期投入,一般不会主动采用先进技术与品种,不依靠农业获利,市场导向不充分。兼业农民加入社会化大分工的行列,但需要指出的是,这种分工属于农业领域与非农业领域之间的分工,是在非农领域范围的分工,在农业领域内部依然分工不明显,也没有动力去加快与改进农业内部分工,以提升农业效益。

3. 新型职业农民(Farmer)

在农业产业化、现代化推进的过程中,民众对农产品提出了更高的质量要求,追求绿色、生态、健康、环保的农产品,传统农民和兼业农民都难以提供满足民众需求的高质量安全农产品,难以支撑起现代农业,在这种背景下,新型职业农民呼之欲出。新型职业农民更像是从经济学意义出发的理性人,实际上是一种职业类型,性质上类似于社会中的其他职业,如律师、医生、教师等职业。朱启臻认为,"新型职业农民除了符合农民的一般条件外,还须具备另外三个条件:其一,新型职业农民必须是市场主体,这是与传统农民的本质区别;其二,具有高度稳定性,把从事农业作为长期甚至终身职业;其三,具有高度的社会责任感和现代观念"①。可以看出,新型职业农民把农业作为最主要的甚至是唯一的收入来源,种植农作物以市场需求为导向,以获利为目标,充分进入市场竞争,利用一切可能的选择实现报酬最大化。土地是新型职业农民最重要的生产工具,注重土地资源的保护和可持续发展,追求适度规模经营,积极参与由技术改进和品种换代带来的价值链升级。新型职业农民在农业领域内分工明确,代表性的有直接从事农业生产的"蓝领"职业农民,为农业生产、加工和销售提供经营管理的"白领"职业农民,为农业发展提供产前、产中、产后服务的"灰领"职业农民。

三种农民类型的比较

概念	收入来源	从业目标	专业分工	市场导向
传统农民	农业是主要收入来源	维持生计	分工不明确	市场导向弱
兼业农民	农业是次要收入来源	补贴生活	非农领域分工	市场导向弱
新型职业农民	农业是主要收入来源	获利致富	农业领域内分工	以市场为导向

二 新型职业农民的特征与素质要求

(一)新型职业农民的特征

农民是一种身份还是一种职业,是对农民属性的最大争议,身份说认为农民是相对市民而言的一个社会阶层,强调的是一种社会结构和社会等级,Peasant 是身份低下的意思。职业说认为农民是与工人、律师等概念并列的职业称谓,是指专职从事农业生产、经营和管理的

---

① 朱启臻、闻静超:《论新型职业农民及其培养》,《农业工程》2012 年第 3 期。

人，Farmer 是职业的概念。把职业农民和身份农民进行对比，可以更清晰地看到职业农民的特征。

1. 身份农民的特征

（1）户籍登记主义。户籍登记主义是以"农业户口"作为农民主体资格认定的唯一标准，只要在户口本上登记为农业户口的公民，不论在事实层面上从事何种职业，在法律上均视为农民，登记为农业户口，就具有农村集体经济组织成员资格，就能够分配到田地耕种。户籍登记主义是按照通俗意义上的农业户口和非农业户口划分为农民和市民，最大的优势是标准明确，以户口本的公文书作为证明，是判断标准中最简单明了的一种，易于操作，但也容易造成名与实的分离。通常提到的中国有 8 亿农民，其实是指有 8 亿具有农村户籍的公民而已，并不是说有 8 亿人在从事农业生产。中国有数量庞大的公民在户籍登记上是农民，但实际上在从事非农职业，最有代表性的是学界称之的"农民工"，就是由户籍登记主义延伸而来。户籍登记主义说到底还是把农民当作了一种身份，目前我国有很大数量的农民都只是户籍管理意义上的农民，有些农民已经稳定地在城市中就业甚至定居，对于这些农民而言，农民只是一个身份意义的称谓，不具有职业特征，实际从事的都是非农职业。

（2）经济社会地位低下。1958 年户口管理条例的实施，把公民分成农业户口和非农业户口。通过户籍制度背后的粮油、住房、就业、社会保障等一系列制度，"农民"与"城镇居民"两者间差异明显、界限分明。城乡二元战略下，通过"剪刀差"的方式，农民长期蒙受"取予不均"的不公平对待，城市不断向农村汲取资源，农村与城市的差距被逐渐拉开并呈现不断扩大趋势，农民的经济收入与社会地位明显低于城市市民，干部、工人、农民是三个经济社会地位差别明显的身份符号，农民被贴上了贫穷、落后的身份标签，沦为"二等公民"。只要在户籍上被登记为农业户口，就无权享受城镇居民所拥有的一系列福利待遇，强调的是一种等级秩序，是由个人所处的外在社会关系和社会结构决定，指向的是身份农民。

（3）具有先赋性。户籍登记上，父母是农民，子女就是农民，农民演变成一个可以继承、与生俱来、难以改变的社会身份。对个体来说，农民是由出身决定，具有先赋性。在农村，父母是农业户口，孩子出生下来也就是农业户口，具备农业的身份。在计划经济时期，农民的"子女"尽管可以通过升学、当兵等途径跳离"农门"，但这样的机会是偶然的、个别的，农转非受到严格的限制，"农转非"的数量在总农业人口中所占的比例是很低的，在还没有脱离"农门"之前，只要户口所在地是在农村，就是被作为农民来对待。改革开放以后，人口流动规模扩大，即使不再从事农业方面的工作，工作地点也不在农村，只要没有改变农业户口，就仍然是农民的身份，数量庞大的农民工就是属于这种类型。

2. 新型职业农民的特征

新型职业农民应该和其他的职业类型如"教师""律师""医生""公务员"等是一样的，都是一种职业，能够得到社会尊重，具有较高的技能和素质，把农业作为长期稳定工作的职业群体。

（1）建立在职业道德基础上的责任意识。"职业道德是同人们的职业活动紧密联系的符合职业特点要求的道德准则、道德情操与道德品质的总和，它既是对本职人员在职业活动中的基本素质的要求，同时也反映该职业对社会所应负的道德责任和义务"[1]。任何一种工作，从萌芽走向成熟，只要谈得上是职业，就会有相应的职业规范与要求，就要遵循相应的职业道德，恪守职业伦理，才能得到社会的广泛认可，才具备长久发展的基础性条件。职业的发展过程中一定会催生出职业道德，职业从业人员不仅要具备特定的知识和技能，还要遵守相应的职业道德、职业操守和职业伦理，才能在社会中获得公信力，职业道德在很大程度上已经成为衡量一个职业是否规范和成熟的重要标志。新型职业农民需要树立良好的从业道德标准，按照职业道德要求严格约束自身的生产和经营行为，维护好中国农业的信誉和形象，

---

[1] 王宏英、王辉：《西北地区农民职业道德研究》，《兰州学刊》2012年第3期。

促进现代农业长久的可持续发展。遵守职业道德至少体现在如下方面：一是对土地的责任。兼业农民的收入来源主要是打工，或者做其他买卖，农业收入成为家庭副业，在城市稳定就业的农民实际上已经可以脱离农业的收入，土地对兼业农民的重要性大幅度降低，种地收入可有可无，甚至可以看到田地抛荒现象出现，土地的使用效率不高，对土地缺乏长远的规划和肥力维护，农业的产品贡献率低下，兼业农民对土地的预期程度低，社会责任感不强。"职业农民的收入主要来自于农业，是靠土地吃饭，会更加珍爱土地，重视农村土地的可持续发展与利用"①。二是对消费者的责任。传统农业主要是自给自足，责任范围很小，以满足家庭成员的需要为主，局限在家庭的范围之内。责任伦理是以家庭为界限，生产的产品对家人负责，超过家庭范围之外的可能会差别对待，没有用同一个标准来从事农业生产。新型职业农民的责任意识和责任要求则要宽广很多，生产的产品是以市场为导向，要对市场上的消费者负责，顾客是上帝，诚信是招牌，质量是保障，要想获得长远发展，就要诚实守信，遵守契约精神，注重信誉和形象，文明生产、守法经营，不随意中断合同。注重以精细、生态、科学的生产过程来强化农产品的绿色和安全，减少化肥、农药施用，积极开展循环农业实践，立志做农产品生产的"良币"。不会出现传统农民和兼业农民被新闻媒体曝光出来一块地的农作物是种给自己家里吃，不打农药除草剂，另一块地里的农作物是拿到市场上去卖的，农药化肥超标的现象。三是对生态环境的责任。工商资本和短期的承包户在缺乏有效监管的情况下，可能会产生短视行为，过分看重土地的眼前产出和利益，为了追求高产量，过多地使用化肥、农药、除草剂和激素等，造成了土地环境污染，肥力下降，不利于长远发展，属于"建设性破坏"。新型职业农民是以农业为长期稳定甚至终身的职业，具有较强的责任意识，坚持绿色发展，强调生态自觉，

---

① 朱启臻：《新型职业农民的内涵特征及其地位作用》，《中国农业信息》2013 年第 17 期。

普遍追求人与自然的和谐，自觉遵守职业道德。有研究认为，"新农人的最大特点就是按照生态农业生产方式进行生产"[①]。为了在错综复杂、瞬息万变的市场竞争中获得一席之地，新型职业农民要严格控制农药、化肥和激素的使用，遵守职业道德，确保农产品的高品质，保护好土壤环境和农业资源，在开发中保护，在保护中开发，对农业生产和生态环境负责，对当前和子孙后代负责，对土地要做到可持续使用，不能竭泽而渔，合理地安排土地的休耕，注重土壤改良，控制用水，努力实现资源的集约节约，肩负着保护和建设生态文明、促进农业持续发展的社会责任。

（2）建立在市场主体基础上的较高收入和地位。传统农民追求的是维持生计，具有自给自足的特征，不以市场获利为目的，因而对市场的变化和行情不敏感。新型职业农民则会充分地进入市场，是为了出售产品和服务来获取利润，而不是为了满足自身需求。新型职业农民是市场主体，会利用一切可能的选择实现利益的最大化。为了追求自身的报酬最大化，一般具有较理想的适度经营规模、较明确的专业分工和较高的收入水平，具有产业化的特征。为了能够顺利地把产品变成收入和利润，会从关注农业生产整个产业链条的所有信息入手，组建可以覆盖全过程的农业信息的网络，搭建起农户与商户以及消费者之间的桥梁。新型职业农民可以参与到产前、产中、产后的任何一个环节中来，农业分工出现细化，生产型职业农民全力以赴忙生产，销售型职业农民竭尽全力搞销售，服务型职业农民想方设法提供优质服务。农业产业链延长和分工细化创造了更多的就业机会和就业岗位，那些不喜欢从事生产活动的农民可以转移到产业链条的其他环节上来，共同分享农业产业链延长带来的收益。

传统农民从事农业耕作，经济收入低，工作环境差，属于重体力劳动，付出与收获不成比例，社会地位低下，难以得到应有的尊重，

---

① 杜志雄：《"新农人"引领中国农业转型的功能值得重视》，《世界农业》2015年第9期。

无法留住青壮年劳动力，把务农看成是没有出息的表现，是地位低下的身份标签。农村青壮年劳动力大量外出去城市务工的重要原因之一就是收入低，农业吸引力差，不愿意做农民。市场经济条件下，经济是基础，收入高低成为衡量一个职业是否有吸引力的最重要标准，要想引导农民长期务农甚至终身务农，能够获得较高的收入是基础性条件。传统华夏农民号称以农为本，创造了辉煌的农业文明，农民在"四民"中地位仅次于士而高于工商。农业在今天依然是整个社会发展的基础，是衣食之源、生存之基，农民理应成为一种有声望的职业，农业本身是有可能有条件达到中等收入甚至是高收入的，因为农民的职业要与农业的地位相匹配。新型职业农民是伴随着我国现代农业发展而产生的，拥有丰富的知识，具有较高的科学文化水平，掌握更高级的技术，专业化和机械化程度高，熟知现代农业生产中多个环节的业务，新型职业农民一般具有较高的收入，能创造数倍于传统农民的收益，从事农业的收入不低于或者是高于其他职业的收入，至少应能取得社会平均收益，在与其他行业比较时，才能显示出其职业吸引力，成为社会认同度较高的群体，要受到社会尊重，摆脱身份农民的困扰，这是新型职业农民持续发展的职业基础。在乡村振兴战略的推动下，农业现代化水平会进一步提升，新型职业农民拥有广阔的发展空间，农业不再是贫穷落后和脏乱差的代名词，而是变成了一种幸福的产业，工作环境较好，经济收入较高，社会地位不断提升，职业认同度在全社会得到显著提高。可以吸引更多的农村青壮年劳动力投身农业，追求高品质生活。新型职业农民最终的追求目标是经济收入较高，工作环境较好，社会地位较高，能够得到社会较高程度的认可和尊重。

（3）稳定地以农业为长期甚至终身职业。新型职业农民是以农业作为职业，并且是长期的甚至是终身的职业，主要强调两个方面：一是限定性。要限定在农业的范围之内，新型职业农民要长期从事农业生产、服务、管理和经营，在大农业（农林牧副渔）范围内，直接或间接地以土地为资源，以农产品为基础，从事农业产业链条上的某一种或者某几种具体工作。新型职业农民不能名实不副，不能脱离大农业的范畴，不在农业产业链条上从事生产、管理和服务等工作的不能称为职业农民。二是稳定性。稳定性是农业特点对从业者的基本要求，农业生产不仅需要科学的技术和方法，也是依赖经验的活动，熟能生巧，只有长期坚持下去，才能不断积累和丰富农业生产、经营和管理的经验，才能更大程度地避免农业风险，增强农业收益。也只有稳定地从事农业才能形成长远预期，避免对农业的各种短视观念和短期行为，这是农业可持续发展的基础。新型职业农民更加专注于农业生产、经营和管理，将其作为实现自己人生价值的方式，在思想认识、行动中都表现出对农村有深厚的感情，对农民有高度的认同感，对农业事业充满热情，满怀激情地投身于农业生产和经营中，心中有农，甘愿为农，以农为荣，扎根农村，不仅要在农村长期发展下去，把务农作为自己的固定乃至终身职业，而且后继有人，是真正的农业传承人。

需要指出的是，新型职业农民的经济来源主要是来自于农业生产、经营、管理和服务方面的收入，稳定地以农业为长期职业，但这并不意味着新型职业农民不可以从其他产业和途径获得收入。这一方面是由农业的特性决定的，农业生产具有季节性和间歇性，在不从事农业生产、服务和管理的时候，可以从其他产业、其他方式获得收入，如去城市短期务工等。另一方面是由新型职业农民的收入状况决定的。新型职业农民的发育和壮大是一个长期过程，农业是一个弱势产业，赚钱不易，需要从中国的实际出发，对于并不富裕的中国农民，可以允许获得其他收入，以弥补单一农业收入的不足。长期以农业为主，更加专注于研究农业生产和经营，更加凸显专业化，以农业作为主要的收入来源，从事其他职业的时间要服从于农作物种植生产和管理需要的时间，就可以算是新型职业农民。而不是职业农民必须只做农业，不得从事其他活动，不能获得其他收入。

（4）以资格证书为标志的专业技能。未来从事农业是要设置门槛的，不是随随便便就能胜任，需要经过规范的培训和系统的学习，考核合格后才能获得从业资格证书，做到持证上岗。农民要真正迈向专业化和职业化，就需要参照其他技术性行业实施职业准入制度。实际上，这也是各行各业的惯例。教师工作需要有教师资格证，医生工作需要有执业医师证，会计工作需要有会计师证，等等。农业实行适度规模经营，增强了农业生产和管理的专业性，对职业农民的综合素质提出了更高的要求，需要建立职业资格准入制度，这一方面能够提高农民的专业技能，提升农民的社会地位，提高农业生产效率和优质农产品率，能让社会认可职业农民也是一个有尊严、体面的工作。另一方面还有利于国家对农业采取各种扶持措施，资格证书是新型职业农民的象征和标志，可以作为今后享受农业相关支持政策的重要凭证。农民作为一个职业是人们经过较长时期努力的获得和占有物，准入门槛是很高的，单就职业技能来说，恐怕也能卡掉大部分人，只有经过较长时期的学习和训练，获得政府或社会权威性机构的认证资格，才能真正成为新型职业农民。

知识化和年轻化是新型职业农民的发展趋势，为了提升专业技能，更好地推动现代农业的健康发展，可以定期组织开展新型职业农民的农业技能鉴定，内容可以包括农业生产技能、社会服务技能、经营管理技能、市场营销技能等方面的知识，做到持证上岗，建立以职业技能鉴定为基础的农业准入制度，参考借鉴发达国家的做法，结合我国的具体国情，制定职业鉴定的行业规则和具体标准，出台实施促进新型职业农民发展的政策措施，建立多层次、多专业的新型职业农民资格和职称证书系列。一是资格证书系列，如持有涉农专业中等及以上学历教育毕业证书、农业行业职业资格证书和农业职业技能培训合格证书等体现新型职业农民专业技能、知识积累和从业素质的相关证书，作为各个地区选拔和培育新型职业农民的重要参考指标。二是职称系列证书。可以从总体上把农民职业分成初级、中级、高级职称，可以设置为农民技术员、农民助理技师、农民技师、农民高级技师等系列。新型职业农民职称建立动态滚动管理机制，不搞终身制和永续制，对于考评合格的，优先享受相关扶持政策；考评不合格的，进行强化培训；对连续两年不参加考核或者考评不合格的，取消新型职业农民资格。职业资格证书是加强对新型职业农民的监管，有效提高农产品质量的重要举措。既可以正面支持引导，让扶持政策更好地"瞄准"新型职业农民，对新型职业农民给予土地流转、项目扶持、金融信贷、教育培训、技术推广等多方面支持。也可以负面监管处罚，对有食品安全违法违规行为的，终止其新型职业农民资格，不再给予资格认定。将生产经营状况录入信息管理平台，进入征信系统，便于查询。建立新型职业农民资格证书，是国际社会的通行做法，大多数发达国家的职业农民都建立了职业准入制度，如德国、法国、韩国、日本等农业先进国家，我国在这方面的起步很晚，很多地方才刚刚开始摸索，需要加快进程，对经过专业学习、培训合格、符合条件的新型职业农民注册登记，发放证书，是新型职业农民走向专业化和制度化的重要一步。"既能让职业农民享受到政策补贴、技术扶持等诸多优惠，也是农民职业化标识，折射出时代变迁"①。最终目标是要使农业发展成为有效益和有前途的行业，使新型职业农民成为有尊严、有收入保障的群体。

（二）新型职业农民的素质要求

新型职业农民把农业生产、经营、服务和管理的各项工作职业化，熟悉农业相关知识，掌握实用先进的农业技术，具备专业化的职业技能和丰富的管理经验。把成为职业农民看成是自己的事业和人生追求，社会也把新型职业农民看作一种职业类型，依据行业标准进行评价和对待。与传统农民相比，新型职业农民具有不同农业职业类型的具体素质和专业知识、技术技能、市场经营和管理服务的能力，可以是全才，也可以专才，素质要求主要体现在以下几方面。

1. 有文化

"有文化"是指新型职业农民应该达到一定的文化程度，具备一

---

① 赵永平：《让"农民"从身份变职业》，《人民日报》2013年8月18日第9版。

定的现代农业知识和科普知识，具有适应现代农业发展的科学意识、创新意识、市场意识、竞争意识、创业意识、主体意识等观念，具有现代化的农业生产经营和组织管理能力。可以说，没有高度知识化的新型职业农民，就不会有高度现代化的农业。（1）具有现代文明素养。新型职业农民了解懂得国家的法律法规，熟悉党和国家对"三农"及其相关工作的方针政策，遵纪守法，遵守行规，具有较高的思想政治素质和现代公民素养。思维活跃，综合素质高，能够与时俱进，具有较高的民主意识、协作精神、竞争意识与抗风险的能力。新型职业农民是社会转型进程中的现代人，只有不受传统思想和落后观念的禁锢，才能走出农民的职业化道路。能够顺应市场发展趋势，视野开阔，创新意识强，能够满足生产优质、安全、高效、高标准化水平的现代农业产业对劳动力综合素质的要求。（2）属于终身学习型群体。传统农民文化程度低，把农业看成是简单的体力劳动，依靠经验就行，不需要进行系统和专门的学习，不注重人力资本投资，没有动力投入各种先进的要素资源。新型职业农民深刻意识到现代农业对从业者的素质要求，没有扎实宽广的农业知识，单凭体力和经验无法生产和经营好现代农业，头脑简单、四肢发达当不了新型职业农民，需要进行系统的持之以恒的学习，与时俱进，不断更新知识。新型职业农民来源较为广泛，有外出务工回乡创业的、有大学生农村创业的、有农村致富能手带动的，这些群体视野开阔、思维活跃、知识面宽，接受过系统性的农业教育培训，对新事物敏感，学习能力强，善于消化吸收、开拓创新，勇于将其他行业的经营理念、管理方式、技术手段、商业模式灵活运用到农业领域，他们理想长远、抱负宏大，具有兼容并蓄的开放心态，有专业生产技能、市场风险意识，能不断地自我发展和提升，适应现代农业的发展需要。新型职业农民的活力来源于对新事物的终身学习，推动农业转型升级、提质创新。（3）具备较高的文化水平。传统农民文化层次很低，文盲半文盲占很大比例，新型职业农民具有较高学历知识水平，具备现代农业的发展理念和市场意识，主动接受各类新理念、新知识、新观点、新方法，拥有较高的技术与管理水平。懂得关注市场、分析市场、适应市场，以市场需求为导向，重视投入和产出的关系比例，合理有效地配置资源，提高资源要素的使用效益，降成本、增产量、保质量，不断提高农业的综合效益。现代农业发展科技含量高，市场信息千变万化，对新型职业农民的综合素质提出了较高的要求，需要不断地学习，具备现代科学文化知识，掌握先进的农业机械操作方法和农业生产技术，及时了解、追踪和准确判断市场信息，制定正确的生产经营决策，根据市场行情的变化进行灵活的调整。建立在较高文化水平和专业技能基础上的新型职业农民一般都拥有相关的职业资格证书。

2. 懂技术

"懂技术"是指新型职业农民具有较高的科学素养，适应现代农业发展的要求，掌握一定的农业科学技术知识、劳动经验和生产技能，并且具备较强的学习能力，善于学习先进的科学文化知识和技能。传统农民既要忙生产，又要忙销售，种植各种不同的农作物以满足家庭需要，多头共抓，精力被分散，往往在每个环节都不能处理得尽善尽美。在传统农业向现代农业转型过程中，现代化生产的理念和机械的运用加速了农业分工细化，分工越来越细、专业性越来越强、科技含量越来越高，对从业者素质和能力的要求提高，这就使得单一个人掌握所有农业技能和要求变得极端困难和不可能，农业在三产融合的带动下，产业链越来越长，传统农民从头到尾全程负责的模式显然不能适应现代农业形势，要从农业生产的全过程中不断进行细分，某个具体的新型职业农民只负责其中的某个或者某几个环节，从事更加专业、精细的工作。例如，生产型职业农民掌握现代农业生产知识和专业技能，能够熟练操作各种先进的农业机械设备，懂得基本的设备保养与维修，能做到全程机械化作业，具有较高的农业生产技能水平，这是生产型职业农民的基础特征。生产型职业农民"只管种，不管销"，将农民最擅长的种植技术发挥到极致，生产出最具经济效益的农产品，是生产型农民的本职工作。产业链延伸还带来了更多的农业服务、经营和管理等方面的工作岗位，新型职业农民顺应了农业产业链延长的发展趋势，把农业生产经营的环节划分成不同的"工种"，进行了分工，缩小了范围，各类农民在农业产业链条中各司其职，精益求精，体现了专业化特征。现代农业的分工需要每个新型职业农民在其所在岗位的技能方面要求高、专、精，以配合其他从业者一起完成工作。对农业的每一个环节的分工要求具体，农业单一岗位技能的高、专、精要求就是"职业"的体现，也是现代组织形式对"职业"的要求。这就要求新型职业农民具备较高的文化水平和学习能力，要在农业生产、经营、管理的某一方面或某些方面具有较高的专业水平与丰富的实践能力。熟悉农业生产和管理方面的专业知识，有稳定的技能和业务水平，拥有专业化的丰富管理经验，岗位具体、职责明确，用专业的人力资本支撑起现代农业产业发展体系。在农作物生产、管理、农产品服务、加工和销售领域、农业运输流通保鲜等管理领域有自己的一技之长，有国家认可的执业资格证书和能够代表专业水平高低的专业技术等级证书。

3. 会经营

"会经营"是指具有较强的经营和管理能力，以市场导向，主动适应市场变化，了解市场信息，人、财、物、土地以及信息等资源要素能够得到合理的组织配置，摸索发展出较为成熟的经营模式，具有敏锐的市场意识和洞察力。会经营要求新型职业农民面向市场，具备较强的市场分析、判断和预测能力，根据市场信息和需求来灵活选择、决策、发展、运作农业产品和项目。经营者所占比重会越来越大，经营的范围也在不断扩大。种植农作物只是基础性的工作，能够把农作物顺利销售出去，才能变成收入，获取经济收益。如果丰产了，但农产品却卖不出去，烂在田间地头，只能是"丰收的荒凉"。在以满足市场需求为导向的现代农业生产形势下，新型职业农民不仅要具备农业生产技能，同时也要积极参与市场的资源配置，具备较强的经营和管理技能，抵御风险意识和市场意识，这是现代社会行业分工和交叉对新型职业农民提出的新要求。新型职业农民生产经营模式发生了很大的变化，已经不再是原子化的生产个体，而是纳入现代组织形态之中，通过现代农业产业体系、经营模式和组织体系的引领和带动，不断提高农业生产技术的标准化、品牌化和科技化程度，以适应市场对优质高效农产品的需求。以市场为导向的会经营善管理，是推动农业结构转型升级的重要促进力，经营型的职业农民要发挥好引领作用。

4. 能创业

"能创业"是指具有开拓创新精神，能运用丰富的科学文化知识和实践经验，从本地的客观实践出发，根据本地农产品的特点，对市场行情和发展规律作出预判，进行创新创业，不仅自己发家致富，而且形成当地有特色的产业，带动本区域农民共同富裕。新型职业农民以市场为导向，以获利为目的，实行适度规模经营，不断进行各类生产要素的投入，如购置农机具、蔬菜大棚等，为了获得更多的利润，就要紧跟市场需求，发展各种"创意农业"。创业状况直接关系到能否获利以及获利的多少，对新型职业农民的素质提出了很高的要求，农业属于弱势产业，没有较高的综合素质就无法取得高额的回报。能创业突出表现在以下几方面：一是善于利用信息自媒体。新型职业农民是伴随互联网发展成长起来的年轻一代，互联网融于日常生活和生产经营的全过程，已经深深渗透到生产生活之中，新型职业农民运用微信、微博或自有手机 APP 等互联网工具进行产品营销，将生产端与消费端直接对接，减少中间环节和流通成本，从事的是"指尖上的农业""鼠标农业"。二是有品牌意识。新型职业农民有敏锐的市场洞察力，有强烈的品牌意识，走品牌路线，避免低端产品的恶性竞争。以自媒体为主要阵地，善于设计和推介时尚潮流、个性鲜明、辨识度高、与消费者消费观念契合度高的个人及产品标识，打造出有知名度的农产品新锐品牌。三是有机联结生产经营环节。随着农业专业化和分工进程的加快，农业产前、产中和产后需要更多的专业服务，能创业的新型职业农民瞄准商机，把农产品生产、经营环节有机续接起来，填补传统农业模式下遗留的空白领域，整合成具有一定规模效应的联合体，为农业产前产中产后提供各类专业化的服务，通过农民合作社等社会组织的发展，建立与农民的利益联结机制，加快农业专业化进程和推动农民职业化发展。

三　新型职业农民的重要价值与组成部分

（一）新型职业农民的重要价值

新型职业农民是新时期乡村振兴的主力军，也是未来中国农业的建设者和接班人，承载着中国农业的发展希望，是解决"谁来种地"和"如何种好地"的关键，是实现三农"中国梦"的推动力量。

1. 从身份到职业是现代社会的应然之义

"所有进步社会的运动，都是一个从身份到契约的运动"[1]。在相当长的一段时间内，农民更多的是身份符号，而不是一种职业。从人类历史发展进程来看，走向身份关系是历史的倒退，与自由、平等、理性的现代观念相悖，而走向契约关系则是历史的进步。从身份农民到职业农民，是现代社会的应然之义，培育新型职业农民是顺势而为，符合社会进步、文明的发展方向。

（1）从人治社会走向法治社会。身份社会是典型的人治社会，"身份关系的取得、变更和消灭带有先赋性、人伦性和随意性的特点，以身份关系为基础的社会，必然表现为社会生活的非法制化"[2]。这种因身份不同而带来的不平等性将会导致法治的社会基础荡然无存，法律不是维护弱者的权利，更不是普遍遵循的标尺，而是成为少数人保障其特权的工具。所谓"礼不下庶人，刑不上大夫"，身份是权力配置的根本标准，身份不同，地位有异，权力有别。人一出生就依据身份不同被分为三六九等，人们间的权利义务关系及整个社会的秩序都是依据身份关系来调节和整合。以"三纲五常"为核心的礼教规范，

---

[1] ［英］亨利·萨姆奈·梅因：《古代法》（一），高敏、瞿慧虹译，九州出版社2007年版，第231页。
[2] 蒋先福：《从身份社会向契约社会的转化及社会条件》，《湖南师范大学社会科学学报》1995年第1期。

造成了中国国民的依附性、保守性和奴性。社会的进步必然要求从"身份走向契约",契约标志着缔约双方的"合意",能够体现自由意志并能自主地支配,随着社会不断进步发展,中国正处在"从身份到契约"的动态演进过程中。"对农民是身份还是职业的内涵不同理解归根结底源于农民权利保护理念的不同,实质平等的保护目标要求我们必须将农民视为一种职业概念,而非一种身份概念"①。在法治社会中,农民职业得到普遍尊重,中国农业才具有长久的发展根基。

(2) 从自然经济走向市场经济。在一个狭小的区域范围内,依据长幼有别、尊卑有序的身份关系来维持社会秩序,按照互惠的人情交往原则,维持乡土熟人社会的运转。新中国成立后,在计划经济时代,个人虽然不再依附于家族,但仍然依附于整个国家。个人的权利和义务的分配主要依靠身份关系而不是法律契约关系来调节,不同的身份有不同的权利和义务,与计划经济相适应、相配套的户籍制度、单位制度和行政制度使这一时期呈现明显的身份特性,农民并未摆脱人身的依附。契约观念是现代市场经济的内在要求,契约本身蕴含了平等竞争、功利和理性的原则。真正以契约为基础的公民社会是市场经济的产物;契约就意味着双方的地位是平等的,可以互相谈判,遵循等价交换的原则达成协议。要想使交易成功关键在于建立互信,这就是契约,无论是权力等级还是血缘亲疏在此完全失效,认物不认人。"市场经济本质上是契约经济,它与契约社会一样,同样是契约论的产物。契约论的传播,打碎了封建等级身份秩序,促使人们走向独立主体,平等、自由、协商、谈判的理念得以确立并落实"②。新型职业农民的专业分工契合了市场经济的内在要求,随着农村社会分工的细化与深入,不仅有利于催生农业生产的职业化、专业化,更能够在农业资源的自由流动和农民内部阶层的分流及向上流动中提升农民的素质和培育农民的现代公民意识。

---

① 赵万一:《中国农民权利的制度重构及其实现途径》,《中国法学》2012年第3期。
② 梁惟:《从身份到契约:我国现代化的必由之路》,《南昌航空大学学报》(社会科学版)2011年第4期。

2. 解决谁来种地的关键

"谁来务农"已引起社会高度关注,粮食属于特殊的战略物资,不可完全听凭市场调节,更不可由国际粮商控制。14 亿人口大国的饭碗要牢牢地端在自己手里,粮食是比天大的事,"让十几亿人吃饱吃好、吃得安全放心",是现代社会对我国农业提出的新的时代要求。农村青壮年劳动力大规模外出务工,中国农业劳动力呈现出"一高(年龄偏高)"、"一低(文化素质偏低)"、"一多(女性劳动力偏多)"和"一少(受过专业技术培训的偏少)"的特点。农民的"离农"与"脱农"现象日益突出,传统农民数量急剧减少,其中缘由固然有农业收入低下的原因,更包含农民社会地位低的因素。不仅自己不愿意当农民,更不愿意自己的下一代当农民,很多农民的后代也根本不会种地,当不了农民。目前我国农业劳动力供求关系已进入总量过剩与结构性、区域性短缺并存的新阶段,关键农时缺人手、现代农业缺人才、乡村振兴和新农村建设缺人力问题日渐普遍。

现代农业是技术含量越来越高、知识越来越密集的产业,对农业从业者提出了更高的要求,不是谁都能种得了、种得好地,新型职业农民的发育严重滞后,阻碍了现代农业的发展。培育具有新知识、新技能、懂管理的高文化素质和科技素养的新型职业农民从事农业生产经营,是解决"谁来种地"和"怎样种地"难题的关键,也是未来农业发展的根本,可以使我国农业、农村焕发新的生机与活力。从经济角度来说,它有利于劳动力资源在更大范围内的优化配置,改变人口从农村流向城市的单面路径,吸引优秀人才进入农业领域。从政治和社会角度来说,基于自由选择基础上的新型职业农民,更加尊重人的个性和选择,而不是依赖于先赋性的身份,更能激发群众的积极性和创造性。"在美国,不到 2% 的职业农民不但养活了本国人,而且使美国成为全球最大的农业出口国"[①]。根本原因在于美国从事农业的是高水平高科技文化素养的职业农民,现代科技保证了高效率地科

---

① 农艳:《美国农民怎么种地》,《市场报》2005 年 11 月 23 日第 12 版。

学种田。中国未来的农业发展，也需要更加紧密地依靠高素质的新型职业农民，建立完备的职前职后教育培训体系，不断提高农民的综合素质，使新型职业农民能够紧跟科技步伐、掌握先进技术，把准市场的脉搏。

传统乡土中国号称以农为本，创造了辉煌的农业文明，农业占据主导地位，手工业退居到次要地位，曾多次出现"重农抑商"的政治主张，农民在"四民"中地位仅次于士而高于工商。说明在封建社会，生产力总体落后，农业是属于主导产业。到了资本主义社会，科技广泛应用，工业逐渐上升到主导地位，农业下降到次要地位，农民的地位也随之下降。在知识经济时代的后现代社会，随着经济发展与社会进步，农业会再次受到高度重视，不仅能够为工业化和后工业化社会提供所必需的高质量的农副产品，满足吃住基本需求，而且可以提供特殊的休闲服务和生态环境，满足民众的更高层次需求，农业的重要性被重新恢复。农民理应成为一种有声望的职业，因为农民的职业要与农业的地位相匹配。农民的职业化是社会分工的必然抉择，回归农民职业属性是"否定之否定"规律的再现，是对农业职业的重新肯定[1]。社会要消除对农民的身份歧视，新型职业农民的提法突出强调了农民的职业身份，是解决谁来种地的关键举措，顺应了农业发展的趋势与规律。

3. 提升农业发展质量和效率的根本举措

中国是一个农业大国，但谈不上是农业强国，大而不强，农产品质量不高，价格偏高，国际市场竞争力不强，现有农业劳动力的总体素质低，严重制约了农村经济发展。农业现代化要求农业内部搞好分工合作，分工是基础与前提，只有细致的分工才能有更高的效率。新型职业农民顺应农业现代化的发展趋势，是农业结构调整的产物，并且会反过来成为农业结构进一步调整的推动者，提升农业生产与安全

---

[1] 杨继瑞、杨博维、马永坤：《回归农民职业属性的探析与思考》，《中国农村经济》2013年第1期。

的水平,构建"从餐桌到田头"的质量追溯制度。农民成为职业,才有相应的价值伦理与职业道德,才能建立职业荣誉感。农民不是职业,就会缺乏长远的职业规划,更不用担心被清除出职业队伍。现实生活中可能存在这样一种现象:农民种植两块地,一块地的农作物是种给自己家吃的,不打农药、不用催熟剂,生产的是绿色产品;另一块地的农作物是卖给别人的,滥用农药、化肥与催熟剂,生产的是低质量产品,就是农民缺乏职业伦理的表现。因为职业意识的缺失,中国农作物质量整体堪忧,食品安全成为全社会关注的话题,当民众在讨论吃什么才是安全的时候,本身就是对农业大国的一种讽刺。培育新型职业农民,建构职业伦理,是提升农产品质量的根本举措。

一家一户的小农生产,农民精耕细作,虽然多劳多得提高了农民的积极性,但从成本与收益的比例来看,效率是不高的。在传统农民的眼中,至少时间是不算成本的,但在工业社会,时间就是金钱,如果把时间纳入成本中,传统农业生产的效率是很低下的,不计算时间成本的劳动模式已经不适应现代社会对效率的要求。新型职业农民的涌现,冲击和瓦解了传统农业一家一户分散经营模式,推动农业生产经营走向规模化、标准化和品牌化,代表了现代农业未来的发展方向。在提高农业生产发展效率上,新型职业农民的作用主要体现在以下几个方面。

(1)促进新技术的使用和推广。传统农业生产以家庭为单位,种植规模小,主要目的是自给自足,以传统的直接经验技术为基础,农户主动采纳先进技术与品种的动力不足,很少有外部生产要素的投入,科技含量低,机械化利用率不高,属于粗放型、分散性农业,传统小农和兼业农民的分散性、非市场化导向和农业的短期行为是制约农业科技推广和应用的重要因素,不利于现代农业的规模化、产业化、集约化生产。只有形成以新型职业农民为主体的农业生产经营形态,实行适度规模经营,依靠农业收入作为家庭的主要来源,才能刺激农民对农业科技需求,加快农业技术和机械设备的应用。科技是第一生产力,科技的采用可以为新型职业农民的规模经营带来更高的收益，创造更大的利润，新型职业农民比非职业农民有更迫切的科学技术需求，会主动地、积极地利用先进的农业科技技术和机械化操作方式，有动力参与由技术升级和品种升级带来的价值链升级。新型职业农民善于应用新技术、新品种，运用机械化作业方式，减少人力成本和时间投入，降低生产成本，提升农产品产量，提高生产效率，通过新技术的使用和推广，达到农业规模化、集约化、产业化生产的目的，提高农业发展效率。

（2）专业分工带来生产力提高。传统农业生产具有"小而全"的特征，种植的农作物品种很多，家里需要什么就种植什么，如粮食、棉花、红薯、大豆、玉米、各种季节的蔬菜等，但是每一种农作物的产量很少，主要是满足家庭需要，不是为了到市场上去卖钱。"小而全"的种植模式导致农业分工程度很低，一个农民在一年中可以种植很多种不同的农作物，主要依靠经验。新型职业农民的经营规模扩大，以农产品的获利为目的，出于增加数量和提升质量的考虑，就必然需要引入专业分工。只有专业的种植技术才能收获到高品质的农产品，在市场上卖出高价格。"分工是提高劳动效率和增长财富的重要源泉，想方设法提高农业分工水平是中国小农经济效率改进的基本思路之一"[①]。分工是农业现代化的重要前提，农业现代化要求农业内部要搞好分工，只有细致的分工才能有更高的效率，才能使大量的农民从繁杂的生产经营过程中解放出来，促使农业生产实现专业化。农民分工分业分化是伴随现代农业进程的必然趋势，并且会反过来进一步加快农业的现代化进程，提高农业发展效率。

（3）示范引领带头作用。中国农业人口众多、人多地少的客观情况决定了新型职业农民的培育和壮大是一个长期过程，在未来很长的一个时期内，会出现新型职业农民、兼业农民、传统农民并存的局面，而不是新型职业农民取代后两者。在路径依赖的惯性下，农村社

[①] 向国成、韩绍凤：《分工与农业组织化演进：基于间接定价理论模型的分析》，《经济学》2007年第2期。

会变迁缓慢，兼业农民和传统农民的种植养殖方法和理念很多仍然停留在传统农耕时代。在不同类型的农民同时并存的情况下，新型职业农民因为率先使用机械化操作、引进新技术新品种，更早地走上发家致富之道路，就会对兼业农民和传统农民起到示范引领带头作用。农村新技术、新品种、新方法、新观念的扩散和普及，需要发挥新型职业农民的积极作用。经过一段时间的带头示范发展，当地农业的整体水平就提高了，推动农业发展模式的转型升级。

4. 有利于落实惠农政策和传承农业文化

政府高度重视农业发展，制定了很多政策措施，但从实践来看，很多惠农政策落实过程中不仅成本高，而且支农惠农效果显现得不明显。一个最重要的原因就是这些惠农政策在实践中没有找到理想的落脚点，仍然主要是依靠兼业农民和传统农民来落实。如种粮补贴，虽然很早就已经实行，并且补贴的金额在不断提高，但由于太过分散而难以充分显现出价值，长期以来呈现出象征意义大于实际意义、政治意义大于经济意义的特征。在基层执行时，很多地区粮食补贴是直接打入承包农户的账户上，而不管这个农户有没有实际种田。在现实中出现有些农民不种田也能享受补贴、另一些农户在实际种田却没有补贴的现象，这样就难以达到激励农民种田积极性的目的。种粮补贴本意是激发农民种粮的积极性，保证国家粮食安全，而不是按照人头平摊、搞平均主义的普遍福利。新型职业农民发育和壮大后，会以各种新的组织形态出现，如家庭农场、农民合作社、农业龙头企业等，农业生产、服务的组织形式更新升级，有利于政府各项惠农政策得到更好的执行和落实。建立在职业农民基础上的新型农业经营主体可以更有力、更清晰地领悟政策的意图，使各项支农惠农政策在实施上更具有针对性和落脚点，有助于提高政府支农惠农政策和服务的效果，促进农业发展战略和发展目标的实现。新型职业农民实行准入制度，对于考核合格的职业农民，颁发新型职业农民证书，并成为获得各项惠农政策的最重要参考标准，从土地流转、项目资助、金融信贷、教育培训、技术推广等多方面给予支持。这样政府的各项惠农政策就能找到具体真实的着力点，通过加大对新型职业农民的扶持，有利于坚定地落实好各项政策，促进农业生产更好地发展，造就一支高素质的新型职业农民队伍是农业和农村保持活力的重要基础。家庭农场、农民合作社、农业龙头企业是根据农业发展客观状况而出现的新的农业组织形态，传统农户和兼业农民的组织需求弱化，组织化程度低，呈现出原子化状态，难于管理、效率低下，各项惠农政策在执行中大打折扣。通过提高组织化程度，新型职业农民在生产和管理上能够进行更有效的协调，能够更准确地瞄准政策目标，并且得到强有力的贯彻执行，不仅可以为新型职业农民的规模经营争取到更多的政策扶持，而且有利于政府的各项惠农政策得到坚定的贯彻执行，更好地实现政府的农业目标，保证农业稳定和健康发展。

我国是一个农业大国，农业生产具有悠久的历史，创造了灿烂辉煌的农业文明，积累了宝贵的农业生产经验和优秀的农业生产智慧，这是我们的宝贵财富，但是很遗憾的是，在今天的中国，农民在很大程度上被看成是社会地位低下的身份标签，农村被看成是落后的代名词，农业被看成是没有前途的产业。在很大程度上，是把农业、农村和农民贴上"落后"的标签，从现代城市的主体视角出发，将乡村文化看成是"不文明"的形态，这会让我们陷入历史虚无主义的境地。新型职业农民作为现代化农业的继承者，对传统农业文化的保护继承和现代农业文化的发展具有重要意义。新型职业农民高度认同传统文化中的天人合一理念，深刻理解土地的宝贵价值，能够尊重自然，注重循环利用，不对自然界进行过度索取，有利于农业经验技术、优秀文化理念的传承，并在农业生产实践中加以发扬光大。在优秀农业文明的传承下，才能够"看得见山水，留得住乡愁，守得住历史"，建设美好乡村，实现乡村振兴。

总之，新型职业农民既是农业现代化进程的产物，又是实现农业现代化的目标要求。大力培育新型职业农民有助于推进城乡一体化发展，能够提升农村人力资本水平，吸引优质要素资源流向农村，激发农村发展活力，解决"谁来种地"和"如何种地"的问题，保障国家粮食和农业安全，是走出一条具有中国特色的现代农业发展道路的有效举措。

(二) 新型职业农民的代表性类型

现代农业发展有三个重点：生产体系、经营体系、产业体系。围绕着三大体系，农业人才可分为生产大户、农村发展带头人和专业技能服务人才等多种类型。新型职业农民不仅促使了原有的生产型职业农民在生产方面更为专业化，还衍生出了多种其他类型的职业农民，如服务型、经营型职业农民，代表性的新型职业农民构成如下：

1. 生产型职业农民

是指以农业生产为职业、拥有一定的农业生产要素和资源、具有一定的专业技能、有一定的资金投入能力、收入主要来自农业的农业劳动者，生产型职业农民稳定地从事农业劳动作业，直接从事农业商品化、规模化、集约化生产经营的农业生产群体。主要组成部分包括专业大户、家庭农场主、农民合作社带头人、农业工人、农业雇员等。在具体的实践生产层面，包括职业的种粮种菜种花农民、职业的畜牧水产养殖人等。生产型职业农民拥有丰富的种植或养殖实践经验，为市场提供安全的农产品，是农产品的最基础、最原始来源，通过不断创造新的财富，实现和提高农业价值。生产型职业农民集中在种养等生产环节，生产环节的工作对象是活的生物体，不像工厂车间里的标准化流水线生产，可以按照统一模式进行，农业生产周期性不固定、需要处理的细节多，很难有效监督，并且监督成本很高。生产环节的特点决定了比较适宜采取家庭经营方式，以家庭作为生产单位，成员利益具有高度的一致性，劳动责任心强、主动性高，不需要付出监督成本，没有磨洋工现象，能够有效降低生产成本、提升工作效率，生产出高质量的农产品。生产型职业农民未来培育的重点是各类种养专业户、家庭农场规模经营户等。

2. 服务型职业农民

是指在农业社会化服务组织中工作，或者个体直接从事农业产前、产中、产后服务，并以此为主要收入来源，具有相应服务能力的农业社会化服务人员。随着农业生产分工的不断深入和细化，原有一家一户"小而全"的生产经营格局被打破，农业生产正在走向"专而精"，大量"附属性"劳动逐步从农业生产经营中分离出来，演变成为专门的职业。服务型职业农民主要的工作领域是为农业生产提供产前（如土地平整、机耕、机播）、产中（如除草、施肥、水利灌溉、病虫害防治、农艺改革）、产后（如机收、农产品收购、储存、烘干、运输）的各项社会化服务，弥补农业生产经营过程中的薄弱环节，帮助农民解决后顾之忧，提高农业生产效率。服务型职业农民的构成较为广泛和多元，既包括按月领取工资，或者实行"包干制"，按照完成的工作量领取工资，并以此为主要收入来源的农业劳动力，如农业雇员、农业岗位工人等专业化技能岗位的从业者。也包括各类农业机械手、代耕手、动物防疫员、农产品经纪人、农村农业信息员等专业化服务岗位的从业者[①]。还可以包括为农业生产提供"外围"服务的各种职业群体，如为农业提供宣传、推广、指导、咨询等服务的各类职业，为农业发展提供良好的舆论氛围和外在环境，间接促进农业发展。服务型职业农民提供的服务方式多元化，可以提供从种子的选择和代购、代耕代种、病虫害的防疫，再到施肥收割的"全程"服务，也可以就某一个或者某几个环节提供"点菜式"服务。在农资采购、农产品销售上，通过合作经营的方式，可以批量采购，以更低的价格购买各种农资产品。在农产品销售时，合作经营可以增强话语权，避免一家一户降价销售的恶性竞争行为，减少商家恶性压价的空间，从而增加农民的收入。在农机服务基础上，各类合作社不断扩展业务，为农户提供代耕服务、土地托管服务，既没有改变产权，把不利影响降到最低，又实现了适度规模经营，提升了农业效率，取得了良好的效果。针对服务型职业农民，未来培育的重点是农民合作社

[①] 徐天敏：《新型职业农民的内涵及特征研究》，《农村经济与科技》2015年第10期。

和其他各类农业社会化服务组织。服务型职业农民为农业提供各种社会化服务，不仅"无地生金"，创造了更多的农业就业机会，而且通过分工提升了效率，提高了农产品的品质，激发了适度规模经营的活力，促进了农业发展。

3. 经营型职业农民

经营型职业农民是在生产型职业农民的基础上发育出来，与生产型农民形成互补，并且会反过来进一步促进生产型农民发展的一种职业农民类型。农产品从生产出来，到变成民众餐桌上的最终消费品，中间还要经过加工、运输和销售等中介环节，为经营型职业农民的发育提供了广阔的空间。经营型职业农民是就业渠道的创新，它更需要农民具有创新意识与理念，善于利用互联网服务于"三农"，拥有新理念新思维新技术，通过掌握丰富的市场信息，搭建好供给和需求之间的桥梁，发挥中介作用，从事农产品加工、流通和销售，获取经济收益。经营型职业农民涵盖面很广，如农业产业企业主、农业龙头企业负责人、农村专业合作社负责人、农业社会化服务组织带头人等农业发展带头人、农村经纪人等经营管理岗位的从业者。在农产品精深加工、物流运输环节中，比较适宜采取公司制经营，公司制经营在这些领域具有较为明显的优势。国家鼓励工商企业投资农业，促进城市的优质要素资源流动到农村，号召资本下乡，为农户、合作社提供产前、产中、产后服务，带动农户发展产业化经营。在农产品经营领域，重点是做大做强农业产业化龙头企业，增强辐射带动能力，提高产品附加值，创造出更多的利益空间。通过农业龙头企业的参与和经营，可以有效延长农业产业链，做到一、二、三产业协调发展，农民合作社逐步开拓农产品加工流通业务，提高所占份额比重，让更多的生产型农民能够分享到农产品加工、物流等环节的增值收益。

四 新型职业农民的来源与组织载体

（一）新型职业农民的来源

谁会成为新型职业农民，或者说谁最有可能成为未来的新型职业农民，解决好新型职业农民的来源问题，不断壮大发展队伍，是建立现代新型职业农民制度的基础性环节。"需要进一步打破城乡二元结构壁垒，取消不利于城乡间资源流动的障碍性因素，改变资源要素从农村流向城市的单一流向"①。新型职业农民的来源是多元化的，只有大批有志于农业的有文化、有技术的年轻人从事农业，并通过他们的聪明才智取得了社会平均甚至更高的收益，才能使职业农民的队伍不断扩大，才能更好地实现农业现代化。具体来说，新型职业农民有以下几种代表性的来源。

1. 开发存量，在现有农民基础上培育出新型职业农民

中国有着数量庞大的传统农民和兼业农民，他们从事农业生产，懂得农作物的基本技术和方法，拥有丰富的经验，了解农作物的生长规律，来自农村，生活于农村，对土地和农村有感情。但是由于客观或者主观的原因，他们的主要收入来源不是来自于农业，是为了满足自给自足的家庭需要，或者只是作为家庭收入的一个补充。很多农民在城市务工，在农忙时再赶回农村，长期在城乡之间来回往返，在工农之间徘徊，保持着亦工亦农的状态。务工农民在城乡之间往返，家人不能生活在一起，带来一系列如留守儿童、留守老人、留守妇女等负面问题，很多务工农民是迫不得已，为了生活才四处奔波。如果条件具备，有一个较大比例的传统农民和务工农民愿意成为新型职业农民。有些农民外出打工，是因为家庭田地数量太少，无法取得适度规模效益；有些农民不愿意采用先进技术和机械化操作，是因为不知道如何使用，没有启动资金购买设备，或者因为田地不平整而无法使用先进的机械装备；有些农民一直没有以市场为导向进行农产品结构调整，是因为不了解市场行情，缺乏风险规避手段，也不了解国家的支农惠农政策。在这种状况下，通过政府和社会各个方面的努力，如果条件具备，比如通过完善土地流转以实现适度规模效益，加强水利、

---

① 朱启臻：《创造良好社会环境 培养新型职业农民》，《农民科技培训》2012 年第 5 期。

机耕路等农业基础设施建设，宣传落实好农机补贴、农业保险、农业贷款等惠农政策，加强农业实用技术和市场观念的培训，就可以引导、吸引一部分传统农民、兼业农民转化到新型职业农民队伍中来。这是新型职业农民来源的最重要基础，是着重开发已有的存量。任何职业的熟练和精通，都需要时间的积累，需要原有的基础，现有的传统农民和兼业农民，无疑为新型职业农民的培育奠定了前期基础，只要措施得当、引导有力，支持有文化、懂技术、会经营的农业生产经营大户、农村实用人才和农村青年致富带头人率先发展起来，形成示范效应，就会从中孕育出新型职业农民，实现传统农民的"脱胎换骨"。农村实际上已经出现了不少岗位的职业农民，如农村中的一些"能人"成为农业企业家，职业农机手等新型服务型岗位的出现，农业工资劳动者队伍开始逐步形成。

2. 挖掘增量，吸引高素质优秀人才成为新型职业农民

新型职业农民的培养需要注重对内和向外两个维度，不仅要开发存量，也要挖掘增量，农业从业者的来源不再局限于农村内部，各种有志于参与农业发展的人群都可以参与进来，不仅要考虑农村劳动力的流出，也要考虑流入问题。激发要素资源在城乡之间合理流动，农民作为一门职业，民众有进入和退出的自由。在工业化和城市化加速期，有更多的农民选择非农职业，同样，在耕地等制度健全的条件下，城市人也可以自由地选择农业职业，有序地加速农民从身份到职业的转换，具有十分重要的意义。高素质的新型职业农民可以有效推动农业现代化的发展，优化农村内部产业结构，为推动农业的产业化、科技化、集约化经营提供了动力和条件。吸引高素质人才成为新型职业农民，主要包括农村带头人、技能服务人才和大专院校、中等职业学校返乡创业毕业生、返乡农民工等[1]。笔者认为，代表性的有如下几类。

---

[1] 徐天敏：《新型职业农民的内涵及特征研究》，《农村经济与科技》2015 年第 10 期。

（1）返乡农民工。返乡农民工在城市社会工作生活了很长时间，见多识广，经历丰富，经过多年的打拼，具有一定的经济基础、风险意识和管理能力。流动和城市体验的直接结果就是市场观念的增强，能够有机会去接触现代化程度更高的非农产业，并借鉴运用到农业的产业发展上。对于农村的情怀和牵挂一直是他们放不下的东西，农村有他们的亲人和土地，并且也可能是他们最终的归宿，吸引有志于农业的外出务工人员返乡创业，他们最有可能成为新型职业农民的领头人。当前，很多有进城打工经历的农民回到家乡后，积极投身农业领域进行创业。中国农民工数量庞大，如果能够有效激活返乡农民工的创业热情，通过政策引导，鼓励外出务工农民带技术、带资金回乡发展现代农业，这是最具基础和潜力的人群，可以成为新型职业农民来源的重要途径。

（2）大中专毕业生。这些人中有一个很大的比例是由农村走出来的，童年就是在农村长大，对农村充满感情，对农业有一定的感性认识。来到高校后，学习科学文化知识，综合素质较高，能更快接受新的种植和养殖方法，掌握了更为系统和先进的农业知识技术，大中专毕业生都是年轻人，有闯劲，有活力，有创业激情。引导他们来到农村创业，能够给农村带来高素质的人力资本，给农村发展输入新鲜血液，可以深刻地改变农村的现状。

（3）大学生村官。大学生村官是政府实行的一项重大政策，鼓励和吸引大学生来到农村，改善农村人力资本落后的现状。大学生村官常年生活在农村，和农民打交道，对农业有了解，凭借自身的综合素质和专业技能，很多大学生村官成为带领当地农民致富的领头人，成为引导村落发展的核心力量。他们懂得使用先进的技术手段，可以帮助当地的农民不断更新和运用新技术、新方法。通过互联网能够帮助农民开阔眼界，建立与外面世界更紧密的联系，实现农村与城市的有效衔接。在熟悉农村农业的基础上，大学生村官中的部分人，有可能成为新型职业农民中的一员。

（4）农业领域的相关专业人员。农业领域的相关专业人员，如农艺师、畜牧师、兽医师、农机工程师、水产工程师、林业工程师、水利工程师等专业技术人员，他们长期从事农业某一方面的工作，不仅对所从事的专业精通，而且对农业相关的知识也较为了解，具有知识技能和人脉资源，有较好的前期职业积累。在市场经济条件下，农业不仅是弱势产业，也是高风险产业，不是单凭激情和理想就能做成功的，农业领域的相关专业人员是有实力的一个群体，在成功的可能性上更有优势，可以引导他们从事农业创业，转变为新型职业农民。

可以看出，在挖掘增量上，有可能培育成新型职业农民的，大部分是有较高的综合素质，具备一定的工作阅历、专业技能、创业经验和资金积累后，进入农业领域"再创业"。从具体的岗位分工看，有生产型、销售型、加工型和综合型等不同的方式。新型职业农民在经营方式上可以有个体经营型、合作经营型和企业经营型等多种形式。"个体经营型一般是初入农业生产、从事农产品电商的采用较多，他们独自创业、自主经营、自负盈亏；合作经营型是指为扩大农业生产、稳定产品来源，领办或创办了农民合作社，扩大规模，共同发展；企业经营型则是指成立公司、组建团队，从事产品研发和推广，为消费者提供了优质的特色农产品和服务"[①]。新型职业农民是农村里的佼佼者，他们渴求成功，希望改变，不断创新，能够带领其他的农民致富，深刻改变农村面貌。

（二）新型职业农民的组织载体

新型职业农民是从个体层面上分析的，如果从组织载体的层面上论述，则是体现为各种不同的新型农业经营主体。这些新型经营主体的范围不仅包括农业生产环节的组织，而且还包括农产品流通、销售与服务环节的各种组织、中介组织及其联合体。统计数据显示，"截

---

① 农业部农村经济体制与经营管理司课题组：《农业供给侧结构性改革背景下的新农人发展调查》，《中国农村经济》2016年第4期。

至 2015 年底，经营面积在 3.33 公顷以上的专业大户超过 341 万户，家庭农场超过 87 万家，依法登记的农民合作社超过 140 万家，龙头企业超过 12 万家"①。这些新型农业经营主体在实际运行中，侧重点和主打方向不尽相同，彼此之间不互相排斥，也无高低、优劣之分，形成一个互为衔接的有机整体。既能独立运行，又可以多种形式并存、组合，形成充满活力的新型农业经营体系。随着农民进城落户进程加快，土地流转会产生更多的适度规模经营，各类新型农业经营主体在未来有很大的发展空间，会成为新型职业农民的中坚力量。个体化的新型职业农民，借助于各种组织载体，可以提高组织化程度，减少管理成本，原子化的个体有利于统治，但不利于管理，提高新型职业农民的组织化程度，能够更好地维护和实现好自身的各项合法权益，反过来促进新型职业农民的进一步发育和壮大。

1. 专业大户

专业大户是"家庭劳动时间大部分用于农业中的某一产业，且收入占全部收入 80% 以上的纯农户"②。从现实来看，"专业大户是在传统小农户的基础上逐步成长起来的，大多数围绕着某种农副产品从事专业化经营，经营规模明显超过传统小农户，而且具有较高的经营水平"③。专业大户主要是从事种植业和养殖业，有时也称种养大户，在具体的经营面积上，没有形成严格的标准，边界比较模糊，不同地区、不同行业的种养大户标准差别比较大。

2. 家庭农场

家庭农场是"以家庭成员为主要劳动力，从事专业化、集约化、规模化和市场化的经营活动，并以农业经营收入作为家庭收入主要来源的新型主体，具有家庭经营、规模适度、运营市场化和管理企业化

---

① 孔祥智：《农业供给侧结构性改革的基本内涵与政策建议》，《改革》2016 年第 2 期。

② 楼栋、孔祥智：《新型农业经营主体的多维发展形式和现实观照》，《改革》2013 年第 2 期。

③ 刘勇、胡仲明、邱和生：《江西培育新型农业经营主体问题研究》，《江西行政学院学报》2015 年第 1 期。

等四大显著特征"①。家庭农场的经营主体是家庭成员，通常不雇工或者少雇工，有一定的规模，这是区别于普通农户的最重要的标志。中国区域之间资源禀赋的差异巨大，种植的农作物品种不同，难以对家庭农场形成全国统一的标准，不同的省份有一些具体的规定，可以作为一种参考。如吉林省延边地区通过对家庭农场的调查，"确立了对家庭农场的两个标准：一是土地经营规模在 30 公顷以上；二是在工商局注册，将其作为企业进行管理"②。可以看出，家庭农场的认定标准，一个是经营规模，另一个是登记注册，这两个指标在全国都具有代表性。各个地区在家庭农场的判定标准上，都对土地种植面积或牲畜水产养殖数量达到一定的规模提出了要求，学术界也对家庭农场规模提出了建议，如刘奇认为："我国平原地区耕作大田作物的家庭农场一般不宜超过 300 亩，蔬菜规模不宜超过 30 亩。"③

专业大户和家庭农场与传统小农生产相比，在规模上有所扩大，实行适度规模经营，有助于农户优化农地产出与改善经营条件④。更有动力去购买大型农业机械设备，在农业生产中广泛应用新技术，以专业化生产和市场化运作为目标，增加资本、技术和人才等生产要素的投入，通过规模经营获得较高资本积累。规模化的机械化农场可以释放农业生产要素的效率，如劳动力、水利设施、农业机械满负荷工作效率和购买、销售网络的谈判好处⑤。专业大户、家庭农场作为农业领域规模生产主体，承担着农产品生产尤其是商品生产的功能，关系到国家农作物的安全，对小农户生产经营起到了良好的引导和示范

---

① 刘勇、胡仲明、邱和生：《江西培育新型农业经营主体问题研究》，《江西行政学院学报》2015 年第 1 期。
② 郭庆海：《新型农业经营主体功能定位及成长的制度供给》，《中国农村经济》2013 年第 4 期。
③ 刘奇：《家庭经营是新型农业经营体系的主体》，《农民日报》2013 年 6 月 1 日第 3 版。
④ 贾生华、田传浩、张宏斌：《农地租赁市场与农业规模经营——基于江、浙、鲁地区农业经营大户的调查》，《中国农村观察》2003 年第 1 期。
⑤ 韩俊：《土地政策：从小规模均田制走向适度规模经营》，《调研世界》1998 年第 5 期。

作用，带动传统小农和兼业农民采用先进科技和生产手段，增加技术、资本等现代生产要素的投入，推动传统农业加速转型升级为向现代农业，不断提高农业生产的集约化水平。

3. 农民专业合作社

农民合作社是"农民在家庭承包经营基础上按照自愿联合、民主管理原则组织起来的一种互助性生产经营组织"①。农民专业合作社具有非常重要的功能：一是经济功能。农民合作社通过农户间的合作与联合，按照自愿的原则，农民可以加入或者退出合作社，合作社成员在购销、生产、加工、物资、资金和技术等方面实行互助合作，扬长避短，功能互补，提高了农户生产的集约化水平。二是互助功能。农业生产以家庭经营为基础，遵循"生产在家，服务在社"基本原则，成立专门的农机服务队、农技服务队和农资服务队，为社员提供产前、产中、产后各方面的服务，形成一个有机联系整体，有利于把分散的小农户组织起来并有效对接市场。三是社会功能。农民合作社在组织散户、带动大户、对接企业、联结市场等方面的成效明显，是有效联结分散小农和现代市场之间的沟通桥梁，可以成为引领农民进入国内外市场的主要经营组织，发挥好提升农民组织化程度的作用。通过组织化程度的提升，可以形成合力，对外协调一致，为农民提供生产指导、权利维护、社会诉求等方面的服务。

在实践运行中，农民合作社仍然存在一些问题：一是相当多的合作社有名无实。号称"僵尸社""空头社"，只有一个名称，而无实质性内容。"据吉林省调查，切实发挥合作经济功能的合作社不超过登记注册数量10%"②。二是民主参与、平等协商程度不够。对于运行良好的合作社，大部分呈现出能人领办型的特征，带头人是核心和灵魂，重大决策往往一言堂，一个人说了算，合作社章程并未得到有

---

① 张照新、赵海：《新型农业经营主体的困境摆脱及其体制机制创新》，《改革》2013年第2期。

② 郭庆海：《新型农业经营主体功能定位及成长的制度供给》，《中国农村经济》2013年第4期。

效落实，普通农民话语权不够，参与度较低。三是合作社的发展缺少足够的制度空间。农民专业合作社主要集中在生产领域，数量众多的非专业化生产农户被隔离在外，合作社的参与主体受到限制。出于一些特定的考虑，合作社的多种功能没有得到有效发挥，尤其是社会功能受到限制，削弱了合作社的实际作用，降低了农民加入合作社的积极性。

4. 农业龙头企业

农业产业化龙头企业是"通过订单合同、合作等方式带动农户进入市场，实行产加销、贸工农一体化的农产品加工或流通企业，和其他新型农业经营主体相比，龙头企业具有雄厚的经济实力、先进的生产技术和现代化的经营管理人才，能够与现代化大市场直接对接"[1]。随着人民群众生活水平的提高，人们的消费方式在转型升级，对农产品提出了更高的要求，绝大部分农产品从实际的消费使用情况来看，都要经过初级加工或精深加工才能最终进入消费领域，在加工的过程中，农产品工业价值得到不断提升，扩大了农产品的附加价值，给农产品加工、销售企业提供了巨大的发展空间，也给新型职业农民提供了利益空间。在整个农业产业链条分工体系中，农业龙头企业的功能定位主要表现在以下几个方面：一是农业生产企业。这类农业龙头企业直接从事农产品生产，一般都是生产价格高、质量好、市场潜力大的农产品，往往走的都是高端消费路线；二是农产品加工企业。这类企业对农产品进行初级加工或者深加工，提升农产品的附加值，以订单的方式与农民合作社或农户合作，采用农业产业化经营，引领和组织农民进入市场，在农业产业链延长中更多地实现农民的利益；三是农业服务企业。农业服务企业按照市场定价原则，以有偿的方式为农户提供各种农事作业服务，满足农业生产服务社会化的需求，农业服务企业提供的服务涉及农业产前、产中、产后的所有环节，包括整地

---

[1] 张照新、赵海：《新型农业经营主体的困境摆脱及其体制机制创新》，《改革》2013年第2期。

播种、农田设施安装、植保和收获、储存与运输等。总体来看，农业龙头企业在产业链中更多集中在农产品加工和市场营销等环节上，并利用先进的设备和技术优势为农户提供产前、产中、产后的各类社会化服务。

农业龙头企业是农业新型主体中各类先进生产要素的集大成者，聚集着先进的现代生产要素，在盈利水平、科技含量、规模效应、品牌建设、经营管理等方面发挥着更大的优势，能够辐射带动传统农户、兼业农民，成为推动我国现代农业发展的骨干力量。农业龙头企业借鉴现代企业管理模式，采用社会化生产的方式，与生产型职业农民分工合作，优势互补，把第一、第二、第三产业有机联系起来，延长农业产业链，提高农业附加值，引领农户以市场为导向进行生产，担负起市场组织者的作用，拓展了新型职业农民的发展空间和施展舞台。

专业大户、家庭农场、农民专业合作社、农业龙头企业、各类农业社会化服务组织等新型农业主体不断涌现，为中国农业现代化的发展提供了坚实的支撑，但无论是何种组织形式，从原子化的个体形态上看都是新型职业农民。正是新型职业农民数量的壮大，存在于各种组织形态之中，推动中国农业向前发展。

第三章　与时俱进的制度创新：新型职业农民培育的基础

"农业发展大体上历经了三阶段：传统农业阶段、要素驱动型农业阶段和创新驱动型农业阶段。"① 传统农业时期，属于"低投入、低产出与低污染"的"三低农业"，由于生产力落后，农产品品种不丰富，供应量不足，处于维持温饱和生存的阶段。但是农业生产遵循了循环农业特征，是传统农业生产要素的利用和循环，属于有机农业，民众不一定能吃饱肚子，但是却吃得安全和健康，契合了人与自然的和谐发展，遵循了"天人合一"的原始理念；在要素驱动型农业阶段，以化肥、农药、薄膜等为代表的无机农业及其相应的科技进步为农业高产出提供了条件。农药、化肥、农业机械、激素等的广泛使用打破了传统农业生产要素固化，满足了人口快速增长带来的粮食需求，但也产生了一系列的农业外部性问题，最典型的表现是农业污染严重和农产品残留超标，民众能吃饱穿暖，但不一定吃得安全和健康，严重破坏与危及人与自然的和谐发展，属于"高投入、高产出与高污染"的"三高农业"；创新驱动型农业是在前两个阶段的基础上发展而来，是农业科技创新、经营管理方式创新、制度创新等的有机结合，是资源节约型与环境友好型"两型农业"模式发展的必然要

---

① 周镕基、皮修平：《供给侧视角下农业"悖论"的成因及其对策》，《湖南师范大学社会科学学报》2017 年第 1 期。

求①。中国农业正处于从要素驱动型农业向创新驱动型农业转型阶段，这个转型过程可能会很漫长，会经历很多曲折，却是一个必须要经历的过程。

邓小平深刻指出，我国农业要经过"两次飞跃"才能实现现代化的战略构想："第一个飞跃，是废除人民公社，实行家庭联产承包为主的责任制。……第二个飞跃，是适应科学种田和生产社会化的需要，发展适度规模经营，发展集体经济"②。人民公社制度抑制了农民生产积极性，无法维持下去，代之以实行家庭联产承包责任制，极大地激发了农民种地的热情，解决了温饱问题，这是一个伟大的壮举。"但是家庭承包责任制的制度红利正在减弱甚至消失，改革开放以来，农村土地制度再没有发生大的变化，家庭承包体制发挥的能力已经用尽了，必须有制度创新才能调动农民的积极性"③。从一个长期的纵向历程来看，人类农业发展的每一次重大进步，都离不开制度创新。农业制度创新推动促进了农业科技创新，农业科技创新促使农业生产由数量增长向数量和质量并重转变，为了发展多功能农业，更好地拓展和发挥好农业的功能，通过延长农业产业链来提升农产品的附加值，培育以新型职业农民为代表的农村人力资本，需要进一步推动体制机制创新，引领农业供给侧结构性改革的发展方向。

一 土地流转

家庭承包责任制后，农村普遍出现"分有余而统不足"的现象，传统的"小农经营"、农地"细碎化"导致土地资源配置效率低下，影响了农业生产的效率提升和长远发展，成为中国农业现代化进程中亟待解决的问题，土地的适度规模化是更好地实行农业机械化作业、

---

① 周镕基、皮修平：《供给侧视角下农业"悖论"的成因及其对策》，《湖南师范大学社会科学学报》2017年第1期。
② 《邓小平文选》（第3卷），人民出版社1993年版，第355页。
③ 蔡继明：《农地流转与土地法规修订》，《理论前沿》2009年第7期。

提升农业效率的基础。统计数据显示,"截至 2016 年 6 月底,全国承包耕地流转面积达到了 4.6 亿亩,超过承包地的三分之一。在一些沿海地区这一比例已经达到二分之一。现在经营耕地面积 50 亩以上的规模经营农户超过 350 万户"①。土地流转工作在快速推进,取得了重大成就。

(一) 土地流转的价值

1. 提升农业效率的基础性工作

"农村联产承包责任制推行后,农民一家一户的积极性被充分调动了,但是却呈现出原子化的状态,农户过小的经营规模无疑是制约农业经济效益的一个重要因素"②。具体来说:(1) 过小的生产规模造成生产要素使用效率低下。农业生产需要各种不同的生产要素,包括劳动力、种子、肥料、农药、农业机械等,这些生产要素往往缺一不可,在土地规模太小的情况下,这些生产要素的使用效率就会很低下,各类农业机械处于闲置状态,缺乏专业化分工,降低了劳动效率。(2) 过小的生产规模导致单位产品中所包含的固定成本居高不下。如前所述,因为生产要素使用效率低下,导致单位农产品中包含的固定成本就必然较高。如种植水稻地区,需要置办脱粒、植保、翻晒、仓储等设施,如果使用效率低下,平摊在这些设施上的成本就会增加。工业生产中工人 8 小时轮流作业、机器 24 小时不停工,就是为了提升机器的使用效率,降低生产成本。(3) 过小的生产规模导致农民市场谈判能力低下。分散的农户无法形成整体合力,话语权弱,因为生产规模过小,农产品的生产产量和农资购买数量都会很小,农民处于"小数目谈判"地位,市场谈判能力低下,无法获得各种批量销售和批量购买的优惠,在市场交易过程中承担了过高的交

---

① 国新网:《国新办举行关于完善农村土地"三权分置"办法发布会》(http://www.scio.gov.cn/xwfbh/xwbfbh/wqfbh/33978/35411/)。

② 张扬:《试论我国新型农业经营主体形成的条件与路径》,《当代经济科学》2014 年第 3 期。

易成本。(4)过小的生产规模使农业收入在农户家庭总收入中的比重降低。因为青壮年劳动力大量外流,耕地闲置抛荒的现象时有发生,农民对土地的情感在淡薄,对农业生产的关心程度下降,外出务工收入成为很多农民家庭的主要收入。土地流转在现阶段是有效解决土地经营碎片化的制度举措,在人多地少的国情下,推进土地流转是实现农业适度规模经营的最重要途径,克服土地细碎化的缺陷,通过土地平整,连块成片,提高大型农业机械设备的购置和使用,降低单位产品的成本,提升农民的市场谈判能力,实现农业生产的规模经济。

2. 培育新型职业农民的现实需要

新型职业农民是长期务农甚至终身务农,以市场获利为目的,为了追求效率最大化,必然要投入各种生产要素,采用更为先进的技术和手段,购买更先进的设备,为了降低单位成本,必然需要让这些设备达到最大化程度的使用,减少闲置和荒废。在现有的人均田地数量上,因为规模太小,不可能实现这些目标,也不具备新型职业农民培育的基础和土壤。小块碎片化的田地,对于传统农民和兼业农民来说,虽然也不理想,但还没有突破其底线,因为传统农民的目标是自给自足,满足家庭的基本需要,对土地没有更高的期望,也不会对农作物生产进行过多生产要素的投入,遵循的是小风险甚至无风险的农业生产策略;对兼业农民来说,土地收入不是主要收入,家庭主要收入来源是务工收入或者其他收入,土地只是一个配角,不起主要作用,对于收入较高的务工村民来说,土地可有可无,甚至出现抛荒的现象。但是,小块碎片化的田地规模,是新型职业农民不可承受之重。中国农业长期停留在一种简单重复、没有实质性进步的轮回状态,这与小规模的分散土地持有制密切相关,农地的"细碎化"是机械化、水利灌溉、作物保护、投入的有效配置等等的重大障碍。新型职业农民各项生产要素的投入、农产品市场获利都需要建立在田地的适度规模经营基础之上,离开适度规模经营这个基础,新型职业农民不可能产生、发展和壮大。在现有土地制度下,适度规模经营的最

第三章　与时俱进的制度创新：新型职业农民培育的基础 | 71

有效方式之一就是推进土地流转工作。按照"规模化、集约化、专业化"经营模式，土地集中后，进行规模化生产，资本、技术、设备、管理等现代要素进入后，往往会产生比流转前传统农业更高的收益。

3. 维护和实现农民利益的重要举措

现有的农村土地政策在很大程度上发挥的是生存保障功能，对于一家一户的农民来说，有了田地，就不会挨饿，是安身立命之本，因而有了退路与保障。但是，依靠现有的小规模田地，发家致富是不可能的，只能维持最基本的温饱。在南方的农村地区，很多村庄里最贫穷的家庭就是没有外出打工的家庭，土地无法作为一个资产要素被激活，是闲置的"沉睡资产"。因为一家一户分散经营，导致土地的供给和需求出现错位，一部分农户"有地无力开发"，另一部分农户"有力无地开发"，在土地流转不顺畅的情况下，转出方和转入方双方的利益都受损，转出方无法稳固获得土地的流转收入，转入方无法获得土地适度规模效应带来的收益。土地的生存保障功能在一定程度上延缓了中国的城市化进程，农民被束缚在土地上，小片土地对农民来说是"食之无味、弃之可惜"，如果通过土地流转，把土地资源盘活，可以成为促进农民市民化的助推力。实际上，在很多经济发达地区和大城市的郊区，因为就业机会多，有些农民已经在城镇从事第二、第三产业很多年，稳定地获得非农收入，这些农民产生了较为明确的土地转让愿望，只要有合适的机制和方法，就可以更好地推动土地流转工作，实现好流转双方的利益，为土地适度规模经营提供了有利条件。土地流转是实现农村适度规模经营的基础性条件，可以提高农民的收入，充分利用有限的土地资源，更好地发展中国特色现代化农业，推动农村生产力的快速提高，加快城乡经济的一体化发展。

（二）土地流转的模式

1. 私人间的土地流转模式

这是最早最原始的农村土地流转模式，在 20 世纪 80 年代初期，已经有一些民间自发的耕地流转行为出现，基本上都属于这种模式，直到 90 年代初才出现了地方性的、有组织的土地流转试验和尝试。即使在现在，私人间的土地流转模式仍然存在，特别是在南方的丘陵地带，人均田地少，地势不平整，不适合大规模的机械化操作。这种模式最重要的原因是农村劳动力外出打工，或者从事非农产业，自己暂时无力耕种田地，或者不想耕种。在经济不发达的农业大省，很多青壮年劳动力外出城市打工，他们就会把田地转包给其他人耕种，在转包对象上，根据关系远近，呈现出"差序格局"的特征。首先是给家里人。如丈夫出去打工了，给妻子在家种，年轻人出去了，给年迈的父母在家耕种；其次是给亲兄弟、堂兄弟、叔伯关系等；最后是给邻居亲戚耕种。私人间的土地流转模式，可能会参考借鉴一些土地流转的市场行情和价格，因为流转双方都知道，如果一方觉得明显吃亏，那么这种合作关系就很难长期维持下去，但这种模式和市场代理型的土地流转模式还是差别很大，私人间的土地流转模式在很大程度上遵循着血缘和地缘的流转路径，通过土地流转来获得收入不是最重要的目标，遵循的仍然是传统乡土社会人情面子和互利互助等原则。

私人间的土地流转模式以一家一户的农户为流转主体，需要流出或者流入田地的农民，在土地的承包期内，自行寻找流转对象，协商好各自的权利义务，在双方充分沟通和自愿的基础上，一方将手中的田地委托给另一方代为耕种经营，形成"农户（转出方）—农户（转入方）"的单层委托代理关系。流转的期限不固定，可能很长，也可能很短，看外出务工的状况，如果城市务工收入好，农户的田地可能一直处在流转状态；如果务工收入不好，或者找不到工作，就会退回农村，收回田地自己耕种。田地很大程度上是城市务工的退路，因为流转价格并不是主要目标，是为了在打工期间田地不会荒废。流入的一方也是为了获得土地的收益，但是因为农业是弱势产业，盈利很低，所以土壤不肥沃或者位置不好的田地，往往就无法流转，处于闲置荒芜状态。因为流转双方获取信息的成本太高，往往是小规模的流转，缺乏制度保障，流转期限不稳定，流入方对土地没有长远的预期，缺乏对土地的投入和维护，不利于土地资源的合理有效利用和土

第三章 与时俱进的制度创新：新型职业农民培育的基础 | 73

壤肥力的保养，甚至可能会采取短期行为，过度使用土地。私人间的土地流转，客观上促成了土地规模的适度集中，提高了农业区域化、专业化、集约化的发展程度，在客观上造就了一批粮食、蔬菜、水果、烟叶等种植专业户，推动了农村社会"中农"的兴起。中农通过家庭、亲戚朋友、邻居等私人网络，流转了一二十亩，甚至几十亩上百亩的田地，这些中农一年中的大部分时候在田地里劳作，农产品的收入成为家庭的主要收入来源，依靠适度规模经营，成为事实上的职业农民，尽管他们可能并没有新型职业农民资格证书之类的文本凭证，客观上保障了粮食生产和农业发展。

2. 政府主导型的土地流转模式

流入方要和村子里每一个村民协商，在政府退出的背景下，其协商成本极高，如果要大规模流转，很难达成一致的流转意见，在实践中出现了政府主导型的土地流转模式。这种模式下，政府对推动和促进土地流转发挥了关键作用，尤其以乡镇政府和村委会为代表，为土地流转的双方牵线搭桥，担任中介者甚至发动者和组织者角色。流入方在向农民流转土地的时候，所接触的对象不是村民本人，不是找农民一家一户地进行协商和谈判，而是找到镇政府和村委会的负责人，签下土地流转价格、流转期限的征地合同。然后由镇政府和村委会同农户协商，动员农民签订合同。是由两个部分组成，第一步是农户把土地委托给村集体，农户和村集体签订合同。第二步是由村集体和流入方签订流转合同，由流入方统一开发经营，形成了"流出方（农户）—镇村政府—流入方"的双重委托代理关系。为了使招商引资顺利进行，或者为了获得更高的土地流转价格，有些镇村政府会对土地进行适当平整，使土地相对集中和更为平坦，提供一些最基本的基础设施。土地的价值通过流转得到了实现和提高，村民获得了流转收入，但在这个过程中，农户并不是发起人和推动者，很大程度上只是被动的接受者。镇村政府在其中起到了非常核心和关键的作用，一头联结流出方，一头联结流入方，在两者间起到牵线搭桥的作用。政府主导型的土地流转模式在以下情况下较为常见：一是当地政府把土地流转作为一项政绩工程来看待。有些地方政府把土地流转的规模和比重看成是当地促进农业发展的一项重要指标，是一项政绩工程，基层政府组织为了完成上级政府的工作，或者为了取悦上级领导，用行政化的思维和手段来推动土地流转，在很短的时间内实现土地资源的有效集中和流转，容易实现规模效应带来政绩。二是能够获得经济上的利益。地方政府为了推动土地流转，会根据本区域土地流转的规模和比重，拨付相应的工作经费，对于表现优秀的，会获得额外奖励。为了在工作上表现出色，为了获得更多的工作经费，镇村政府有动力推动土地流转。有些镇村政府不仅扮演中介者角色，还扮演盈利者的角色，在流出方和流入方之间赚取差价，镇村政府从农民手中把土地集中过来的时候，流转的价格较低，把土地流出的时候，价格较高，镇村政府获得这个一进一出的中间差价。三是招商引资的需要。地方政府为了吸引到优秀的转入方，需要在土地流转方面做好基础性工作。如果流入方去找一家一户分散的农民谈判，中间的协商和交易成本太高，一个村落里面，只要有少数几户农民不同意，可能会导致整个村落土地流转的失败，流入方一般会知难而退。对流入方来说，最简捷有效的方法就是找到镇村政府，请他们去和农民谈判，农民忌讳村上队里，惧怕基层政府，以政府的名义来对牵扯其中的个体进行动员通常是一种很有效的方法。土地成功流转后，后续很多的管理环节，还需要借助镇村政府的力量，因此，大规模的土地流入方很少去和村民谈，往往是选择和镇村政府谈判，演化成政府主导型的土地流转模式。

政府主导型土地流转的最大优点是决策速度快，不拖泥带水，在整齐划一的规定动作下，能够在很短的时间内取得明显的效果，产生轰动效应，带来政绩工程。缺点是决策的执行成本很高，上面制定的决策可能不符合基层的客观实际情况，而下面的个人为了完成上面领导的工作，或者为了取悦上级，只是机械地按决策推进，没有权利发挥其积极性，不愿也不敢进行工作创新，从而导致了较为普遍的低效率，甚至出现形式主义。在自上而下的制度安排下，组织缺乏有效的管理和监督，土地产权不明晰，所有权归集体，集体到底是归结在哪个层面上，现实执行中做法不一，部分政府官员或村干部可能出现个人权力膨胀和寻租行为，导致政府代理绩效下降或失效。

3. 市场代理型的土地流转模式

市场体制在资源的使用上，往往在特定的时间段更有效率，因为市场体制坚持效率优先、适者生存的原则，整个市场体系犹如激烈的竞技场，只有能力较强者才能获胜，效率低下的就会淘汰出局，要想在激烈的市场竞争中取得有利地位，就必须不断提高效率。为了应对瞬息万变的外在环境，市场体制需要灵活地作出应对，因而也更具创新性。在自由主义者看来，市场就如一只看不见的手，调节着资源配置，通过竞争和价格机制，在节约交易费用和解决稀缺性方面，表现出明显的效率。亚当·斯密深刻地指出，市场的充分运作和调节可以实现资源的最优配置和达到价格的均衡点，因此，市场在促进经济发展中发挥着巨大的作用。一个理想中的市场体制，不仅可以最大限度地实现个人利益，而且能够促进公共利益的发展。人类发展历史已经证明，市场体制是一种有效的资源调节方式，可以为农业农村发展提供动力和机遇，需要大力发展市场代理型的土地流转模式。

市场代理型的土地流转模式中，土地经营权已进入市场流转，土地流转的价格、流转的对象都是由市场来调节，体现以效益为中心的原则。在这种模式下，政府直接干预的行为减少甚至消失，由台前退居幕后，政府只担当中介人角色，强调服务功能，政府要做的事情是及时了解土地流转意向、对接双方供需，提供土地流转的法规政策并监督土地流转相关方遵守秩序、规范流转手续、化解矛盾纠纷等。市场发挥了更大的作用，土地流转的价格、形式、途径、组合等环节都由市场机制自行调节，土地流转工作转入了市场经济的轨道，体现出市场机制对土地使用权这一生产要素配置的基础作用。政府主要是宏观指引，不再介入到具体的事情中，市场代理型的土地流转模式需要各类中介组织进行牵线搭桥，提供专业服务。市场代理型的土地流转模式，充分重视和发挥了市场的调节作用，在流转双方充分沟通的基础上尊重达成的意愿,有利于最大程度地平衡和实现好流转双方的利益,减少了政府直接介入带来的矛盾和冲突,随着社会主义市场经济的进一步健全和完善,市场代理型的土地流转模式会成为土地流转的主要模式。

因为地区发展差异、市场发育程度和农业生产的复杂性和多样性,任何一个地方的土地流转都不可能是一种模式,而是多种流转模式同时并存,或者以某一种模式为主,其他模式为辅。"适合当地的就是最好的",土地流转没有绝对的统一模式和标准,任何试图将某一地区流转类型单一化的企图都可能会遭遇失败。

(三)土地流转的具体方式

在中央政府的高度重视下,地方土地流转更多的是在国务院、农业部等中央部门的统一协调下有规划、有选择、有层次地展开,土地流转的比重和速度呈现出上升的趋势。党的十七届三中全会出台《中共中央关于推进农村改革发展若干重大问题的决定》提出,"允许农民以转包、出租、互换、转让、股份合作等形式流转土地承包经营权"。从各地的实践来看,土地流转主要是采用以下几种具体方式。

1. 转包

转包是指转出方自行与有生产经营能力的转入方协商,将自己的土地经营权流转出去,给转入方从事农业生产经营。转包的情形常见于家庭劳动力外出打工或者从事非农生产的农户,为了避免土地撂荒,将土地转包给其他农户代为耕种,可能会收取一定的流转费用,也可能不收取现金,年末的时候会以田地里种植的农产品作为象征性的回馈礼品,也有既不收取费用,也不需要农产品回赠的情形,仅仅把转包作为一种维系和加深人际关系的途径,彼此之间互相欠着人情。

2. 出租

出租是指承包方将部分或全部土地经营权在协商好租金价格的前提下,在一定的期限内租赁给他人从事农业生产经营。和转包相比,出租更加注重土地流转的市场价格，目的是为了获取土地租金收入，流转的对象比转包的范围更广，超出了血缘和地缘的狭小领域，走向了更为广阔的市场空间。出租在程序上更为规范和正式，往往需要一定的中间方，如村委会、土地流转咨询服务机构、土地信托服务组织等，双方签订书面的出租合同，双方协商好各自的权利和义务，流转较为稳定和规范。

3. 互换经营

互换经营是指在同一集体经济组织内的承包方，出于一些特定的目的，比如为了集中经营、为了管理的方便、为了机械化作业，自愿将承包土地进行对调互换。互换的具体条件、实施方案、附带的利益关系和补偿等，均由互换双方在平等、自愿的原则下自行协商，达成一致意见后，一方用自己的田地去交换经营另一方的田地。互换经营在土地流转中所占比例较低，对双方的条件要求较为苛刻，需要双方的田地在满足各自的需求上刚好能够互补，各取所需。

4. 股份合作

股份合作是指承包方将土地承包经营权作为股权，用土地承包经营权入股，自愿联合从事农业合作生产经营。或将土地承包经营权量化为股权，入股组成股份公司或者农业合作社等，从事农业生产经营。通过股份合作的方式，把农民同入股的公司或合作社更为紧密地联系起来，成果共享、分险共担，是一种较为先进的合作形式，如果入股的公司或者合作社经营得好，农民就能够分享到更多的利益，而不是单纯地获得土地的流转价格。通过与农民的收益更为紧密地联系起来，能够激发农民从事生产和管理的积极性，提高农业生产和管理的效率。农民应当转变观念，以入股、加入合作社等新型方式将土地流转到专业经营主体，这不仅不会对其土地承包经营权产生冲击，而且会获得更多的收益。但股份合作也有缺陷，笔者在宿州调研时，农民表达了对股份合作的担心和疑惑，如果通过土地出租，土地流转的价格在流转合同中有明确规定，农民对土地出租的收入有稳定的预期，吃了定心丸。股份合作虽然到年终时，有可能比土地出租获得更高的收益，但农民是有担心的，如果入股的公司或者合作社经营不善，年底分红会不会打水漂。对很多农民来说，安全是第一位的。股份合作是属于土地流转的一种新形式，在内部管理和财务监督上仍然有很多需要完善之处，普通农民可能并没有充分的知情权，因而降低了对股份合作的预期和信心。

以上几种土地流转的具体方式中，互换经营受到的限制较大，需要具备一些特定的条件，不可能大规模推广。转包更多地出现在土地流转的初期，对增加农民收入和促进农业生产发挥了积极作用，属于小规模的流转，难以发展壮大。出租是目前的主流形式，承包土地的农民获得出租收入，转入方获得土地的使用权，通过签订合同，明确各自的权利义务，形成较为稳定的流转关系。股份合作是一种最新的流转形式，可以把公司、合作社和农民紧密结合在一起，让农民分享更多的收益。但也存在农民预期不明确、公司与合作社内部制度和管理不健全、普通农民缺乏知情权和参与权等不足，需要进一步完善和改进，有望在未来发挥越来越重要的作用。

（四）土地流转实践的不足之处

土地流转的范围和程度在不同地区的差异很大，总体来看，存在这样一些共性的不足。

1. 土地流转信息平台构建不足

土地流转是一个信息充分沟通和对接的过程，在很多农村地区，尚未建立土地流转信息平台，在农村土地流转过程中，转出方和转入方由于缺乏有效对接的沟通渠道，双方互不了解，无法获得准确的信息，转入方难以获得土地状况的基本资料，如地势、面积、价格、使用状况、肥力、与市场距离等，供需双方难以做到及时沟通，在信息不对称的情况下，一些地方出现了"要转的，转不出去，不知道转给谁；要租的，租不到，不知道向谁租"的供需双方无法有效对接的现象。土地流转信息平台没有搭建好，信息搜集成本太大，土地供需双方无法直接联络沟通，难以形成有规模的流转，双方信息搜集和谈判成本太大，导致土地流转不能健康有序进行，制约了土地流转市场的发育，影响了土地资源的合理利用、适度规模经营效益和农民的流转利益。在安徽省南部的丘陵地带，很多地区还是处于原始的初级阶段，没有建立流转信息平台，完全依靠流转双方自发沟通，流转对象的选择面非常狭窄，在信息错位和沟通渠道不顺畅的情况下，不少地区仍然存在土地抛荒的现象，特别是一些肥力较差、地理位置偏僻、地势不平整的田地，浪费了有限的土地资源，制约了农民增收和农业发展。

2. 缺乏土地流转的中介服务组织

土地流转在最根本的意义上要遵循市场机制的交易原则，在土地流转的过程中，需要资产评估、法律咨询、委托代理、土地投资以及土地保险等中介服务，发挥牵线搭桥和咨询建议的作用，这样交易的双方才有一个较为理想的参考标准和大致的预期。在不少农村地区，因为土地流转市场发育迟缓，农业是弱质产业，利润空间小，缺乏专门运作土地流转的中介组织和机构，没有形成相应的市场规则、监督机制和完善的交易中介服务体系，土地市场的价格机制尚未建立。土地流转的价格应该是多少，依据是什么，流转后能够抵押多少贷款，都没有一个较为权威的指导建议，农村土地流转市场的发展和完善，急需有公信力的资产评估等专业机构提供相应服务。

3. 土地流转规范性不够

土地流转的具体方式有多种，在转包和互换经营等流转形式中，很多土地流转手续不健全，部分农户甚至不签订书面流转协议，只有一个口头约定，依靠传统乡土社会的人情面子来维系流转，一旦发生纠纷就难以找寻证据，缺乏处理的依据。出租和股份合作一般都会签订书面合同，但是规范程度仍然较低，如合同约定的权责利不明确不具体、内容不细致不齐全、流转面积、标的不准确等。流转双方缺乏法定的程序，没有将合同拿到鉴证机关进行鉴证备案，当双方出现争议时，合同的合法性和有效性得不到保障。现实中可能会出现"计划赶不上变化"的现象，导致有些条款无法真正得到执行，如有些地方农民因为在城市打工不顺利，返回农村要提前收回流转出去的土地，也有些流入方因为经营不善，出现亏本状况，无力支付原本约定的流转费用，从而给农村社会稳定埋下隐患。

（五）土地流转的方案设想

为了解决农村土地流转过程中出现的信息获取不充分、土地流转信息平台构建不足、缺乏土地流转的中介服务组织、土地流转规范性不够等共性问题，设想成立"农村土地流转服务中心"，包括"政策法规服务中心"和"流转平台服务中心"[①]。"政策法规服务中心"主要负责土地流转相关法律法规制度的制定、修改和完善，使农村土地流转在法律的框架内进行，做到有法可依。对土地流转进行舆论宣传和推广，提升农民的土地流转意识，进行专业人员培训，使县乡村三级具体负责土地流转的领导和工作人员学法知法守法。"政策法规服务中心"不参与土地流转的具体细节工作，可以在各级政府行政机构中设置，尤其是中央、省和市三级政府层面。中央政府发挥统领作用，制定和出台农村土地流转的相关法律法规，作出方向性、原则性和大纲性的规定。省政府对全省的土地状况进行调查摸底，在中央政府的方向指引下，积累试点经验，并复制推广。市政府依据省政府的具体部署，根据本市的具体情况，因地适宜，制定出具体的细则，在本市范围内开展宣传和指导。县级及以下政府在政策法规上，主要工作是具体执行，向上级政府反馈政策执行过程中的具体实施状况。

"流转平台服务中心"提供具体服务，考虑到工作便利的原则，可以搭建在乡镇层级。乡镇政府设立"流转平台服务中心"，各个行政村设立"流转平台服务站"，各村民小组设立"流转平台服务点"。建立"点—站—中心"的土地流转信息网络，通过信息联网，汇总到中央政府的土地流转信息中心，以便中央政府能够及时了解到全国土

---

① 罗玉辉、林龙飞、侯亚景：《集体所有制下中国农村土地流转模式的新设想》，《中国农村观察》2016年第4期。

第三章　与时俱进的制度创新：新型职业农民培育的基础 | 81

地流转的总体状况，为下一步的决策提供数据支撑。"流转平台服务中心"的具体服务步骤如下：第一步：土地挂牌。有意愿出让农村土地的农户（转出方）提交土地出让申请书，申请书上详细注明土地的承包人信息、联系方式、土地面积、土地位置、流转期限和意向价格等，把土地信息提供到土地流转市场，乡镇"流转平台服务中心"对这些信息进行审核，确认无误后，录入当地的农村土地流转信息网络，在土地流转市场公开挂牌转让。第二步：双方磋商。有意愿转入土地（转入方）的一方，登录乡镇"流转平台服务中心"网络平台，搜集土地出让信息，发现有合适的土地，就通过上面显示的信息联系转出方。转入方也可以主动在流转平台服务中心发布需要转入的土地信息，并留下联系方式，等待转出方主动联系。有初步意向后，流转双方就可以对农村土地流转的具体细节进行磋商，例如流转价格、流转期限、流转方式等。如果达成了合作意向，则进入签约环节。第三步：签订合同。签订正式合同之前，乡镇"流转平台服务中心"向转入方和转出方介绍农村土地流转管理的相关法律法规，让双方充分知晓各自的权利和义务，严格遵守相关法律法规和合同规定。这个过程可以增强双方的法律规范意识，为后续更好地履行合同奠定基础。双方自愿签订合同，并在乡镇"流转平台服务中心"登记备案。第四步：合同履行。合同签订以后，双方就按照合同约定履行，履约期间，若一方出现违约，双方应优先协商处理，若协商不成，可按合同内容进行赔偿，以保证双方的正当权利。合同到期后，合同双方应在乡镇"流转平台服务中心"登记备案，以备查询，整个土地流转过程结束。"农村土地流转服务中心"除了在土地信息录入汇总、给流转双方提供对接平台外，还可以对农村土地承包流转进行指导、管理和监督。如指导镇村政府建立各项规章制度，代表性的包括"一栏""三簿""六制度"等规范，其中，"一栏"指在显要位置设立农村土地流转信息发布栏，公布需要流出流入土地的数量、价格、期限等；"三簿"指《农村土地流出意向登记簿》《农村土地流入意向登记簿》《农村土地流转台账簿》；"六制度"包括责任制度、信息发布制度、备案审查制度、档案管理制度、纠纷调解制度、风险预警制度[①]。通过不断建立健全规章制度建设,让本区域内的农民有更多的知情权,提升土地流转的积极性。

通过设立"农村土地流转服务中心",建立和完善农村土地流转数据库,构建起农村土地流转信息网络,清楚记载流转土地的各项基本信息,便于交易双方查询。"农村土地流转服务中心"能够有效传递交易活动各方所需信息,降低流转双方搜集和发布信息的成本,减少土地流入和流出主体之间的交易成本,解决代理双方信息不对称的矛盾,以更少的时间和货币成本,提高流转双方交易的成功率,扩大农地交易范围和规模。"农村土地流转要建立健全土地承包经营权流转市场定价机制,引导流入流出双方对土地承包经营权进行合理定价,建立价格调整机制,保障农民的土地承包经营权权益"[②]。流转双方遵循"自愿、公开、公平、公正"的原则进行交易,建立由市场发现和决定的农地价格流转机制,形成"竞价为主、协商为辅"的价格机制和土地流转价格递增机制,保障农户的基本收入,确保"农村土地流转服务中心"仅作为一个流转交易平台来运作,避免行政因素的干预。在县、镇、村三级建立土地流转服务机构,属于专业性和非营利性的服务组织,平台建设费用和管理经费纳入政府财政支出预算。为了避免流入方因管理经营不善,无法及时支付流出方的土地流转费用,可以在"农村土地流转服务中心"的指导下,成立土地流转风险保障资金,建立保证金制度,实行分级管理、分级核算、滚动使用、以丰补歉,专项用于补偿因经营主体无法履行合同时给土地出让者所造成的流转费损失。努力让农村土地流转市场呈现出"流而有序,转而不乱"的良好局面,促使广袤的农村土地释放出更多红利。

---

① 县域经济观察员:《农村土地流转交易中心三大典型模式》,《理论与当代》2008年第11期。

② 孔祥智、伍振军、张云华:《我国土地承包经营权流转的特征、模式及经验》,《江海学刊》2010年第2期。

二 三权分置

土地是农业的核心生产资料，是新型职业农民的命根子，土地制度是现代农业的根本制度基础，土地问题是"三农"问题的重中之重，最关键的主线还是要处理好农民和土地的关系，"三权分置"是在新的农业农村实践下的制度创新，客观上有利于新型职业农民的培育。

（一）农村土地产权制度变迁

产权是一套激励机制，如果产权界定不清，就会产生"外部性"和"搭便车"的现象，有效的产权提供了人们将外部性内在化的激励机制。"产权的另一个功能是提高资源配置，资源是稀缺的，所以应当把资源配置在最有效率的地方"[①]。新中国成立以后，经历了几次重大的农村土地产权制度改革。1950 年 6 月 30 日，中央政府颁布了《中华人民共和国土地改革法》，在这部全国性的土地法律中规定，废除地主阶级封建剥削的土地所有制，实行农民的土地所有制。实现了几代人"耕者有其田"的夙愿，农民翻身做主人，彻底告别农奴生活。这次土地改革将土地的地主所有制变为农民所有制，其特点是土地所有权和经营权、使用权高度统一，农民生产积极性得以极大提高，所产生的深刻影响在随后几年的农业增长中表现得淋漓尽致，农民生活水平得到大幅度提高。农民在分得土地以后，所有权、经营权和使用权高度统一集中在农民身上，农民是作为小的私有主而存在的，与社会主义公有制的性质不相符合，随后对农村土地制度进行了变革，经过互助组、农业生产初级社和高级社等阶段，实行土地、耕畜和大型农具作价（股份）入社，集体所有，统

[①] 董国礼、李里、任纪萍：《产权代理分析下的土地流转模式及经济绩效》，《社会学研究》2009 年第 1 期。

一经营,通过这个过程,农户私人所有的土地被改造为社区(高级社)集体公有土地,到最后走向了高度集中,出现了极端化的情形。人民公社化运动时期土地产权结构呈现出高度集中的特点,土地的所有权、使用权、经营权、收益权高度统一,四权合一,归于集体。集体控制了农业的生产、经营、处分、收益等各项权利,农民的积极性受到严重打压,对土地无任何实际性权利,只能通过出卖劳动力来获取工分。"在集体土地所有制下,大规模的经营使得刚性监督无法有效实施,以平均主义为内核的工分制分配方式使得农户的劳动贡献与所得报酬严重脱节,造成了贫富拉平、吃大锅饭、多劳不能多得的结果"[1]。农民生产的积极性受到打击,农业产量大幅度下降。

产权对农民来说极其重要,是土地与农民关系的最重要反映,当农民与土地关系密切时,就能够充分调动农民的积极性,当关系不密切甚至没有任何关系时,农民与土地的联系就会割裂开来,缺乏激励就会导致农业生产的积极性下降。人民公社时期实行高度的集体化,分离和剥夺了土地与农民个体的联系,农民生产的积极性受到极大的压制,大锅饭的体制诱使农民"干活磨洋工、吃饭一窝蜂",粮食很快告急,人民生活水平急剧下降,在这种情况下,摸索出家庭联产承包经营责任制,在确保土地集体所有的前提下,把承包经营权下放给农户,实现所有权与承包经营权分离。家庭承包制的实行,使权、责、利较为高度集中于农户,极大地调动了农民群众的积极性。家庭承包责任制并没有改变农村土地公有制的制度基础,只是把土地的使用权下放给农民,并且把农民的劳动与收益进行紧密挂钩,多劳多得,少劳少得,交足国家和集体的,剩下都是自己的,中国的农业发展从此之后进入了一个比较顺利和稳定的时期。"家庭联产承包责任制是当时在公有制体制下的一种制度创新,将土地权利一分为二,所有权和承包经营权分开,在保持公有制不变的前提下,分离出承包经

---

[1] 李汉卿:《新中国土地制度变迁与农民主体性发挥》,《武汉学刊》2009年第1期。

营权给农民,极大地激发了农民的劳动积极性,很快就解决了全国人民的吃饭问题"①。家庭联产承包责任制之所以能发挥这么重要的作用,就是因为通过这个制度把农民从人民公社时期的零产权变成了有部分产权,"这个部分产权就是指农民对土地的承包经营权,这个经营权激发了农民30年的种田积极性"②,密切了农民与土地的关系,极大地调动农民的积极性。

家庭承包责任制实施以后,随着经济社会的发展,农村出现了很多新的情况,有些农民常年外出城市打工,有地无人种,与此同时,有些农民专职务农,想多承包田地,实现适度规模效率,但是受到制度约束,却无地可种,家庭承包责任制的制度红利在不断稀释,需要再次进行制度创新。为了解决"有地没人种"和"有人没地种"的矛盾,满足新型职业农民想多种地的需求和愿望,客观上需要对承包经营权再次进行分离,把承包经营权细分为承包权和经营权,实行"三权分置",即所有权、承包权和经营权分置,释放经营权的活力,让经营权流动起来。"从新中国成立后到现在的一个纵向历程可以看出,农村土地产权制度的探索主要是围绕着所有权与经营权的交替变化而展开的"③。人民公社时期是两权统一,土地所有权和经营权都统一在集体,改革开放后是两权分置,所有权归集体,承包经营权归农户,现阶段正在进行的三权分置改革是集体所有权、农户承包权和土地经营权的进一步分离,重点是激发经营权的活力,为新型职业农民用好经营权创造良好的氛围和条件。"中国农村集体土地产权经历了两权统一、两权分离到三权分离的历程"④。在所有权上,经历了由地主所有到农民所有再到集体所有;在经营权上,经历了由农民经

---

① 田川:《"三权分置":激荡农村土地制度改革新浪潮》,《社会科学报》2016年12月8日第1版。
② 韩江河:《关于农村土地流转的"成都模式"和"温州模式"比较与启示》,《广西大学学报》(哲学社会科学版)2008年第6期。
③ 黄贤金:《土地经济学》,科学出版社2009年版,第227页。
④ 张守夫、张少停:《"三权分置"下农村土地承包权制度改革的战略思考》,《农业经济问题》2017年第2期。

营到集体经营再到家庭经营的几个阶段①。其中,变化最大的是经营权,先后经历了集体经营、承包农户自己经营、流转后新型职业农民经营等几个阶段。

(二) 三权分置的客观必要性

家庭承包责任制实行两权分置,土地使用权归集体,承包经营权归农户,调动了农民生产积极性,提高了土地产出效率,将农民从土地上解放出来,大量农民进城务工,或者在农村从事非农生产,提高了农民的劳动生产率和收入。随着农业从传统农业进入现代农业的发展阶段,家庭承包责任制的制度红利不断减少,两权分置的制度缺陷开始暴露出来。①土地产权关系模糊。"从产权的完整性、明确性、稳定性等构成产权的基本权利来说,现行土地产权制度又有很多缺陷"②。第一,产权不明确。农村土地的所有权是归集体,农民并没有所有权,只有使用权,是在承包经营土地,在个人服从集体,集体服从国家的政策倡导下,土地权利的边界是不清晰的,农民的土地使用权和经营权难以得到有效保障。虽然规定所有权归集体,但集体具体指谁也不是很明确,土地所有权主体模糊,土地集体所有制难以真正落实。"集体经济组织在土地占有和处分、土地撂荒监督、土地平整和改良、促进土地集中连片和适度规模经营以及农田水利等基础设施建设等方面的权能难以实现"③。第二,产权不完整。农民在承包期内,拥有有条件的使用权和收益权,却没有其他的诸如处置、出租、出卖等权利。在农产品价格低迷的情况下,小块碎片化的土地经营无利可图,但又没有其他的处置权利,土地成了鸡肋,食之无味,弃之可惜,既阻碍了土地流转的集中经营,也制约了城市化进程。第

---

① 郭翔宇:《农业经济管理前沿问题研究》,中国财政经济出版社2012年版,第375页。

② 王跃生:《家庭责任制、农户行为与农业中的环境生态问题》,《北京大学学报》(哲学社会科学版) 1999年第3期。

③ 史蕾:《从"两权分置"到"三权分置":农地产权制度演变的逻辑》,《学习与实践》2017年第6期。

三，产权不稳定。农民没有土地所有权，心理上不会把土地看成是自己的私有财产，在爱惜程度和保护力度上就会有所削弱。在地方行政力量的干预下，农民仅有的承包经营权也经常受到侵害。没有稳定的产权预期，农民消极对待土地，就会对田地进行掠夺式生产，导致肥力下降，降低了土地的利用效率和未来的生产能力。②土地的小块碎片化。农村土地按照户籍人口平均分配，中国人多地少的国情决定了每家每户经营的田地数很少。超小规模的碎片化经营导致农业机械化推广困难，农业新品种、新科技推广缓慢，土地整理、改良困难，农业基础设施建设落后，制约了土地使用效率，无法孕育出新型职业农民。③导致土地资源错配。大规模外出务工兴起后，农民大量流入城市打工，农户承包土地后，不一定自己种，这样就出现了经营权和承包权的分离。在中国社会快速流动的现状下，土地承包权主体与经营权主体出现了分离，有承包权的不一定从事生产经营活动，想真正从事生产经营的又没有承包权的资格，种植大户、家庭农场、农民合作社、农业龙头企业等新型农业经营主体是真正的农业生产经营者。在两权分置的状态下，拥有土地承包权的人很多已经不再种地，流动到城市打工，甚至定居城市，实际种地的人又没有相应的权利，出现权利和责任不对称的现象，这就需要对两权分置制度进行进一步改革，以更好地适应新形势下的农村农业发展状况。

  为了理顺产权关系，改变土地小块碎片化，优化土地资源配置，实行适度规模经营，耕地的产权结构可分解成三种权利：所有权、承包权和经营权。在三权分置的制度设计下，土地所有权归集体组织所有，承包权归农户家庭所有，土地经营权（具体使用权）可以自由流转，由新型职业农民来支配行使。将"两权分置"推进到"三权分置"，是时代和实践的要求。"三权分置"不是对"两权分置"的否定，而是基于"两权分置"制度实践内在逻辑的发展。集体所有权是农地制度改革的基础和底线，这是由社会主义公有制的性质决定，必须长期予以坚持。也就是说，农地的制度创新应该把着眼点放在承包权和经营权上，尤其是如何通过土地流转来激活经营权，而不是围绕着所有权展开。"三权分置"的基本理念是通过进一步分解农户对农地的承包权经营权,为建立灵活高效的农地经营权流转市场,进而高效利用农地而提供具有可操作性的制度指南。三权分置赋予农民对承包地占有、使用、收益、流转以及承包经营权抵押等权利,清晰界定各项权益,保证市场交易顺畅,实现优化配置。"三权分置"在向农户赋权和向农地产权赋能方面实现了重大创新,为中国农业现代化乃至整体现代化进程提供了一种可能的制度基础。

(三) 三权分置的制度目标

"三权分置"的提出,顺应了农村农业发展的新变化、新形势,尊重了农民的智慧和首创精神,具有坚实的社会基础,是农地制度在理论上的重大创新,正在探索和积累出越来越丰富的实践经验。三权分置拓展和丰富了双层经营体制的内涵,具体来说,三权分置有利于稳定农户承包权,将已经到户的承包权明确为家庭共有产权,有利于搞活经营权,鼓励长期流转,稳定新型经营主体的长远预期。在此基础上,"三权分置有利于推动土地流转,从而推动农业规模化、专业化、社会化、市场化和国际化进程,提升农业质量效益和国际竞争力"[1]。三权分置的着力点在于将承包经营权进一步细分为承包权和经营权,使农村基本经营制度能够保持长久的活力,减少了土地资源的闲置和抛荒,为新型职业农民实现适度规模经营提供了保障。三权分置的制度目标主要体现在:

1. 保护农民的土地承包权

三权分置政策始终牢牢地抓住了土地承包权这个最基础性和关键性的问题,通过确权颁证,让农户拥有长期的承包权,最大程度地保障了农户的合法承包权益,消除了农户的后顾之忧,有利于农村社会的稳定,增强了农户对未来的长远预期,可以放心地到城市打工。三

---

[1] 史蕾:《从"两权分置"到"三权分置":农地产权制度演变的逻辑》,《学习与实践》2017年第6期。

第三章 与时俱进的制度创新：新型职业农民培育的基础 | 89

权分置下稳定承包权的价值主要体现在：一是承包权的获取。农村土地承包权的取得需要具备集体经济组织成员的主体资格，集体组织成员才拥有承包权的资格，不会因为承包权和经营权的分置，就影响了农户的集体成员资格。二是承包权的体现。"在承包权与经营权分离的情况下，承包主体通过让渡经营权而获得财产收益，在土地被征用以及退出后能够获得财产补偿，未来土地承包权还可以体现在继承权上"①。除此之外，"承包权的主要权能还体现在监督承包地的使用、到期收回承包地、再次续保承包、有偿退出、限制性流转等"②。

"三权分置"制度设计要以产权明晰为条件，搞好土地确权颁证工作是"三权分置"的前提和基础。"土地确权是指要对农村土地的所有权、使用权以及他项权利进行确认，主要工作包括：土地登记、使用地籍调查、权属审核、登记注册以及颁发土地证等"③。中央在十八大以后进行部署，全面开展农民土地承包经营权的确权登记颁证。"截至 2016 年 12 月底，全国已有 2582 个县（市、区）、3 万个乡镇、51.2 万个村开展了农村土地承包经营权确权登记颁证工作，已完成确权面积 8.5 亿亩，约占全国二轮家庭承包集体耕地面积的 68%"④。这次确权消耗人力、物力巨大，产生了重要的影响，为"三权分置"的实施和推进创造了良好的基础。土地确权颁证的重要意义主要体现在：

一是把土地承包关系用法律的形式固定下来，真正让农户吃上"定心丸"。向农民颁布土地承包合同，让农民吃上"定心丸"和"放心丸"，农户土地承包权的物权性质只有在法律上得到明确的规

---

① 张红宇：《从"两权分离"到"三权分离"》，《人民日报》2014 年 1 月 14 日第 7 版。
② 张力、郑志峰：《推进农村土地承包权与经营权再分离的法制构造研究》，《农业经济问题》2015 年第 1 期。
③ 董帮应：《基于规模经营视角的农户经营主体的变迁》，安徽大学博士学位论文，2014 年。
④ 张红宇：《落实"三权分置"，引导多种形式适度规模经营健康发展》，《农民日报》2016 年 12 月 27 日第 7 版。

定，才能进一步弱化土地所有权权能，确保农民长久拥有土地承包权。"土地确权使农民获得经济主体性，以法律形式明确土地是农民的财产权，是一种合同契约形式，在规定的期限内可以被继承、入股、租赁、赠予、抵押、拍卖等等，农民拥有对土地的处理权、收益权、转让权等权利，从而避免各级政府主体对农民土地经营活动的随意干涉"[①]。手里有证、心里不慌，确权颁证具有法律效力，农民拿着确权证书，才敢于把土地视作一种资产，依据自身的人力资本素质结构给予相应的安排，以实现资产收益的最大化。"三权分置"实施以后，农民更加放心地进城打工，从事非农产业，仍然保留农村的土地承包权，可以把经营权流转出去，获得更多的资金收益，也可以把土地经营权折价入股，获得财产性收入。通过制度设计，严格保护了农户的承包权益，奠定农村社会稳定的基础。

二是土地流转有法可依、有证可依，规范土地流转。农民真的相信土地政策长久不变，才可以没有后顾之忧地放心去打工，心知肚明、心甘情愿地将经营权流转出去，免除农民担心因流转土地而失去土地产权的顾虑，从而加快土地流转工作。通过"确实权、颁铁证"，土地流转双方心里都有底，按照法定的程序办理，能够得到更有效的保障，可以延长流转的时间，长久不变强化了对土地承包经营权的物权保护，有利于经营主体获得到土地生产经营的长远预期。让农民吃上定心丸，让经营主体放心经营。农地流转期限越长，预期越稳定，农地生产条件（灌溉条件和交通便捷度）越优越有利于经营农户对农地的有机肥投入，从而提高土地效益。

三是减少因地块、产权边界模糊带来的流转纠纷。承包经营权的清晰是土地流转工作的基础，需要妥善解决承包地块面积不准确、四至不清楚、空间位置不明确等问题，通过实测、图解等方法，核实农户的承包地面积和地块四至，绘制出农户承包地块示意图，查清承包

[①] 王国敏、邓建华：《重塑农民主体性是破解"三农"问题的关键》，《现代经济探讨》2010年第9期。

地块的面积和空间位置，建立农村土地承包经营权登记簿，颁发统一规范的农村土地承包经营权证书，依法赋予农民更加充分而有保障的土地承包经营权，并没有改变农村土地集体所有制的性质。做好农村土地确权、登记，办证工作，进一步明晰土地产权，只有产权清晰了，市场才能真正有机会发育起来。

四是解决土地小块碎片化问题。有些地区利用土地确权颁证的时机，采用多种方式，解决农户承包地块的细碎化问题，为土地适度规模化经营奠定良好基础。如采取"互换并块""小块并大块"、确权不确地等多种灵活方式，探索解决地块细碎化问题。土地承包经营权登记原则上确权到户到地，在尊重农民意愿的前提下，也可以确权不确地。在确保农户承包权受益面积之后，并不确定田地的具体位置，为以后更好地推进土地流转创造便利条件，能够有效减少土地流转的阻力和纠纷。

2. 放活土地经营权

农地"三权分置"制度目标的重心是要强化土地经营权，让经营权充分地流动起来，激发农业生产的活力，加速土地经营权向新型职业农民流转，满足其"想种田也有田可种"的需要，实现适度规模经营，给新型职业农民提供更多的发展机会，让土地得到充分的使用，既有利于提高土地生产率，保障农业供给的效率和质量，也有利于增加农民的财产性收入。实行三权分置，把经营权从承包权中单独分离出来，思路是把农村土地经营权物权化，让土地权利更具有操作性和可流转性，放活经营权，激发农村土地市场的活力，为更好地实现适度规模经营创造条件。中国要培育新型职业农民，发展现代农业，解决好14亿人口的吃饭问题，就需要获得适度规模经营的效益，既不是细碎化的小农经济，也不是土地高度集中。因此，在保障农民承包权稳定的基础上，放活经营权，推进土地流转，是一个具有现实可行性的正确思路。在现实操作过程中，要尽量减少和避免当前依然普遍存在的依靠行政干预来推动土地流转的非市场化行为，建立和完善体系化的土地流转制度平台。"从制度上确保权能边界清晰的农村土地能够以市场需求为指向在更大范围流动,放活土地经营权后,有助于土地规模效应的发挥和提高生产效率"[1]。"推进多种形式的土地适度规模经营合理发展,土地承包经营权流转使土地产权关系发生的最大变化就是土地产权关系走向商品化"[2]。

　　土地经营权是从土地承包经营权中派生出来的合同权利,陈锡文强调,经营权从承包经营权中分离出来后,"三权分置"模式下允许入股、抵押和担保,而两权分置模式下的承包经营权则不能抵押担保[3]。张力等认为经营权的主要权能是在承包地上从事农业生产、获得经营收益、处分经营权,包括再转让、抵押担保等[4]。肖卫东等认为土地经营权属于权利用益物权,其权利行使体现在农村土地的自主经营权、经营成果自主处置权、经营收益权、地上附着物和青苗补偿权、经营权抵押权等方面,核心是维护土地经营权人的经营收益权能,以优化农村土地配置效率,充分利用农村土地的使用价值和交换价值,实现"农地耕者用"[5]。可以看出,土地经营权具有相对独立性和较大自主性,随着农业实践发展,土地经营权的权能注定将会更加丰富、灵活,新型职业农民作为经营者的积极性和能动性将会得到更大程度的充分调动和发挥。需要进一步完善政府部门的服务功能,做好经营权证书的颁布,在政府搭建的流转平台上进行流转或融资,让新型农业经营主体可以大胆放心地、动力十足地将经营权流入,从而进一步激活土地经营权流转的活力。

　　3. 要素激活与资源优化配置

　　土地承包权属于成员权,承包权的取得有严格的条件限制,一般

---

[1] 刘静、郑永胜:《农村土地承包法原理精要与实务指南》,人民法院出版社2008年版,第127页。
[2] 顾钰民:《论土地承包经营权流转》,《复旦学报》(社会科学版)2009年第5期。
[3] 陈锡文:《农村土地制度改革有3条不能突破的底线》,《农村百事通》2014年第2期。
[4] 张力、郑志峰:《推进农村土地承包权与经营权再分离的法制构造研究》,《农业经济问题》2015年第1期。
[5] 肖卫东、梁春梅:《农村土地"三权分置"的内涵、基本要义及权利关系》,《中国农村经济》2016年第11期。

是当地集体经济成员才有资格获得，超出这个范围就没有土地承包的资格，具有明显的村落封闭性和不可交易性。"土地经营权属于法人财产权，可以通过市场化的方式配置给有能力的人，具有明显的开放性和可交易性"[1]。对经营权主体资格的要求要宽泛得多，不需要进行一些不必要的限制，其行使主体范围远远大于承包权主体，在城乡人员流动频繁的现代社会，经营权独立发挥作用，具有十分重要的现实意义。原来的两权分置下，承包经营权集于一身，就限定了只有本集体成员才有资格，对要素自由流动和资源优化配置极为不利。放活并严格保护土地经营权，可以使农村土地、劳动力、资金、生产工具、技术、管理等农业生产要素在农村土地"三权分置"格局下能得到更优化的配置和整合，这对于在更大范围内优化配置耕地资源、提高农业生产绩效具有重大价值，有助于推进农业规模经营和农村多种经营，可以促进农村劳动力得以顺利转移到城市第二、第三产业，减轻土地对农村人口城镇化的牵绊，促进农业现代化发展，加快城镇化和工业化的进程，促使人口有序流动。放活经营权有利于消除要素资源自由流动的体制机制障碍，引导城镇资金、生产工具、先进技术和管理方法等能够更好地投入农村的农业生产经营中去，促进农业发展。城市市民也可以来农村流转土地，成为新型职业农民，充当新型农业经营主体的角色。

农民从事现代农业，实行适度规模经营，需要一定数量的启动和发展资金，商业银行每一笔贷款都需要有效抵押物，两权分置模式下，农民缺乏抵押物，导致贷款难。中央把经营权从承包经营权中单独分离出来，允许抵押担保，但承包权作为物权依然不许抵押，这样既能避免土地的变相买卖，又可以缓解新型职业农民缺乏资金的燃眉之急。将土地经营权抵押融资，以获得更多的资金支持，扩大经营规模。放活经营权，是充分发挥土地使用价值的有益途径，符合现代农业制度的要求，也是经营主体下一步要重点发展的经营模式。为了坚

---

[1] 张文宇：《从"两权分离"到"三权分离"》，《新农村商报》2014年1月15日。

持社会主义公有制,所有权是不能动的,为了维护农民的权益,承包权是稳定的,为了提高农业生产的效益,经营权可以放活,可以流转,还可以拿到银行抵押,获得贷款。目的是不断巩固和完善农村基本经营制度,更好地维护农民集体、承包农户、经营主体等各方权益。

4. 公平与效率的平衡

三权分置的目标是在所有者、承包者和经营者三者之间选择一个最佳的平衡点,最大程度地平衡和实现好三者的利益。守住土地公有制不变,以确保社会主义的经济制度的基础[①]。稳定农户承包权长久不变,既不是到期重新发包,也不是市场化的买卖,给农民以长远和稳定的预期,是为了确保农民尤其是务工农民的土地权益不受损坏,中国有数量庞大的农民工在城市打工,虽然打工期间可以脱离土地,不需要农村土地带来的收益,但是农民工在城市就业具有极大的不稳定性,抗风险能力差,在无法成功转变为城市市民之前,最终还是可能会返回农村,在出现经济下滑的时候,最先失业返乡的就是农民工,稳定农民的承包权,就是要预防失地农民的出现,给他们一条退路,防止失地失业农民演变为城镇化的"贫民窟",达到经济"蓄水池"和社会"稳定器"的政治战略目标。激活土地经营权,是为了克服"两权分置"的弊端,激活各类要素资源,消除资源流动的体制机制障碍,实现优化配置,最大程度地发挥出土地的价值,促进现代农业生产,更好地培育新型职业农民。三权分置具有宏伟的政策目标,既要坚持土地公有制的性质,维护好社会主义公有制的国体,又要保护外出城市务工离乡农民的利益不受损失,还要通过放活经营权实现适度规模经营,大力发展现代农业生产。对获得承包权的农民而言,农村土地"三权分置"能够在继续发挥土地社会保障功能的基础上赋予农民更多财产性权利并促进农民增收。"分离后的土地承包

---

① 张守夫、张少停:《"三权分置"下农村土地承包权制度改革的战略思考》,《农业经济问题》2017 年第 2 期。

权和经营权，前者以延续土地的社会保障功能和为农民带来土地收益为功能定位，后者以实现流转人收益、促进农民增收和推动农业转型发展为功能定位"[1]。历史上的"田底权"与"田面权"也是为了实现和平衡好所有者和经营者的权利，"田底权"与"田面权"各自有一套独立的运行体系，流转有序，对维护所有者和耕作者的权益发挥了显著的作用[2]。"稳定农户承包权的政策，是为了发挥好土地的社会保障和生计兜底功能，让外出务工农民有退路，主要是出于保障公平的考虑；放活土地经营权的政策，旨在提高土地利用效率和优化资源配置的功能，主要是出于提高效率的考虑"[3]。"三权分置"在公平与效率之间进行兼顾，努力地实现两者间最优的平衡。最大限度地释放土地资源配置效率，使土地经营权通过市场化配置方式，让有能力的人耕种更多的田地，培育出新型职业农民，解决谁来种地的难题。

（四）三权分置的未来展望

虽然"三权分置"在制度设计上目标宏伟且明确，被寄予厚望，但在现实执行中，依然可能存在一些问题，需要在实践中不断摸索完善。

一是缺乏法律依据。目前《物权法》《土地法》《土地承包经营法》关于农村土地都是在"两权分置"的框架下设置的，所有权是法律概念，而承包权和经营权不是法律术语，尚没有土地承包权、土地经营权的提法，更没有各项权利的具体内容和边界界定，三权分离存在明显的逻辑悖论。"三权分置"面临无法可依，以及地方政府和村集体经济组织自由裁量权过大的问题。如果没有法律性产权确认和保护的基础支撑，"三权分置"改革可能难以实质性推进，或者蕴藏着

---

[1] 陈朝兵：《农村土地"三权分置"：功能作用、权能划分与制度构建》，《中国人口·资源与环境》2016年第4期。

[2] 刘元胜、史咏：《精准推进土地"三权分置"》，《中国社会科学报》2016年8月17日第4版。

[3] 王亚华：《农村土地"三权分置"改革：要点与展望》，《人民论坛·学术前沿》2017年第6期。

诱发土地混乱无序流动的巨大风险①。只有明确界定所有权、承包权、经营权的权利边界和三者之间的权利关系，才能为"三权分置"构筑完整的产权基础。三权分置到现在为止，主要是经济学、社会学和政治学在进行论述，缺乏法学家的充分参与。因此，法学家应当更加充分地参与中央改革决策，运用法律思维清楚界定农地的权利结构。

二是三方权利之间可能会形成此消彼长的关系。三权分置的目标是要在所有权、承包权和经营权三者之间形成一个平衡，最大程度地维护好三方的利益。但在现实执行中，可能难以做到如此理想，尤其是在三者间的权利边界没有清晰界定之前。比如，为了促进现代化农业发展，现阶段更加强调经营权，强化经营权的同时可能会弱化承包权。承包户与新型经营主体在农地权利上可能会呈现出此消彼长的形态，如在流转期限、获取补贴、征地补偿、抵押担保、改变用途等方面，承包农户的权益得不到有效保护，并产生土地权益纠纷。"特别是工商资本的进入及其与村集体的合谋，使得农民在谈判中居于劣势，甚至出现农户承包权虚化边缘化现象"②。

三是各项配套服务急需跟上。三权分置是建立在不同权利主体的基本权利共同实现的基础上，要求完成从产权确认到产权流动再到产权实现的完整过程，这个过程的顺利实现，需要很多配套服务，如土地抵押融资、农业保险和社会化服务体系等关联性改革同步跟进。"经营权贷款融资，需要建立抵押产权产值评估机构，由专业人员合理评估抵押产权产值，再按抵押产权评估价值的一定比例进行贷款，切实保障抵押双方的权益"③。经营权流转时，需要有土地流转服务中心提供各项服务，这些配套服务，在很多农村地区，尚没有建立，或者不完善，导致有些地区，只进行了田地确权登记，没有进一步往

---

① 郭晓鸣：《"三权分置"改革必须构建的三大制度支撑》，《中国合作经济》2016年第11期。

② 田川：《"三权分置"：激荡农村土地制度改革新浪潮》，《社会科学报》2016年12月8日第1版。

③ 曾福生：《三权分置后促进农村土地流转的对策》，《中国社会科学报》2017年1月10日第4版。

前推进实质性工作，导致三权分置价值发挥的作用非常有限，需要以更广泛和更有深度的配套服务为农村土地"三权分置"改革提供重要的坚实支撑。

三 三变改革

新型职业农民的发展壮大，不仅要有利于新型职业农民自身的利益，能够促进农业生产发展，而且要对普通农户、兼业农民有正面的促进或带动作用，至少不能损害他们的利益，这样才能在成长的过程中不会遭到阻力和抵抗，这是新型职业农民能够发育起来的基础和前提。从这个角度出发，农村的三变改革（资源变资产、资金变股金、农民变股东），如果实施得恰当，是一个对普通农户、兼业农民和新型职业农民都有利的制度创新。通过搭建股权平台，村集体和农民以土地、技术、资本等多种形式参股成为股东，把农民与农业龙头企业、农民合作社、家庭农场等新型农业经营主体有机连接起来，进行资源整合，能够调动多方面农业生产的积极性。2016年，安徽省确定在10个县区的12个村开展农村三变改革试点，成为全国最早实施该项改革的省份之一。

（一）三变改革的目标

农村的资源分散、资金分散、农民分散，不仅是量少的问题，而且呈现出原子化的无组织状态，与现代农业发展需要的集约化、规模化、组织化及市场化之间存在着不适应、不协调之处，制约着农村经济发展和农民增收致富。如何让"沉睡"的闲置资源活起来，将资源变为资产？如何将闲余分散资金变为股金，吸引更多的农民参与农业现代化，是一个紧迫而具有重要意义的话题，三变改革是在此背景下的一项探索性的制度创新。

1. 增加农民财产性收入

受农业生产成本和农产品价格的双重挤压，农民经营性收入增长缓慢。农产品价格低廉，很多农户一年下来，辛辛苦苦，扣除掉生产成本，没有多少利润。财产性收入对农民增收的贡献小，财产性收入将是未来农民收入增长的最大潜力所在，但是财产性收入没有被有效激活，对农民的增收贡献不够。引导和组织农民自愿以土地（林地）承包经营权、住房财产权、集体资产股权，以及自有大中型农机具、技术、资金、无形资产等生产要素，通过协商或者评估折价后，投资入股经营主体，从而赋予农民更多的财产权利①。通过投资入股，开发和挖掘农民的财产性收入，可以改善农民的收入状况，提高农民的生活水平。

2. 盘活农村闲置资源

农村除了农民承包的田地之外，还有很多其他的诸如山地、林地、水域等自然资源要素，这些资源没有受到应有的重视，很多处于"躺着睡觉"的闲置状态，成为"沉睡"的资产，或者处于粗放式的经营状态，效率低下，许多地方"守着金矿喊穷"。在农民眼中，这些资源属于公共物品，不知道该如何使用，怎样才能发挥出应有的价值。或者出于追逐私人利益，只注重使用，不注重保护，无人监管，存在严重的搭便车现象。通过三变改革，将土地、林地、水域等自然资源要素，通过入股等方式盘活，变"死资源"为"活资产"，让绿水青山变金山银山②。农村闲置资源很大一部分是属于村集体资产，通过三变改革，不仅可以增加村集体收入，壮大集体经济，而且通过股份分红，可以增加农民收入。

3. 为新型职业农民的培育创造空间

中国的国情是人多地少，这是农业发展的最大制约因素，在资源缺乏的情况下，农村的山地、林地、水域等自然资源要素，长期处于闲置的沉睡状态，是资源的极大浪费。把这些有限的资源利用起来，

---

① 张延明：《推进农村"三变"改革试点，培育农业农村发展新动能》，《安徽日报》2017年2月27日第7版。

② 中央党校农村改革调查课题组：《中国农村改革发展的新探索》，《中国党政干部论坛》2016年第11期。

通过某种组织化的方式，可以为适度规模经营创造条件，奠定新型职业农民发育的基础。要改变这些闲置资源的沉睡或者粗放式经营的状况，就需要有人来规划、管理和运行，以最低的投入获得最大的产出，找谁来经营呢？新型职业农民无疑是最佳的人选。通过三变改革，一方面可以更好地做到适度规模经营；另一方面可以给新型职业农民提供更多的发展机遇，更好地展示能力的平台。

（二）三变改革的具体内容

1. 资源变资产

资源变资产的方向是把集体拥有的资源，通过一定的方式入股，集体组织或者农户取得股份权利，通过股份分红，获得可支配的财产性收入。或者把资源作为抵、质押物进行融资贷款，唤醒为可使用的资产，激活农村生产要素市场。这些资源的涵盖面较为广泛，包括集体土地、林地、荒地、水域等资源要素和闲置的房屋、设施设备等，资源变资产主要有以下几种具体方式。

一是变集体资源为入股资产。对尚未承包到户、仍由集体统一经营的耕地、林地、园地、"四荒"（荒山、荒地、荒坡、荒滩）、水面、滩涂等资源进行清查核实，评估作价，入股到各类新型经营主体之中，由各类农业新型主体（在原子化的形态上就是新型职业农民）进行管理、运营，集体组织和农户按股比获得收益分红。

二是盘活集体资产入股经营主体。"对一些闲置或者低效粗放式使用的集体经营性资产，包括集体兴建或购置的房屋、具有经营价值的各种建筑物和机械设备，以及财政资金投入但划归集体所有的经营性资产，通过清查核实、确定权属关系之后，折价入股经营主体，按股比获得收益分红"[1]。对农村各类集体资产进行清理核实，经村集体经济组织全体成员同意，确定权属关系，折价入股农业经营主体，

---

[1] 安徽省委农村工作领导小组办公室：《周密部署深入实施农村"三变"改革，加快发展现代农业增加农民收入》，《安徽日报》2016年9月12日第8版。

集体组织和农户按比例获得收益。

三是开展抵押贷款。现代农业发展需要资金支持，贷款是最重要的渠道。按照三权分置的制度设计，农村土地经营权可以抵押贷款，在基础较好的地方，需要加快探索农民住房财产权、集体林权抵押贷款直贷试点工作，探索农村资源权能实现的新形式。开展抵押贷款的一个基础性工作是确定经营权抵押偿还顺序。经营权作为次生性用益物权，具有物权的占有、使用、受益和处分权能，在经营权抵押后需偿还时，应将其各项权能的偿还顺序确定为收益权、使用权、占有权和处分权。"在经营权抵押主体难以偿还抵押的金额时，金融机构优先收取农村土地经营权上的地上附着物的收益权，如不能抵偿，再依次取得经营权的使用权、占有权和处分权，这在一定程度上能够缓解经营权的变现困难，缓解抵押困境"[①]。建立和完善农村抵押贷款制度，有利于缓解资金困难，促进农业发展，帮助新型职业农民扶上马送一程。

2. 资金变股金

一是对涉农资金进行整合。"资金变股金是在不改变资金使用性质及用途的前提下，允许将财政投入到农村的各类涉农资金，主要包括发展类、扶持类资金、集体申请到的财政专项扶持资金，量化为村集体的股金，扶贫开发资金可量化到贫困农户，集中投入到经济效益好、发展前景广、具有法人资格的新型农业经营主体，享有股份权利，按股比获得收益分红"[②]。笔者在农村调研时，有很多镇村干部反映，现在投入到农村的各类资金，品种繁多，虽然每项资金数量都不大，但如果汇总起来，仍然是一个比较大的数目，现有的这些资金，大多数是直接分发给各个农户，虽然能改善一点农民的生活，但因为太过分散和细化，实际所起到的作用非常有限。如果能够把这些资金集中起来，投入农村重要的基础设施建设上，或者投入经营效率

---

① 陈金涛、刘文君：《农村土地"三权分置"的制度设计与实现路径探析》，《求实》2016年第1期。

② 李裴：《六盘水市农村"三变"改革调查》，《农村工作通讯》2016年第6期。

好的新型农业经营主体上，农民按股分红，会比直接分发给农户带来更长久、更大的收益，能够增强农村的持续发展能力和发展后劲。

二是农民自持资金入股。农民把手中暂时不用的闲置资金，投入到各类经营效益好的农业新型主体中，农民按股分红。通过把农民的分散资金集中起来，散钱变整钱，小钱变大钱，能够达到集中力量办大事的效果。农民手中的资金，缺少投资渠道，往往是存在银行，在宽松的货币政策下，银行存款利息远远赶不上物价上涨幅度，农民把钱存在银行，实际上是在不断贬值，这也是城市市民近二十年来不断买房的一个重要因素。农村急需发展新型职业农民，发展各类收益高的新型农业经营主体，可以通过吸引农民入股，参与收益分配，更好地进行投资，实现保值增值的目标。

3. 农民变股东

"农民变股东就是引导和组织农民自愿以承包土地经营权、住房财产权以及资金、实物、技术、劳动力等生产要素，通过协商或者评估折价后，投资入股经营主体，按股比获得收益分红"[1]。村集体采取"确权确股不确地"的方式，将农户的承包经营权折算成相应的股份，承包权转为股权，土地变成了农民的"入股"本金，性质上类似于工业社会有人将自己的机器设备入股办工厂一样，他们持有了工厂的股份，并参与分红，获得收益。农民按照田地亩数的多少确定股份，按照股份参与分红。没有分配到户的村集体荒地、滩涂等，集体和农户按照一定的比例进行收益分红。农民将自己的土地以股份的形式投入农业生产中，并以自己所持股份的多少来获取相应的利益。"农户承包权转为集体收益内部分配权，同时将参与入股的土地经营权确定相应的经营年限，集体经济组织在破产清算后、土地经营权入股期限结束后应返还给农民"[2]。以土地入股，是一次深刻的产权革

---

[1] 史力：《10 县区开展农村"三变"改革试点》，《安徽日报》2016 年 9 月 23 日第 1 版。
[2] 韩立达、王艳西、韩冬：《农地"三权分置"的运行及实现形式研究》，《农业经济问题》2017 年第 6 期。

命。"拓展了农民的产权的范围和内涵,由单一的经营权,拓宽到拥有部分的所有权,即以承包土地入股量化成股,就使承包权在股份公司企业中变成了所有权,尽管这不是终极所有权,但也是农民产权的一次革命,农民入股到企业中,可以按股参与分红,不仅权益扩大了,收益也提高了"①。还能把农民和农业企业的发展更加紧密地联系起来,充分调动农民的积极性。

农户除了承包经营的田地之外,还有一个很重要的资源就是住房。安徽很多农村地区,农户盖的都是三间两层甚至三间三层的楼房,青壮年劳动力常年在城市打工,只有在春节等少数时间回农村老家短期居住,一年中大部分时候,有不少房间处在闲置状态,针对这种情况,可以尝试开展农户住房使用权股份合作。组织农民盘活闲置房屋资产,以住房使用权入股,结合美丽乡村建设,实施乡村振兴战略,吸引市民来农村旅游观光,采取"旅游公司+农户""旅游公司+集体+农户"以及组建股份合作社等形式,发展休闲农业与乡村旅游,增加农民财产性收入、家庭经营性收入和工资性收入。农民变股东,让农民既有基础性的生活保障,又有预期性的发展红利。

(三) 三变改革的重要步骤

三变改革涉及资源变资产,资金变股金,一些基础性的工作,如清产核资、折股量化就显得尤为重要,是开展工作的基础性条件。

1. 清产核资

对集体土地以乡(镇)为单位进行核资清产,这是三变改革制度实施的前提。"核资"即核实集体土地资产,包括土地类型、数量、质量、地上地下设施等和各地类所承载的权利职能及相关经济利益;"清产"即明确集体土地的产权内容、结构、归属及流转状况②。在村落范围之内,由村"两委"、村民监督委员会和村民代表组成的清

---

① 韩江河:《关于农村土地流转的"成都模式"和"温州模式"比较与启示》,《广西大学学报》(哲学社会科学版) 2008 年第 6 期。
② 胡传景、程石:《适当规模化,谨防"非粮化"》,《国土资源》2009 年第 3 期。

产核资小组，对村集体资产逐一进行盘点，按"公益性资产、经营性资产、资源性资产和可供发包的资源性资产"分类进行登记，并张榜公示。只有把资源核实准确清楚了，才能进行后续的折股量化工作。

2. 成员界定

在股东的成员界定上，需要具体情况具体分析。以土地入股的，是以承包土地的资格认定，只要有村集体的土地承包经营权，以土地入股，就成为股东。对于村集体的一些没有分到户的资源，如荒山荒地、滩涂等的利益分配，则要复杂一些，有些地区是本村民小组集体内有资格享有承包经营权的成员，有些地区是以户口界定，也有些地方按照传统风俗，如出嫁的女儿就不再享有成员资格。越是集体利益分红丰厚的地方，成员界定越容易引发关注，也更可能引发矛盾，如有些明星村的"村籍"就成为比大城市户口含金量更高的身份标签。在利益分红的成员界定上，需要充分尊重乡风民俗和村民自治，因地制宜地进行成员界定。

3. 折股量化

在完成清产核资和成员界定的基础上，按照村民会议确定的可折股量化资产和人口股份量化到每一位成员。同时，引导群众充分讨论，民主表决，并将结果记录在案后让大家签字确认。集体组织可以根据人口、地价的变动情况，一年一调股，三年一调承包费，做到集体、村民双收益。

4. 确权登记

大力推进农村集体土地所有权确权登记颁证工作，在此基础上，按照不动产统一登记原则，加快推进集体建设用地和宅基地使用权、农民房屋所有权、集体林权、小型水利工程产权等确权登记颁证工作，进一步厘清和明晰农村资源资产权属，做到四至清楚、面积准确、产权清晰[1]。确权登记是通过制度化的方式做到有据可依，清晰明确，增强发展预期。

---

[1] 刘远坤：《农村"三变"改革的探索与实践》，《行政管理改革》2016 年第 1 期。

(四) 三变改革的股份合作实现形式

家庭经营最大的优势是能充分调动家庭成员的积极性，但也存在一定的局限，家庭经营受到人多地少客观国情的影响，在规模扩张上空间非常有限，一个个分散的家庭在市场面前力量弱小，处于劣势的竞争地位，家庭经营能够解决温饱问题，但是难以致富。因此，后续的改革既要能够保留家庭经营的优点，又要能够克服其分散弱小的缺陷，一个较为理想的方案就是股份合作制。村集体组织和农户，分别作为土地的所有者和土地的长久承包者，如何在最大程度上实现各自的土地权益，一直是制度创新的追求目标。"土地股份合作制将现代企业制度的理念与农业生产有机融合，大致形式是在保持原承包关系不变的前提下，村集体以机动地经营权，农户以所承包的土地经营权，龙头企业以货币、农机具、技术或其他要素折合为股份组成合作社，实现规模经营，提高生产效益"[1]。通过股份合作的形式，把分散孤立的各种资源要素整合集中起来，让农民从原来的小生产经营者变为大产业大企业的股东，从原来的仅获得土地租金、务工收入转变到股权收益、务工收益和创业就业收益兼得的效果。股份合作从长远和根本的意义上来看，比单纯的土地流转层次更高。"土地流转只是一时的流转，农民往往只能获得低位、低价、固化的土地流转收益，产业发展的增长性收益农民往往无法分享"[2]。在长久的利益分享上，股份合作可能更有优势，"股份合作是一个更具稳定性和持续性的土地流转方式，因为它和农民的联系更紧密，农民对合作社盈利的关切度更高，也能够分享到发展的成果"[3]。股份合作的方式灵活，形式多样，可以对新型职业农民的发展起到促进作用。

---

[1] 傅广宛、韦彩玲：《农村土地股份合作模式：潜在问题及对策》，《学习与实践》2012年第8期。

[2] 韩德军、朱道林：《西南山区典型农村土地流转与经营模式转变实证研究》，《农村经济》2014年第5期。

[3] 罗凌、崔云霞：《再造与重构：贵州六盘水"三变"改革研究》，《农村经济》2016年第12期。

一是"龙头企业+合作社+农民"的运转模式。村集体和农户以土地经营权折资入股,农业合作社用现代农业理念取代传统农业理念,用适度规模化经营和实行机械化作业取代分散经营,通过这些措施获得土地的较高效益,让农民分享更多的发展收益。主要的程序包括:土地折股、设备股权、进行产权界定、明确分配方式、确定组织管理机构。在组织机构方面,现代企业制度所蕴含的组织架构基本具备,包括股东代表大会、理事会、董事会、监事会等。在利益分配上大都采取"保底租金+盈余分红"的模式①。这种模式充分运用了现代管理制度,激发了农业龙头企业、农民合作社和农民等多方的积极性。

二是反租倒包。村集体以协议约定的价格向农户租赁土地使用权,并签订土地租用使用权合同,然后再将流转整理后的土地以"反租倒包"或"再承包"的形式再让农户承包经营,同时按照现代农业的要求,对"再承包"农户建立相应的激励约束机制。由于当地农民对土地情况最为熟悉,本身就是种植能手,了解土地状况,拥有丰富的农田耕种灌溉、种植和管理经验,可以节省大量的技能培训、人员安置方面的费用,充分吸纳本地农民参与农作物的生产管理是企业最经济、最便利、效率最高的选择,从而产生了农业企业对当地农民就业的拉力。比如,农业龙头企业与小家庭(承包地)农场主签订"合同"或"订单",由公司提供种苗,由小农户来种植或饲养,然后由企业来负责加工、运输、销售,这种模式既能发挥好龙头企业的作用,也充分发挥家庭在种植管理上的优势。反租倒包将企业经营和家庭经营紧密联结起来,实现农业的家庭经营、合作经营、公司经营的优势互补和有机结合。不仅可以实现农村土地成片流转,达到土地规模经营的标准,还可以使村民更有安全感,增强村民在农业劳动和田间管理上的积极性。

---

① 韦彩玲:《土地流转"龙头企业+合作社+农民"模式的潜在问题及对策研究》,《甘肃社会科学》2012 年第 6 期。

（五）三变改革的有待完善之处

在坚持土地公有性质不改变、耕地红线不突破、农民利益不受损的前提下，"资产变资源、资金变股金、农民变股东"的三变改革，切中了当前集体经济发展缺乏有效实现形式的要害所在，"让分散的资源和资金集中起来，让农民可以预见自己的权益，其维权意识也得以增强，还能有效解决联产承包制的弊端"[①]。但是在实际调研中，还是有很多不完善之处，是在摸索中前进，要进一步加强建设。

1. 需要建立专业的经营权价值评估机构

农民把经营权通过折资入股的方式转出去以后，成为农民合作社和农业龙头企业的股东，自己不再耕种经营田地，把劳动力从田地中解放出来，可以在企业中打工，获得一份工资收入，公司与农民之间通过入股分红的方式建立了更加直接和紧密的经济利益关系，农民可以更好地分享农业的发展收益，这是一个理想的模式。在实际操作中，三变改革涉及入股折价和贷款抵押，需要对各项财产进行精确测量和估价，使之具有可计量性，"要通过专业手段，对经营权的价值进行可靠计量，既包括土地本身的价值计量，即土壤肥力、土壤成分、盐碱程度等方面进行综合的技术评估和定价；还包括当地环境对土地收益的影响，即当地的气候条件、降水量等；还包括对土地适宜种植的农作物的产量收益分析等"[②]。在三变改革中，农民同时具有双重身份：劳动者和股东，这就要求有完善的中介服务机构提供优质的专业服务，如资产评估机构、委托代理机构、法律咨询机构、土地投资机构、土地融资机构和土地保险机构等。这些专业评估机构是三变改革有效实施的基础，是进行三变改革的前提，不仅要专业，而且还要有公信力，只要这样，才有可能真正实现和维护好农民与集体的

---

① 张亿钧、朱建文、秦元芳、文忠桥：《农村"三变"改革：实践与思考》，《中国合作经济》2017 年第 4 期。

② 陈金涛、刘文君：《农村土地"三权分置"的制度设计与实现路径探析》，《求实》2016 年第 1 期。

合法利益。从现实层面来看，很多地区只是提出了三变改革这个概念和思路，在具体的实施上，还缺乏专业、有公信力的经营权价值评估机构。村集体和农民的相关资产权利权益在折价入股过程中可能存在被低估的现象，导致集体资产的流失和农民合法权益受损。

2. 农民的权益保障风险

三变改革的核心是盘活沉睡的资产，让农民分享更多的收益。在股份合作中，需要建立理事会、监事会等机构，健全各项规章制度，明确职责权限，形成有效运转的民主协调机制。但在实际运行中，农民变股民后，由于农民自身维权能力普遍较低，维权意识薄弱，缺乏有效的维权方式和手段，入股农民对合作社或企业的生产经营知情权、参与决策权难以得到保障，是盈余还是亏损、收多收少只能是由"老板"或者"领头人"说了算，容易出现类似于股市中"大户"套"散户"的现象，农民的合法权益不能得到充分有效保障。在股份合作制的实际运行中，无法形成民主监督的有效机制，股份合作沦落为"寡头统治"，或者几个重要负责人的"少数垄断"，普通的散户农民成为"陪衬者"，这种模式下的股份合作，就会损害农民的权益，也无法培育出真正意义上的新型职业农民。

3. 收益分红的实现风险

"三变"改革后，村集体、农民的有关资产权利权益入股进入了相关自负盈亏人的公司、合作社等农业经营主体，农民特别是贫困户期盼在入股经济实体中"分红"的愿望强烈。但农业属于弱势产业，现实风险是不可能消除的，存在自然风险和市场风险。如果因为经营管理不善，或者遭遇天灾人祸等不可预测的风险时，出现亏损，在年底时无法兑现给农民的分红承诺，入股农民的生活就会受到很大影响，会引发一系列后续社会治理方面的问题，给三变改革的顺利实施增加了困难。笔者在宿州市调研时了解到，有些农民不愿意入股，或者对三变改革有抵触情绪，一个最重要的原因就是对年底分红没有百分之百的把握，有部分农民坦言，与其指望一个不确定的年底分红，还不如年初直接拿到流转费用。农民是理性的，也是务实的，拿到手的才是真实的，即使钱少一点，也比一个不确定的未来要强。为了打消农户的顾虑，有些地区实行保底收入和年底分红相结合，这对各类新型经营主体的经营和管理能力提出了更高的要求。

4. 资源过度使用的破坏性风险

在追求利益最大化的刺激下，农民合作社和农业龙头企业可能会出现过度使用、不当使用田地等生产资源的现象，导致农业生产资源被破坏、土壤肥力下降、土地污染等问题，农民将来即使退股，在恢复农业生产上也存在一定困难。一些荒山、池塘属于村落农民的共有资源，农户要单独退出，几乎不可能。由于是公共资源，存在着搭便车心理，对土地的监督能力下降。三变改革后，通过土地平整，很多田地已经不再保留原边界，对于承包主体的农民来说，他的实际土地已经虚置，村集体将其面积登记造册，承认其承包权利以及由此带来的收益，农户凭着账册上的田亩数字收取股份红利。不同于原来一家一户有具体的田地位置，在自己家的田地上，如果有破坏土地的行为，这户农民可能会进行坚决抵制，但是在土地边界消除后，单个农户的田地被虚置，土地的监督在很大程度上被悬空，有的土地可能被改变用途将耕地"非农化"，存在土地资源过度使用的破坏性风险，从而削弱新型职业农民长远发展根基。

通过土地流转、三权分置、三变改革等多种形式促进土地适度规模经营，激活农村要素资源，优化农业经营体系，提升农业经营效率，培育新型职业农民。以上三项制度创新虽然已经在很多地区实施，并且有些制度比如土地流转，还实施得很早，已经运行了很长时间。但是从客观实践来看，仍然有很多不完善的地方，还有很多关系没有理顺，很多规则和监督体系没有建立和执行，仍然需要各地在实践中结合当地实际情况，不断加以改进和完善。

四 适度规模经营：一个有待厘清的重要主题

面对世界农业市场的国际竞争，碎片化的小农户生产方式与生产组织难以适应现代农业的发展形势，也没有国际竞争力，需要实行适度规模经营，提高机械化水平和农业科技含量，打破分散、均田的小规模土地经营方式，加速中国农业生产经营方式的转型升级。十九大报告明确了二轮土地承包期到期后再延长 30 年的政策规定，为发展多种形式的土地适度规模经营和服务型规模经营提供了稳定的制度保障。适度规模经营是农业现代化的基础，对中国农业的发展具有极其重要的意义，也是新型职业农民培育的基础。适度规模经营和规模经营是两个不同的概念，中央政府提倡适度规模经营，在行政惯性的推动下，基层政府就可能演变为规模经营。为了鼓励土地流转，基层政府出台补贴政策，往往是流转规模越大，补贴数量就越高，最后就演变为大规模经营。笔者 2017 年 8 月在安徽省西北部某县调研时了解到，当地种植水稻大户在 1000 亩以上的，2017 年普遍亏钱，500 亩左右的能勉强维持成本。也就是说，在农产品生产环节，并不是规模越大越好。农业适度规模经营的一个最重要目的是提高机械化操作，以降低单位成本，但是机械化水平也受到很多因素的影响。一是我国不同地区的农业机械化水平差异相对较大，相对平原地区而言，山地和丘陵地区的农业机械化水平受到地形等种种限制，造成这些地区农产品的生产环节和不同种类农产品的机械化不均衡。二是农业生产过程的不同环节的农业机械化水平差异相对较大，其中，农产品加工的机械化水平要远远高于耕种前和收获时期的机械化水平。三是农业机械化水平差异还表现在农产品种类方面，"以 2015 年为例，小麦的机械化水平超过了 90%，但大多数农产品是在 50% 至 70% 之间"[①]。可以看出，农业机械化程度受到地形、农产品种类等多种因素的影响，不是规模越大越好，而是要做到切合实际的适度规模经营。

（一）适度规模化经营的规模论证

什么样的规模是适度规模，则是一个争议较大、仁者见仁智者见

---

① 郑学党：《供给侧改革、互联网金融与农业产业化发展》，《河南社会科学》2016 年第 12 期。

智的事情，学者也展开了诸多的研究。农业生产经营要与国内的特殊国情和具体实际相结合，强调适度规模，不能照抄照搬美国、巴西、阿根廷等国家的大规模经营。朱立志通过对安徽郎溪的实地调研得出，家庭农场的规模的确不能单从成本收益的角度去追求"大规模"，而需要坚持适度规模[1]。董亚珍基于法国家庭农场的实际经验指出，土地规模经营并非越大越好，在法国，中小型家庭农场的优势更为明显[2]。万宝瑞在《家庭农场土地适度经营规模探讨》一文中指出："实践证明，家庭农场的土地经营规模应当适度，过大过小都不好，过大会导致经营粗放，规模过小会导致放空生产能力"[3]。可见适度化规模经营是当前我国农业发展的必行之路。关键的问题是如何界定一个家庭农场的规模是否过大还是过小，如何把适度规模化经营的"度"明确化，使其有据可依，有据可参[4]。从机会成本的角度来看，务农"职业化"必然意味着经营农业的收益要大于或者等于将劳动力和资源投入其他行业中所得到的平均收益。当农业经营所得可以等于其他非农生产劳动所得时，这时的农业经营规模是家庭农场适度规模经营的最小必要规模。此处以芜湖市水稻种植为例，对家庭农场适度规模化经营的规模论证研究做一说明。假设其他非农行业的年收入为 E，此时的农场净收入为 $F(X)$，其中 X 为经营规模，那么务农的"职业化"必然要求 $F(X) \geq E$，当 $F(X) = E$ 时，此时的 X 即为"最小必要规模"。假设 $F(X) = P \times X$（年总收益 = 亩均收益 × 亩数），其中 P 是亩均收益，那么最小必要规模即为 $X = E/P$。在该规模下，农民才能够继续选择农业生产活动；当生产的规模低于 X 时，从机会成本来考虑是不合算的。由于行业的差异性和多样性，农业经

---

[1] 朱立志、陈金宝：《郎溪县家庭农场12年的探索与思考》，《中国农业信息》2013年第14期。

[2] 董亚珍：《关于发展家庭农场的几点思考》，《黑龙江社会科学》2013年第5期。

[3] 万宝瑞、李存佶：《家庭农场土地适度经营规模探讨》，《中国农村经济》1986年第12期。

[4] 黄延廷：《现阶段我国农地规模化经营的最优模式：家庭农场经营》，《理论学刊》2013年第10期。

营收入与其他行业不具有可比性，为了操作方便，本文把农村居民人均纯收入作为一个替代指标。根据芜湖市统计局发布的《2016 年芜湖市国民经济和社会发展统计公报》数据显示，2016 年芜湖市的农村居民人均纯收入为 17308 元①。若一个代表性家庭的人口为 3—4 人，则代表性家庭的全年收入为 51924—69232 元左右，即 E 为 51924—68232。因为农作物的亩均收益 $P = L \times G$（亩均收益 = 亩产量×市价），由于每种作物的亩产量之间存在差异，并且每一年相同作物的产量也会有所不同；最重要的是每种农作物的价格都是不同的，并且同一种农作物每一年的价格也存在波动，有时甚至会出现较大波动。因此受亩产量和价格的影响，每种作物的最小必要规模 X 是存在差异的。以水稻为例，目前南方水稻主要是杂交水稻，一年两熟为主，一般亩产在 800 公斤左右，由于各个片区土壤质量存在差异，芜湖市水稻单产一般保持在 700—800 公斤左右，但根据《2016 年芜湖市秋粮生产和市场情况调查报告》显示，许多县粮食因为受灾减产，例如无为县的粮食亩产只在 500 公斤左右，每亩单产较上年下降 5%—6%，市价较上年却上涨 5%，均价为 1.5 元/斤左右②。以一年两熟计算，2016 年芜湖市水稻亩均收益 $P = 1500$ 元，以此测算出 2016 年芜湖市水稻种植的最小必要规模 X 为 35—46 亩。考虑到农产品的价格、农产品的亩产量、生产要素价格以及其他行业收入水平的变化等，都会对农业的"最小必要规模"产生影响，因而 X 是动态变化的。根据边际成本的原理，边际成本 = 总成本的变化量/产量变化量，即 $MC(Q) = \Delta TC/\Delta Q$。而边际成本是一条随着数量的不断增加呈现出先下降再上升特征的曲线。也就是说在"最小必要规模"的基础上，配合一定的人力和资源适度扩大，家庭农场的规模经营是有利可图的，因为在此阶段扩大每一亩规模经营所增加的收入是高于边际成本的。

---

① 芜湖市统计局芜湖调查队：《2016 年芜湖市国民经济和社会发展统计公报》。
② 芜湖市物价局：《2016 年芜湖市秋粮生产和市场情况调查报告》。

但是随着经营规模的进一步扩大，增加一亩地所带来的收入低于边际成本时，此时就会出现效率下降。假设此时的规模为 W 亩，那么种植的最大规模就应当限制在 W 亩之下。仍然以芜湖市粮食生产为例，根据种植水稻的家庭农场主测算，在与3—4人的家庭成员为主的家庭农场生产能力以及经营管理等能力相适应的前提下，一年一熟地区为120—140亩，一年两熟地区则为60—70亩。在此范围下超过140亩和70亩的家庭农场已经开始出现边际成本高于增加经营规模所带来的收入。因而芜湖市家庭农场（作为一年两熟地区）2016年水稻的最佳规模化经营范围（$X-W$）应确定在35—70亩之间为最佳。在此适度规模下，土地产出率、劳动生产率、亩均纯收益以及资源利用率都是较高的，如果在此家庭成员的劳力基础下超过这个规模继续扩大家庭农场的种植，就会带来实际利润的相对下降，进入规模报酬递减阶段[①]。并且过分地追求大规模必然要求增加雇佣劳动，被雇佣者相对于家庭成员在从事生产时的效率是偏低的，自然也带来生产成本的相对上升。同时雇佣劳动力很难做到像家庭成员这样精耕细作，农作物的单位产量会下降，在此原因之下，越是增加种植面积反而越是带来农户利益的受损。究其根本是因为边际成本的增加超过了收益的增加，出现了农业生产的"内卷化"。所以种植规模的扩大以及扩大多少，不仅要考虑经济效益，更应当结合自身的实际水平，不能盲目扩大种植规模。

（二）适度规模经营的行业区域差异

适度规模经营因为具体情况不同呈现出明显的差异。根据工商部门出台的一系列政策来看，申请登记的家庭农场在具体经营规模上存在要求："经营水稻、玉米、小麦等谷物类种植的，土地的种植规模应为100亩以上；经营水果、蔬菜、类园艺作物或其他农作物种植

---

① 赵金国、岳书铭：《粮食类家庭农场：规模效率实现及其适度规模界定》，《东岳论丛》2017年第4期。

的，土地种植规模应为 30 亩以上；经营水产养殖类的，土地经营规模应为 50 亩以上；从事种养结合的，其土地经营规模应达到上述规模标准下限的 70% 以上"①。而农户在具体的农业经营活动中种植的规模会受到诸多因素的影响，会因为生产力水平、资源禀赋、地区差异以及经营行业的不同而对其经营规模产生影响。对于家庭农场适度规模经营的标准和依据，会因为地域和农产品种类的不同而呈现出差异性，因而尚未提出一个适合所有地域和产业的标准，只能根据各省各市的具体情况自行确定。如《安徽省关于培育发展家庭农场的意见》规定，种植业需"粮油集中连片规模在 200 亩以上，设施蔬菜（含瓜果）达到 20 亩以上，露地蔬菜达到 200 亩以上"，畜牧业需"生猪年出栏达到 1000 头以上，羊年出栏达到 500 头以上，奶牛年存栏 50 头以上，家禽年出栏 10 万羽以上"，水产养殖业需"规模养殖面积达到 100 亩以上"，经果"葡萄、苗木花卉、茶叶等达到 100 亩以上"，林业"山区不小于 300 亩，丘陵地区不小于 200 亩，平原区不小于 100 亩"，特种种养业达到 100 亩以上，种养结合的综合性农场在 200 亩以上②。学术界也对家庭农场规模提出了建议，如刘奇认为："我国平原地区耕作大田作物的家庭农场一般不宜超过 300 亩，蔬菜规模不宜超过 30 亩"③。当然，因数据来源、统计口径、评判标准等的不同，导致测算的最佳家庭农场适度规模的结果也不尽相同。研究发现有些地方的工商部门所规定的家庭农场的经营规模有时候比农民的实际规模要大，导致很多家庭农场的经营者因此没能享受到政府优惠政策的帮扶，直接影响农民本身应得利益，相应地还增加了农民的经营风险。在调研中发现，为了达到工商部门所要求的规模数量，享受到相应的政策补贴，家庭农场往往采取两种措施：一是通过

---

① 杨卫东：《关于家庭农场工商登记的调研报告》，《工商行政管理》2013 年第 11 期。
② 《安徽省关于培育发展家庭农场的意见》（皖政办〔2013〕35 号），安徽省人民政府办公厅（http://www.tuliu.com/read-25005.html）。
③ 刘奇：《家庭经营是新型农业经营体系的主体》，《农民日报》2013 年 6 月 1 日第 3 版。

土地流转等方式，不断扩大种植规模，达到政策要求的最小规模数。但这样做存在风险，如上面分析的，家庭农场超过了适度规模之后，会导致边际成本增加、效率下降，从而达不到理想的效果，得不偿失；二是两个或多个家庭农场私下联合起来，以其中一个家庭农场的名义进行申报，在达到了规模数量后，把享受到的政策补贴再按照各自的田亩数进行分配，这是一种变通的方法，实际上也就是造假。通过研究和调查获得的适度规模数据，可以提供给有关部门作为参考，帮助政府制定的各项扶持政策能更加符合当地农村的客观实际，更加贴近农民的利益诉求，更好地促进农业发展。

　　土地流转是走向适度规模经营的最重要方式，本身并不是目的，而是一个手段，目的是要增加农民收入、提高农业生产的质量和效率。"适度规模经营要与当前农户自身的经营能力和管理能力相适应、要与经营的阶段性特点相符合、要与农业产业发展的实际相契合，要做到因人制宜、因时制宜和因地制宜"[①]。"土地流转规模要与城镇化进程和农村劳动力转移规模相适应，与农业科技进步和生产手段改进程度相适应，与农业社会化服务水平提高相适应"[②]。适度规模经营是从我国的基本国情和农情出发的，"我国共18亿亩耕地，约2.3亿农村家庭。假如家庭农场平均经营耕地100亩，大约需要1800万农户就耕种了全部耕地，其他2亿多农户则需另寻出路，这无疑是一个巨大的压力"[③]。在经济社会转型没有能够容纳这些劳动力就业之前，不能强行扩大规模，可能会导致农业劳动力既无田可种、也无工可做，这在宏观上增加了社会不稳定因素，在微观上无法实现最佳的规模效益。

---

　　① 国亮、侯军岐：《供给侧改革背景下农业产业升级分析》，《河南社会科学》2017年第1期。
　　② 韩俊：《准确把握土地流转需要坚持的基本原则》，《农民日报》2014年10月22日第2版。
　　③ 孙中华：《积极引导和扶持家庭农场发展》，《农村经营管理》2013年第9期。

第四章　健全完善的服务体系：新型职业农民培育的保障

现代农业需要分工合作，才能形成合力，促进农业发展。党的十七届三中全会指出："加快构建以公共服务机构为依托、合作经济组织为基础、龙头企业为骨干、其他社会力量为补充，公益性服务和经营性服务相结合、专项服务和综合服务相协调的新型农业社会化服务体系。"① 发展农业现代化离不开健全完善的服务，包括农业公益服务、便民服务、电子政务服务、惠民服务、土地服务、金融服务、电子商务服务、农村经济服务、创客与扶贫服务等诸多方面。农业生产的社会化服务水平的好坏、覆盖范围的广度、服务效率的高低，直接影响规模经营水平和农业生产效率。建立完善的服务体系，是新型职业农民培育的保障，从农业供给侧的视角看，农业服务体系是发展现代农业的短板，需要大力加强。农业服务体系涉及面广，环节众多，从提供主体来看，有政府涉农部门（如农委、农技站等）、农民合作社、农业龙头企业、其他社会力量等；从服务内容看，包括农技推广、农产品生产与流通、农村金融、农业保险、信息服务等。"从各样本点培育对象政策需求来看，对政策需求最强的五项依次为政府资金（或项目）扶持、土地流转服务、金融信贷支持、农业信息和技术服务推广、

---

① 孔祥智：《农业供给侧结构性改革的基本内涵与政策建议》，《改革》2016年第2期。

解决设施用地"[①]。可以看出，农业服务是新型职业农民的重要需求，只有在充分了解农民真实需求的基础上，才能提供更有针对性的服务，这是新型职业农民培育的保障。

一 基础性公共服务

（一）基础性公共服务的必要性

1. 政府行使公共职能的体现

民以食为天，农业是国民经济的基础，粮食是基础的基础，直接关系到人民生存和社会稳定。因此，粮食不是一般意义上的商品，从这个角度说，农业本身在一定程度上具有"公共物品"的性质，政府有责任和义务加大对农业发展的支持，是政府履行职责和行使公共服务职能的体现。农业基础设施建设，属于公共物品的范畴，不仅投资量大，回收成本周期长，而且存在搭便车的外部经济性行为，私人投资的积极性不高，更多的只能依靠政府部门的公共投资，以弥补私人投资不足。农业基础性公共服务的提供者主要是各类农业公共服务机构，包括各级农委、乡镇或区域性农业公共服务机构、农业技术推广机构等，这些是公益性服务的基本力量。

2. 促进农业可持续发展的基础性举措

基础设施能够促进农业经济增长已经成为学界共识，基础设施建设在农业产业升级、结构调整方面发挥了重要作用，对拉动经济增长具有重要意义。从农业基础设施的需求来看，农民对道路设施、农村饮水设施、农业灌溉设施有更强的偏好，这些基础设施直接改善了农民的生活条件，能有效降低农业生产成本。推进农业供给侧结构性改革，就要大力加强农业基础设施建设，改革开放以后，很多农村地区农业设施年久失修，无法满足农业发展需求，农业基础设施薄弱成为

---

① 米松华、黄祖辉、朱奇彪：《新型职业农民：现状特征、成长路径与政策需求》，《农村经济》2014年第8期。

制约农业生产发展的短板。没有健全完善的基础设施作为保障,农业产业结构转型升级就会因为缺乏物质基础而无法正常推进,农业的设施短板制约了新型职业农民的发展空间。

3. 世界发达国家的通行做法

通过加大对农业基础性公共服务的支持力度,促进职业农民的培育,是世界发达国家的普遍做法,如1970年开始的韩国"新村运动",首先,通过政府对农村进行基础设施建设和升级,包括改善屋顶、安装自来水、改造排污系统、设置公共电话、扩张农村电网和通讯网,改善农村的居住环境。其次,通过政府组织修建桥梁、公路、农田水利,全面提升农业生产环境。同时,"政府也提供了技能培训、技术推广等软件基础设施,使得韩国走上了农业现代化和农村城市化的道路"[①]。美国、日本等国家也都不断加大农业基础设施建设,为农业发展提供各种优质服务和激励措施,促进职业农民的发展壮大。

(二)基础性公共服务的内容

农业基础性公共服务有广义和狭义之分。就广义来说,是指农村地区的各项服务设施,如农村的教育、医疗、健身、休闲娱乐等各项基础设施,如果农村基础设施完善,就可以吸引农村年轻人留在农村、扎根农村,还会吸引更多的城市创业型人才投身于农村经济发展,成为新型职业农民的主力军,为新型职业农民营造一个优良的生产生活环境。现实情况是农村各项基础设施很不完善,缺乏发展机会和条件,生活不方便,没有丰富多彩的休闲娱乐,与城市的差距很大,导致很多年轻人根本不愿意待在农村,农村留不住人才,更无法吸引城市优质资源流向农村,这在宏观层面上非常不利于新型职业农民的培育。限于本书的主题是新型职业农民培育,此处的基础性公共服务偏重于狭义的理解,指直接为农业生产、储存和销售提供的各类

---

① 徐洁、韩莉:《加大农村公共产品供给,促进二元经济结构转化——韩国新村运动对我国农村经济发展的启示》,《北京联合大学学报》2003年第2期。

服务。农业基础性公共服务涉及范围很广，从笔者的调研来看，新型职业农民诉求强烈的主要包括以下几类。

1. 农业基础设施

改善农村生产条件，必须要加大对农村基础设施建设的投入。当前，我国正在实行的"村村通"工程极大地提升了农村的基础设施水平，改善了农村的交通状况，但仍然不能满足现代农业的发展需求，"要想富，先修路"，形象地说明了道路的重要性。要加快农村公路的建设力度，加大公路网密度，公路通到自然村，提升公路建设质量，加强质量监督，严格按照公路行业指标要求建设和验收，强化公路管护，做到建管结合，建立长效机制，真正巩固好公路基础设施建设的成果，把效用发挥到最大化。农村公路在保养维护上是一个薄弱环节，因为缺乏有效的管理和维护，农村公路损毁严重，降低了使用寿命，缩短了使用年限，制约了农村发展。除了乡村公路外，还有以下几个基础设施农民反映强烈。

第一个设施是机耕道。通过市场化的土地流转，可以促使农村土地经营权的流动和集中，但是无法通过市场手段自动实现耕地的连片和集中。一家一户的土地被连片经营后，原有的机耕道不能满足成片规模经营的需要，不少农村地区机耕道数量少、质量差、不规范，道路不规整、排灌不衔接、路网不闭合、林网不成型，影响大中型农机具下地作业，降低了机械作业的效率，难以做到土地的连片综合开发。需要政府及有关部门加强统一规划布局，高度重视农村机耕道建设，做好财政预算工作，每年安排一定数量的专项资金用于机耕道建设和整修，出台并严格执行机耕道建设标准，参照购机补贴的模式逐步由点向面铺开机耕道建设，为建设标准化农田做好基础性工作。

第二个设施是灌溉排涝系统。从土壤肥沃程度而言，农村土地有肥瘦之分，土壤肥沃的称为肥田，肥力低下的叫作瘦田；从灌溉水源而言，有保水田和望天田之分，保水田灌溉条件便利，望天田取名非常形象，就是指依靠老天爷下雨，没有灌溉水源和灌溉设施，期盼风调雨顺。田地适度规模经营之后，新型职业农民为了有较为稳定的利润预期,就不能完全依赖"靠天吃饭",灌溉排涝设施尤其重要,直接关系到农作物的产量和收成。在很多农村地区,灌溉排涝系统不完善,制约了新型职业农民的发展。高标准基本农田建设的标准仍然偏低,并且真正能够实现土地集中连片、支持机械化运作的农田基础设施仍然较为缺乏。通过调研发现,土地流转工作开展得好的地区,基层政府都做了很多基础性的工作,如进行土地平整,建立基本的灌溉排涝设施,这样才能够把土地成方连片,进行统一耕种、施肥、打药、收割等。

第三个是农村电网。新型职业农民经营一定数量的田地,为了提高效率,降低人力成本,很多环节上是实行机械化操作,需要有基本的电力设施。如安装喷灌设备,实行统一喷灌,既可以精准抗旱,做到均匀喷洒,防止喷洒遗漏和过度,又可以节水,降低开支。农村电网是基础性的工作,很多后续的设施设备都需要建立在电网的基础之上。在有些农村地区,电网设备不完善,满足不了农业生产的需求,农民需要用电时,从家里或者附近邻居家接一根电线过去,这只是临时救急,不是长久之计,既不方便,也存在安全隐患,制约了农业生产发展和新型职业农民培育。

农田机耕道、水利、电网等农业基础设施,是基础性工程,事关农业发展的命脉,政府需要高度重视。农业基础设施属于公共物品,离不开政府财政的支持,投资的责任应该是政府,财政要不断增强对农村机耕道、灌溉排涝、农村电网等农业基础设施的建设和维护,打通农业命脉"最后一公里"。按照政府主导、农民参与、社会支持的原则,拓宽农田水利基础设施建设资金的来源渠道,理顺农业基础设施的投融资机制,不仅要建设保护好农业基础设施,更要使用和管理好,让有限的资源得到充分的利用,促进使用效率的提升和利用年限的提高,真正发挥好农业基础设施的作用。笔者从调研中看到,不同地区的农业基础设施状况差异很大,在山东省的莘县,农业基础设施做得很好,但是在安徽省的南部农村地区,很多农业基础设施是由急需使用的新型职业农民自行承担建设费用,大大增加了当事人的经营成本,对于资金有限的小规模经营新型职业农民来说,甚至根本就没有起步的机会。

2. 农业配套用地

中国人多地少，农业用地始终处于紧张状态，为了保障粮食安全，国家划定18亿亩红线，对农业用地进行严格管理，严厉禁止侵占农业用地的做法，这当然是正确的，并且需要长期严格执行。但是农业是一个复杂的产业，不像工业那样，能够区分得那么清楚明确，为了让农产品顺利地到达消费者手中，需要有很多辅助性环节，其中一个重要方面就是农业生产性建设用地。在调研中，这是新型职业农民反映较为强烈的一个问题，以下列举几个代表性的例子。

砀山县存储梨子的场地。砀山是有名的产梨大县，砀山梨在安徽省甚至全国都享有盛名，砀山梨成熟以后，不可能在短期内全部销售出去，即使能卖出去，也是以很低的价格销售。为了增加收入，需要对梨子进行储存管理。这样一方面能够让梨子保存更长时间，防止腐烂，减少浪费；另一方面可以延长卖梨的时间，减少因为集中销售而带来的恶意压价情况。据梨农介绍，梨子的储存不是简单地把梨子堆在一起就了事，在不通风的状态下，梨子很容易腐烂，简单地堆放在一起，梨子之间就会互相感染，一个梨子烂了，就会带着周边的梨子一同腐烂，因此，要把梨子存放在一个一个的格子里，这样既能通风，又可以避免相互感染。在规模经营的情况下，这就需要有较大的存放场地。在基层政府看来，存储梨子不属于农业生产，存放场地不能占用农业生产用地，在储存梨子的场地建设上，梨农无法获得合法的审批建设手续。但存储场地属于能够把梨子顺利流通到消费者手中的必须环节，是直接为农业生产服务的，也是必不可少的，在现实层面往往是采用一种变通的做法，梨农无法获得合法的审批建设手续，但存储仓库却在事实上存在，基层政府工作人员睁只眼闭只眼，但是在上级政府突击检查时，则会面临拆除的风险，这样来回折腾，给新型职业农民带来了额外的负担和风险。

灵璧县畜禽化粪池建设。养羊养牛是灵璧县的特色农业产业之一，是本地很多养殖大户的重点投资项目，属于农业范畴。在环保督

第四章 健全完善的服务体系：新型职业农民培育的保障 | 121

查越来越严格的情况下，对于畜禽规模饲养，为了减少污染，需要进行化粪池设施建造，这就需要场地，会占用农田，基层政府认为这会改变土地的农业用途，往往很难顺利审批下来。但是在环保的高压之下，又必须进行化粪池建设，到最后就成了各个职能部门各抓一块，互不理睬的现象。环保部门要求必须要有化粪池等场地设备，以解决污染问题；国土部门要求必须要有合法的审批手续，否则就属于擅自变更农业土地的用途；在没有合法审批手续的状况下，化粪池等设备建设，属于违规建筑，在上级部门突击检查的情况下，城管部门可能会以违规建筑的名义予以拆除。畜禽规模养殖的新型职业农民对此状况也是深感无奈，增加了生产管理的成本，直接影响了新型职业农民对未来的发展预期。

芜湖地区农产品晾晒场地问题。很多农产品成熟之后，为了避免霉变腐烂，需要进行晾晒烘干，以便于保存和运输。在没有烘干设备的情况下，就只能借助于晾晒，这就需要晾晒场地，在很多农村地区都没有很好地解决这个问题。在芜湖农村地区调研时，看到在公路上上晾晒稻谷，路上车来车往，农民在车流之间晒收稻谷，非常不安全。而且汽车的尾气、灰尘都会对稻谷造成污染，很不卫生，路上的小石子、沙土等掺入稻谷之中，降低了稻谷的使用品质。农民是无奈之举，没有专门的晾晒场地，又着急天下雨，只能赶时间晒在马路上。基层政府工作人员说，他们也知道这样做既不安全，也不卫生，但农民大规模地在马路上晾晒，人手不足管理不过来，管理的成本非常高昂，如果强制管理和执行，可能会酿成激烈的干群矛盾和冲突，究其根源在于晾晒场地的缺乏。

在蒙城县调研土地托管时，机耕手新型职业农民对车棚机库建设需求迫切。农机服务专业合作社拥有规模较大的农耕机器，但缺乏资金和场地建车棚机库，机具大多露天放置，风吹日晒，缺乏基本的保养条件，降低了农机的使用寿命，加速了机器的磨损，缺乏车棚机库是农机作业服务组织和农机大户共同面临的问题，具有普遍性，需要基层政府从当地实际出发，加大服务力度，简化农业配套用地的审批程序，启动车棚机库建设项目。

在农业生产性建设用地方面，国家有关部门出台了相应的政策，以满足农业生产的需要，既要严格执行国家保护耕地的政策，又要结合乡镇土地利用总体规划，从实际情况出发，本着有利于农业发展的原则，在不破坏土壤耕作层的前提下，研究解决农业生产性建设配套用地问题，但是在实际落实中，还存在一些不完善之处，生产性建设用地难以获得审批手续，需求无法满足，往往是以"非法"的状态存在，成为新型职业农民发展的障碍。在农业配套设施用地上，出现了"一放就乱，一抓就死"的怪状。如果松开了口子，在现实中就会出现借着农业配套设施用地的名义，占用耕地，改变土地性质，但是却不是直接为农业生产服务的行为，最终危害国家农业用地的安全底线。如果"一刀切"地不批准任何农业配套用地，又无法解决新型职业农民发展农业的现实困境。这就给基层政府工作人员提出了很高的要求，需要秉承全心全意为新型职业农民服务的理念，实事求是地进行鉴别和执法。对于土地适度规模经营的新型职业农民，农业生产性建设用地要尽可能利用集体建设用地、村庄废弃地、"四荒地"等非耕地资源，"尽可能不占或少占耕地，如果没有可以利用的非耕地，可根据实际情况，允许一定比例的耕地用于建设生产性设施"[①]。如水果储存场地、晾晒场地、烘干机房、化粪池排污设施用地等，允许新型职业农民修建直接用于种养业生产、管理、服务的非永久性建筑物，并给予收费优惠。在一定范围内，"职业农民对自身土地拥有限定在农业用途内的使用权和调配权，在符合国家土地政策方向基础上，允许其将农产品加工和仓储、农民专业合作社办公等与农业产业紧密相关的用地等同农业用地，用以建设农业生产、附属、配套设施，给予优先支持"[②]。这是新型职业农民发展壮大无法绕开的保障

[①] 张照新、赵海：《新型农业经营主体的困境摆脱及其体制机制创新》，《改革》2013年第2期。

[②] 雷瑛：《河南培育新型农业经营主体的财政政策探析》，《山东工商学院学报》2015年第1期。

性环节,需要基层政府秉承实事求是的原则,予以支持和落实。

3. 生产储存环节的基础性服务

消费者对绿色农产品、有机农产品等高质量农产品的消费需求日益增加,对农产品质量提出了更高的要求,这就需要农业基础设施不断进行配套的更新升级。农业仓储设施的不足制约着消费者对高品质农产品的消费需求。因为保鲜保质等储存设施和技术不够,农产品不能及时销售出去,导致霉变、腐烂时有发生,新型职业农民遭受沉重的损失。政府需要加大对生产储存环节的基础性服务力度,按照"搭建平台、支持主体、发展产业"的理念,为新型职业农民提供大型冷藏保鲜库建设、农产品质量安全检测、农产品电商服务等单个新型职业农民无法做但又现实需要的产业发展公共平台,加大仓储设施的资金投入力度,着力解决新型农业经营主体发展面临的共性问题,着力提升新型职业农民的整体竞争力,从"单赢"走向"共赢"[1]。储存环节是生产和销售的中间阶段,为顺利地销售农产品提供时间和空间,给新型职业农民的增收创造条件。

储存环节的服务薄弱,体现在农业生产的诸多方面。以中国最重要的主粮——稻谷来说,由于国家对仓储设施资金投入未能跟上粮食增长需要,仓储陈旧老化严重,仓储增长能力明显不足。在保护价收购和国外农产品大量进口的情况下,现有的仓容难以满足粮食收储的需求,导致粮食容易腐烂变质,损耗严重。国营仓储能力有限,民营仓储企业受制于资金紧张,缺乏专业技术人员,储备粮储存安全难以保障。如何减少霉变、鼠灾,降低粮食损耗和浪费,杜绝粮仓失火等粮食仓储难题,是促进种粮职业农民持续发展的基础性工作,新型职业农民对于建设粮库有着强烈渴望。对于规模经营主体而言,生产出来的几十万斤粮食面临的首要问题就是烘干,而他们基本没有时间、精力、场地去处理这个问题,"为农民提供粮食统一烘干、统一加工、统一储存、统一销售的服务,解决存储粮食的难题,是政府需要努力

---

[1] 黄晓平:《财政支持新型农业经营主体发展研究》,《唯实》2015年第1期。

的基础性服务工作"①。笔者在调研中了解到,有些农村地区政府基础性公共服务没有跟上,是由当地的农业龙头企业提供类似的服务,如某龙头企业收储烘干中心建成62组智能化谷物烘干中心,10万吨标准化粮库,采用最先进的定速干燥方式,确保粮食烘干精确安全,在满足公司需要之外,不断提高为当地种粮大户、家庭农场等新型农业经营主体服务的能力。同时通过收储站、标准化粮库为种粮大户提供方便,降低风险,解除"卖粮难"之忧,通过提供优质的烘干服务,开创产量提高、品质提升、食品安全、农民增收、政府满意、企业得益的多赢局面。

4. 销售运输环节的基础性服务

农产品的零售市场中,绝大多数依然是简陋的大棚式市场,缺少检测、储存设施,水电系统、场地、污染处理系统等基础性硬件设施落后②。如何做到把农产品迅速及时销售出去,把农产品的生产和销售与广阔的市场紧密联系起来,是新型职业农民的基础性需求。需要完善农产品流通渠道,建设农产品交易市场、农资连锁配送中心,健全完善乡村物流配送体系,加强农产品产地市场建设和流通体系建设。农产品的流通环节是导致新型职业农民"增产不增收"的最重要原因,从新闻报道中经常看到,有些鲜活农产品因为销售运输不及时,烂在田地里。相关资料显示,"我国综合冷链的流通率仅为18.9%,其中水产品12.9%、肉类15.1%、蔬菜5.0%。而日本与美国综合冷链流通率则分别为97.5%和89.6%,这其中我国冷链物流仅损失与腐烂一项就超过9.6%,而世界平均损腐水平仅为4.9%"③。可以看出,因为综合冷链物流设施建设的滞后和薄弱,难以满足实际需要,给我国农业尤其是鲜活农产品带来了沉重损失,极大地制约了

---

① 刘慧:《多渠道创新确保"颗粒入仓"》,《经济日报》2014年8月1日。
② 张贵友:《农产品流通基础设施对农业生产影响的机理》,《中国农学通报》2008年第11期。
③ 国亮、侯军岐:《供给侧改革背景下农业产业升级分析》,《河南社会科学》2017年第1期。

新型职业农民增收致富。"与发达国家相比,一个常见的、多被流通领域研究者所引用的数字是,中国生鲜产品在流通过程中,损失率约在25%—30%的幅度,而发达国家则在5%以下,主要是因为中国缺乏先进的储存、冷藏条件"[①]。到现在为止,我国还没有建立起冷链物流建设的统一国家标准,没有标准就无法严格操作执行,农业物流相关标准的修订已经非常紧迫,到了迫在眉睫的时刻,需要加快推进相关方面的工作,尤其是强制性标准的制定与实施更是迫切。加快建立健全冷链物流运输体系,加大资金投入,不断推进农业产业物流设施建设,让鲜活的农产品能够在第一时间及时从农村运送到城市,在城市与农村之间搭建起物流设施共享、共建、互联、互通的平台,把生产和销售更紧密地联系起来,为跨地区的农产品运输提供有效保障。在农产品销售运输环节的建设中,要以冷链物流建设作为重点,确保资金投入到位、设施建设推进到位。储运体系作为国家粮食安全与农产品有效供给的保障服务网络,既影响农产品从生产到消费的运转效率与成本,又成为政府公共服务与社会治理的基本职能载体。

5. 农业技术信息服务平台

现代农业是高科技农业,加强技术信息指导是基础性工作,为农作物生产、管理和销售提供坚实保障。一是加强病虫监测预警与情报发布工作。病虫害是影响农作物产量和收成的重要因素,在农作物病虫发生危害关键时期,针对区域重大的、流行性的、突发性的农作物病虫调查结果,根据各地监测点病虫监测情况,组织开展专家会商和重大病虫远程视频会商,及时发布长期、中期、短期病虫情报,为政府决策农作物重大病虫防治提供依据,为新型职业农民提供及时、准确的病虫预防和应对信息,有效遏制动植物疫情蔓延和危害,保护农业生产安全,为农业增产和农民增收保驾护航。二是加强现代通信设施建设。在高速变迁的信息社会里,农业要与外界保持密切的信息和

---

① 黄宗智:《小农户与大商业资本的不平等交易:中国现代农业的特色》,《开放时代》2012年第3期。

科技沟通，才能与时俱进。需要加大和电子商务密切相关的基础设施建设，加大光纤、互联网等现代通信设施的投入，大力推动农业"互联网+"工程的实施，通过"宽带中国"等信息工程的推广，促进农产品竞争力的提高和农业产业经济效益的提升。三是加强农业综合服务信息平台建设。完善省一级农业综合信息服务平台，并通过县市农技推广部门，将农业信息服务推广至基层，建设乡村信息服务站。各级农业电子商务信息平台的内容应包括农业资源、要素和信息数据库，病虫害监控情况及防治，农产品交易信息及预测等内容，为新型职业农民顺利地把农产品销售出去提供有价值的信息和服务。在农业技术信息服务平台的建设上，砀山县比较有代表性。砀山县是种梨大县，为了给梨农提供服务，县政府专门成立了"砀山县水果产业发展服务中心"，拥有技术人员40人，负责全县水果产业的规划、调研，生产技术的研发、引进、示范推广，国内外市场信息的搜集和发布。全县155个行政村都有一个农业技术指导员和一个村级技术员，技术服务体系非常健全。通过加快新品种的引进和推广，农民的标准化种植水平有了质的提升，砀山梨的质量与安全水平大大提高，增加了果农的收入。通过对这些公共服务领域的投入，来有效降低新型职业农民的种植成本和经营风险，推动其发展壮大。

二 金融服务

金融是经济的核心，新型农业经营主体的持续健康发展离不开有效的金融支持。由于经营规模、生产模式等方面的差异，新型农业经营主体的金融需求与传统农户存在较大的差异。"新型农业经营主体的特征决定了它所需要的不仅是传统的小规模信贷服务，更需要农业保险和农产品期货在内的全方位的金融服务"[①]。针对农业发展的新

---

① 汤金升：《金融支持新型农业经营模式探析》，《金融时报》2014年12月29日第11版。

第四章　健全完善的服务体系：新型职业农民培育的保障 | 127

趋势，中央政府和相关部委出台了一系列政策措施，在宏观层面上为新型职业农民提供金融服务创造了良好的条件。"在农业产业化过程中，根据农业业务链不同，其金融需求方式也呈现出差异，产前阶段主要通过银行借贷，产中阶段主要是期货和保险，销售阶段主要是结算和理财。"① 在农村调研中，新型职业农民对金融服务的需求呈现不断上升的趋势，尤其对信贷服务和农业保险需求强烈。

1. 信贷服务

新型职业农民的生产经营都是建立在一定数量规模之上，不同于传统意义上一家一户的小规模生产，因而对资金的需求量比传统农民大很多。信贷需求主要是来自于流动资金、固定资产、产业延伸资金三方面的需求。首先是流动资金需求。对于新型职业农民来说，流动资金需求体现在很多方面，主要包括：用于支付土地流转费用、雇佣工人薪酬、购买种子化肥原材料费用、定期防疫体检费用等特定的生产必需成本。流动资金对于种植业类型的新型职业农民具有明显的时段特征，农作物种植的周期不同，有一季度、半年期、一年期等生产周期，还有长达三年至五年甚至更长时间的生产周期，这对借贷资金的数量大小和还款时间长短都会产生重要影响。对于养殖类新型职业农民来说，流动资金需求相对零散化，根据养殖的品种和数量不同而呈现出较大差异。"以养殖肉牛为例，如果不考虑圈舍等固定投入，每头牛从购入到出售的流动资金至少需要 5500 元，而育肥 20 头肉牛的流动资金需要 10 万元以上。"② 对零散的小规模养殖户来说，缺少资金就难以扩大养殖规模，无法提高养殖效益，不能获得适度规模效应。一般来说，流动资金需求在总资金需求中所占比例相对较大。其次是固定资产资金需求。这类资金主要用于进行田地平整、机耕道修建、排水灌溉系统等的农业基础设施建设，购置拖拉机、播种机、收割机、烘干机等农机设备，建设储存

---

① 郑学党：《供给侧改革、互联网金融与农业产业化发展》，《河南社会科学》2016年第 12 期。
② 雷瑛：《河南培育新型农业经营主体的财政政策探析》，《山东工商学院学报》2015年第 1 期。

设备、排污处理设备等配套生产设施。固定资产需求大小同新型职业农民生产经营的品种和数量密切相关，对于大规模经营的职业农民而言，这也是一笔较大的资金投入。再次是产业延伸资金需求。农产品生产出来后，到顺利销售出去，中间有一个时间差，在这个过程中的投入，属于产业延伸的资金需求。例如，初级农产品出来后，对其进行简单的分类、加工和包装，以获得更高的利润；对于生鲜农产品，进行冷藏运输等。延伸产业链是新型职业农民把产品最终变成收入的一个必不可少的环节，产业延伸所需资金数量的多少会因为新型职业农民从事产品的不同和加工的精细程度而有较大的差别。

　　从调研情况来看，新型职业农民面临融资难问题，贷不到资金，现金流缺口大，无法扩大种植养殖规模，制约了相当一部分新型职业农民的正常生产和运行。信贷服务满足不了新型职业农民的需求，主要表现在以下几方面：一是正规金融供给极其有限，涉及贷款抵押、放款数量、放款期限等因素，不能满足新型职业农民的资金需求，留下缺口主要是由民间金融来弥补。民间金融很多是借助于私人关系进行，规范性和稳定性较低，容易产生各种纠纷，并且利率高，加重了新型职业农民的负担；二是小额信贷不能适应规模经营下的新型职业农民对大额资金的需求。小额信贷虽然在办理程序上较为简便，贷款抵押上要求也宽松，但贷款额度太小，从几千元到几万元不等，无法满足新型职业农民的现实资金需求；三是银行贷款期限的限制。农业生产具有较为明显的周期性，因为种植作物、养殖品种不同而呈现出差异性，银行贷款期限无法吻合农业生产的周期，因而不能契合农民的需求。四是金融机构缺乏创新。"支农金融产品门槛过高，农户难以达到金融机构的担保、授信标准。授信手续复杂，中间环节较多，隐形费用高，资金不能及时到位，存在滞后性，无法满足新型农业生产经营主体的现实需要"[①]。融资难使得生产经营的规模受到限制，

---

① 王恺：《新型农业生产经营主体风险管理问题探析》，《安徽农业科学》2015 年第 15 期。

制约了新型职业农民的发展空间。

　　信贷服务不能有效满足农民需求，主要原因有：一是利润低下，缺乏积极性。金融机构都带有营利目的，发展导向和目标十分明确，即追求效益和回报，追逐利润。在回报率高的领域，金融机构就会积极开展业务，但农业属于弱质产业，农业投资有风险，而且成本回收周期较长，回报率相对较低，在利润导向的作用下，难以调动金融机构服务农业生产的积极性。"金融机构的贷款利率普遍集中在10%左右，这相对于农作物种植和家禽、家畜等家庭农场8%—10%的收益而言，贷款利率是偏高的"[1]。农业生产的比较收益较低，农村山高路远、位置偏僻，导致金融机构没有足够的激励向农村提供贷款，真正用于支持农村和农业经济发展的贷款数量较少，农业金融需求的缺口较大，新型职业农民和农产品生产企业都遇到了融资需求难以满足的尴尬境地，制约了现代农业做强做大。二是抵押手续烦琐。银行贷款需要抵押物，这对银行来说是必要的，防止在无法收回资金时，可以根据协议，拍卖抵押物偿还贷款，以降低银行贷款的风险，减少不良贷款率。但是农民缺乏抵押物，城市市民最常见的抵押物是房产，或者工作单位的工资证明，这两样对农民都不适用，农村的房子没有房产证，也很难自由交易，农民没有正式的工作单位，无法开出工资证明。"三变"改革之后，制度设计上赋予经营权抵押贷款的功能，但从全国范围来看，农村土地确权工作尚未全部完成、土地承包权的登记没有完全到位，贷款主体因质押、抵押物缺少导致贷款难仍然没有得到有效化解，金融机构信贷产品设计中贷款抵押物制度仍然不完善。三是信贷产品设计不齐全。农业生产的对象类型繁多，品种多样，不同的农作物之间差别较大，针对农民的信贷服务需要量身定做，从现状来看，信贷产品设计与农民种植作物类型或者养殖的家禽畜品种衔接并不恰当，缺乏更有针对性的信贷产品和服务，存在贷款

---

[1] 毛政：《新型农业经营主体金融供给改革探析》，《湖南农业大学学报》（社会科学版）2016年第1期。

类型混杂，具体贷款条件、贷款期限与农作物成熟时段不匹配等问题，满足不了农民的现实需求。四是农村金融分支机构和从业人员匮乏。农村地广人稀，人口密度小，交通状况不佳，金融机构在农村地区设置金融网点成本较高，许多金融从业人员不愿到农村去工作，导致涉农金融机构在农村地区的数量、营业网点数和从业人员数量都严重不足，制约了农村信贷工作的开展。五是农民信用意识不强。城市市民与银行打交道相对更多，对违约的处罚以及带来的长远负面后果有相对更清醒的认识，农民的借贷在传统上主要是亲朋好友或者熟人之间进行，规范性较弱，还款的时间节点意识不强，导致更容易发生违约事件。当前我国农民缺乏信用记录，给互联网金融进入农村市场带来了较大难度。

笔者在宿州市埇桥区调研了解到，为了缓解新型农业主体贷款难的困境，当地积极组织开展"劝耕贷"工作。"劝耕"意味着鼓励、勉励之意，激励农民从事农业生产经营，出台落实好惠农举措。贷款难的最重要原因是银行顾虑农业的风险，怕收不回来钱，增加不良贷款率，贷款积极性不高，被动应付。各类新型主体被迫采用民间融资的方式解决资金需求问题，融资难、融资贵，增加了经营成本。埇桥区建立"4321"新型政银担合作机制，构建财政与金融协同支农机制，建立健全政策性担保体系。由市县担保机构、省担保集团、银行和地方政府，按照 4∶3∶2∶1 的比例，承担风险责任。有效管控了担保业务风险，调动了各方参与破解小微农业企业融资难的积极性，直接降低了担保准入门槛，提高了新型农业主体的金融服务获得率。银行不接受农户零星贷款，需要由乡镇和村担保信誉，乡镇的担保一定要建立在真实的调查基础上，不能提供虚假信息，区县把担保信誉情况纳入对乡镇的考核工作中，如果信息和材料作假，就考核不及格。最了解各类农业经营主体的是乡镇、村，一定要调动镇村的积极性，才能有效规避放贷的风险。基层政府主要考核新型经营主体"五有"内容：有信用（无不良记录，在民众中的口碑好），有规模（流转土地面积一般在 50 亩以上),有经验(持续经营1年以上),有主业(主业稳定、清新、可测算出预期收益),有需求(是针对农业生产和经营的有效需求,不能把贷款挪作他用)。具备这5个方面的条件,村镇才提供担保,向银行申请贷款。贷款的额度根据生产经营的性质确定,种植类的新型职业农民一般是20万—80万元,执行国家基准利率,最高上浮不得超过20%,切实减轻了新型职业农民贷款的负担。授信期限一般为1—3年,授信期内一次授信,循环使用,可以随借随贷,随贷随还。如果农业生产和经营遭遇到风险,先用政府和担保公司的风险基金偿还贷款。这个机制最大的特点是把政府绑上了战车,银行才敢放贷,充分地把政策性金融和商业性金融相结合,发挥好两个作用:一是创造性地发挥好政府的引导作用;二是发挥好资源配置中的市场决定性作用。从政策性金融的角度来说,政府通过财政政策提供贴息、低息等优惠贷款,制定配套政策,建立新型职业农民贷款担保专项基金,实行优惠贷款利率。通过"财政承担有限风险,银行开展金融创新,引入第三方参与风控",推出了无抵押、无担保和弱抵押、弱担保等不同类型的融资产品,解决农业领域长期缺乏有效抵押物、担保物的制约因素,打通银行的审贷关,解决职业农民融资难问题[1]。商业性银行有风险和利润的考量,从商业性金融的角度来说,金融机构根据新型职业农民的信用等级、资产负债、经营情况等综合考虑,决定是否授信放贷、贷款额度和期限,完全实行市场化操作,真正体现了"市场在资源配置中起决定性作用"[2]。通过市场机制的优化配置,严格把控坏账率的发生,促进农村金融持续发展。

资金短缺是制约新型职业农民发展的瓶颈,"需要通过创新农村金融体制,最终建立以市场为导向、商业银行为主体、政策金融和合作金融为主导的农村金融体系,以多样化的途径满足新型农业经营主

---

[1] 黄晓平:《财政支持新型农业经营主体发展研究》,《唯实》2015年第1期。
[2] 沈建华:《为新型经营主体提供精准服务》,《农民日报》2014年10月15日第1版。

体发展对金融的需求，优先扶持适度规模经营的新型农业经营主体"[1]。在新型职业农民信贷业务的服务工作上，要着重注意以下一些重要环节：一是做好基础性的调查工作，实现信贷精准投放。为了清楚了解新型职业农民的金融服务需求，实现信贷资金精准投放，银行金融部门要积极争取农业部门和工商部门的支持配合，由农业部门提供新型职业农民的统计名单，按照就近方便的原则把名单下发到农村的各个基层网点，基层网点安排专门的工作人员走村串户，对新型职业农民一一上门走访，详细了解资金信贷需求，摸清生产经营状况，在进行综合评估的基础上发放贷款联络卡，以便随时沟通联系。可以在村委会、卫生室等村落人流量大的区域张贴贷款联系人信息，方便有需求的新型职业农民随时咨询，及时沟通，"在深入实地调查的基础上，建立职业农民的基本信息表和金融服务需求情况表，留存调查影像资料，按名单逐户实行摸底资料归档管理，及时了解和掌握职业农民的基本信息和金融需求，扎实做好金融服务新型农业经营主体对接工作"[2]。二是创新贷款抵押方式，建立诚信档案。三权分置制度的推行和落实，使得新型职业农民可以将其经营权做抵押物进行贷款融资，强化了土地承包经营权之物权属性，进一步恢复其财产权能，是为了解决农用资金短缺的问题，缓解农户贷款没有抵押的困境。金融机构根据农村实际情况简化贷款程序，扩大抵押物范围。建立新型职业农民诚信档案，金融机构实施授信放款，到期后新型职业农民履行还贷义务。如果不及时还款，金融机构将降低信用等级，并进行追偿，承担违约责任。通过建立在诚信基础上的金融信贷，变政府选择为市场选择，提高资金配置效率。三是大力发展互联网金融。随着电子信息技术的快速发展，涌现出了网上银行、手机银行、电子金融等产品，这突破了以往金融业业务发展受物理网点限制的不足，

---

[1] 张红宇、张海阳：《中国特色农业现代化：目标定位与改革创新》，《中国农村经济》2015 年第 1 期。

[2] 彭鑫：《资金精准注入新型农业主体》，《中国农村信用合作报》2015 年 9 月 8 日第 3 版。

农村地区因为银行网点有限、人手不足，互联网金融的发展空间和作用更大。"互联网金融可以为广大农户提供更为方便快捷的金融产品和服务，进而降低交易成本。搭建了跨平台、跨行业和惠及农村的金融模式，与农业产业化的深度融合已经成为必然的发展方向"①。互联网金融在农村地区尤其重要，既是薄弱环节，又是发展空间最大的地方。

2. 农业保险

农业具有投资回报期长、回报率低，疫病、虫害频发，洪涝干旱灾害时有发生等特征，农产品市场价格也具有不确定性。对于规模经营的新型职业农民来说，要承担来自于自然灾害和市场波动的双重风险。在市场经济条件下，市场风险可以主要或全部由经营主体承担，但是，"鉴于农业在国民经济中的基础性地位，自然风险则应该由政府承担一部分，这是由农业的公益性特点决定的，农业承担着社会稳定的职能"②。普通农户的农业经营收入只占家庭收入的一部分，即便遇到自然风险，对其生产生活也不会产生根本性影响，因而他们对农业保险的有效需求远低于新型规模经营主体。对于兼业农民来说，农业收入占家庭收入的比重更小，对农业保险的需求也不强烈。但是新型职业农民的主要收入来源就是农业，甚至是唯一的收入来源，并且进行了大量的前期投入。"一旦遇到自然或市场风险，很有可能造成巨大损失，对其生产生活必将造成极大影响，导致其对农业保险的依赖大大增加"③。在现有的科技条件下，农业仍然属于弱质产业，在很大程度上依然是"靠天吃饭"，农民抗风险能力差。在笔者课题研究期间，就经历了安徽省2016年的大水，养螃蟹的种植大户损失惨重，因为水漫破网，导致螃蟹大部分逃走。安徽省2018年初的大雪，合肥周边的

---

① 郑学党：《供给侧改革、互联网金融与农业产业化发展》，《河南社会科学》2016年第12期。
② 孔祥智：《新型农业经营主体的地位和顶层设计》，《改革》2014年第5期。
③ 陈五湖、印笋：《促进农业保险和家庭农场互动发展》，《农村经营管理》2014年第4期。

草莓种植大户损失较大,主要是大棚的损毁和草莓受冻带来的损失。农民一年能挣到多少钱,要到年末进了口袋才知道,在年初是规划不了的,因为农业的产量和收成受到很多自然因素和市场因素的影响。这就需要更多的农业保险支持,以帮助新型职业农民减轻和控制农业经营的风险,如果没有农业保险的风险分担,一旦遇到较大的自然灾害,新型职业农民就可能会倾家荡产,面临破产,在严重的打击下一蹶不振。农业保险的发展有助于降低新型职业农民的自然风险和经济损失,为新型职业农民的规模生产经营保驾护航,从而稳定农业生产,夯实社会基础。

总体上来看,"我国农业保险尚处于不断完善的初级阶段,发展相对滞后,经济作物的保险率覆盖面较小、保障水平低、赔付水平低、农民参保积极性和地方政府支持农业保险发展的力度较小等问题还比较突出,难以充分发挥风险化解和收益保障的作用"[1]。出现这种现象的主要原因有:第一,农业保险机构投保积极性不高。农业受自然因素的影响很大,农业风险的不确定性很难预测,农业属于弱势产业,盈利空间不高,农民普遍不富裕,缴纳的保险费用较低,导致保险公司的获利空间较小。保险公司对新型职业农民的信息不了解,彼此之间信息不对称,信用指数很难进行量化分析,保险公司在经营目标驱动下,选择把更多的保险业务投放到收益比较高的行业,对发展农业保险的积极性不高,对规模化的新型职业农民投保存在顾虑。第二,理赔程序复杂。根据保险公司对理赔案件的审核要求,大部分程序较复杂,农业定损比较难,到底有多少损失,很难精确测量,自然因素和人为原因各占多大比例,也很难进行清楚的界定和分割。"为了加强监督,理赔案件还需要通过市级分公司核实,大大降低了赔付工作效率,导致部分农户迟迟得不到保险赔付资金,对灾后恢复生产带来严重影响,保险业与新型农业发展未能找到一个合适的契合

---

[1] 高昕:《略论新型农业经营主体的市场培育》,《经济界》2014年第4期。

点"①。第三，理赔标准过低。调研中农民反映，像水稻这样的主粮，不少地区也落实了农业保险，但是遭受自然灾害后，理赔的标准很低，更大程度上是一种象征性的赔偿，无法弥补投入的成本。对于很多经济作物，新型职业农民购买保险的意愿很强，但是由于没有开发出这些险种，经常是无险可买，只能是回到"靠天吃饭"的传统模式上。

在完善农业保险的工作上，一是政府加强农业保险的支持力度，进一步扩大政策性农业保险的规模和覆盖率。农业在某种程度上是"烧钱"的产业，但是却是非常有必要的，因为农业是关系国计民生的基础性产业，也是带有公益性质的产业，政府需要在农业保险上加大扶持力度，加大优惠政策和专项资金的投入，这是政府职能的体现。扩大政策性农业保险范围，提高稻谷、小麦等主要粮食品种的保险保费补贴比例，采取优惠政策和激励措施，积极争取做好花生、芝麻、油菜、猪牛羊等政策性农业保险。建立农业保险基金，纳入本级政府财政年度支出预算，专项用于农业大灾的救助和信贷风险补偿。二是开发扩大新险种。农业保险产品分为种植业保险（水稻、小麦、蔬菜、水果等），养殖业保险（能繁母猪、育肥猪、奶牛、家禽等），林木保险（林木火灾、森林综合等）。保险公司从服务农民的立场出发，针对各地各类特色农产品的发展情况，从实际出发，有针对性地提供特色农产品保险，做好大棚蔬菜、草莓、葡萄、种植业补充保险。通过政策性保险的引导，不断完善农业保险制度，增加保费补贴品种、扩大保费补贴区域、支持提高保障水平，减轻新型职业农民规模经营的自然风险和市场风险，增强农业和农户的抗风险能力。

三 市场化服务

未来农业的发展表现为高度市场化，会推动农业领域的内部分工

---

① 毛政：《新型农业经营主体金融供给改革探析》，《湖南农业大学学报》（社会科学版）2016年第1期。

越来越细化,在农业产前、产中和产后各个环节孕育出大量的工作岗位,这些岗位的主体是由专业化的新型职业农民组成,通过分工和专业化来提高农业生产经营的效率,推动农民职业化的发展。在人多地少客观国情的制约下,我国家庭经营的规模不可能达到欧美发达国家的水平,这在很大程度上是中国农业的先天不足,单个家庭购买的农业机械使用效率不高,很难达到最优的利润状态,因此,需要在超脱家庭范围之外,通过体制机制创新,大力发展农业市场化服务,解决单个家庭购买农业机械不划算的困境。农业生产服务主体包括农机服务户和农资服务户,前者是拥有大型农机(大型拖拉机和收割机)的农户,后者是提供种子、农药、肥料的农资店。此处以笔者调研到的2016年涡阳县某农机合作社农业生产全程社会化服务为例做一说明。该合作社的作业标准为:服务内容为小麦、玉米生产全程社会化服务,包括统一耕种、统一植保、统一收获、统一秸秆处理。完成时限为2016年10月10日至2017年9月30日。收取的费用标准为:统一耕种115元/亩(其中小麦75元/亩,玉米40元/亩),统一植保120元/亩(其中小麦60元/亩,玉米60元/亩,包括用药及用工费用),统一收获150元/亩(其中小麦70元/亩,玉米80元/亩),统一秸秆处理30元或35元/亩(其中小麦秸秆粉碎还田30元/亩,小麦秸秆打捆离田35元/亩),全程总计收费415元/亩(小麦秸秆粉碎还田)或420元/亩(小麦秸秆打捆离田)。该合作社为周边农户提供服务,业务量大,收入较好。新型职业农民既是农业市场化服务的需求者,也是农业市场化服务的供给者,在某种程度上说,新型职业农民培育与农业市场化服务兴起是一个相互促进的过程,是农业现代化的一体两面。农业市场化服务涉及诸多方面,下面列举几个代表性的环节。

1. 机械化服务

农业的根本出路在于机械化,农业生产中,耕田和收割这两个环节是最容易实现机械化作业的,能够大幅度提高综合生产能力,节省用工成本。在有些农村地区,已经有了比较成熟的服务模式。"对于规模经营大户,小麦耕地是35元/亩,收割是60元/亩,而水稻耕地是每亩 55—60 元，收割是 70 元/亩，这个费用比人工成本要低"①。经过测算，"仅仅在耕作、插秧和收获 3 个环节，机械作业与人工作业相比较，每亩至少可以节省 100 元生产成本"②。为了做到无缝对接，有些地方还提供更为齐全的"一条龙"服务，即除提供收割外，以每亩 25 元的价格承揽粮食作物从田间到运输车上的搬运业务，省去了农民自行雇工搬运的麻烦。"通过提供完备的生产服务，水稻生产的作业成本从每亩 650 元降到 460 元，每亩节约近 200 元"③。虽然节省的具体数字不一，但是农民普遍反映，通过机械化操作，更能按照标准执行，减少了随意性，保证了产量。在人工费用不断上涨的今天，机械化作业的优势越来越明显。机械的标准化操作，还有一些附带的好处，如机插宽行栽植技术有利于水稻通风抗病、病虫害少，可以最大化地使用秧田、节约种子、肥料和农药，实现由粗放经营到精耕细作的根本性变革，从而促进了现代农业发展。在农机作业互助服务上，中国农业生产拥有悠久的历史，在传统农耕时代就已经开始，例如使用耕牛犁地上，对于田地少的农户，一家一户养一头耕牛，增加了管理成本，在效用上不划算，出现两三家甚至多家共养一头耕牛，以提高耕牛的利用效率。现代农业很少用到耕牛，但农机的性质与耕牛类似。如果每家每户都购买农机，在农机更新换代速度非常快的今天，无疑是不划算的。由专业的农机队提供服务，对服务的供给方和需求方都有重要价值，能够降低成本，提升服务水平，提高效益，增加收入。

2. 植保服务

植保环节更为复杂，容易被忽视，面临的问题也更为突出。植保服务主要包括两个方面，一是农资物品的购买；二是科学配方施用。

---

① 陈航英：《新型农业主体的兴起与"小农经济"处境的再思考》，《开放时代》2015 年第 5 期。
② 刘汉文：《集并流转土地，推进水稻全程机械化》，《湖北农机化》2009 年第 5 期。
③ 彭毅、张仁伟：《作业服务经营和土地流转经营相结合》，《湖南农机》2009 年第 3 期。

在农资物品的购买方面,农户在耕种季节,需要种子、农药和化肥等各种农业产品,传统农民都是凭经验在市场上自行购买,量少价贵,甚至有可能买到假货。植保服务发展起来后,可以由农业合作社或者植保服务队统一从生产厂家批量采购优质化肥、农药、地膜、种子、潜水泵、农机配件和农用柴油等生产资料,因为量大,批量采购可以按照批发价购买,价格更低,减少了农资的中间流通环节,每亩生资成本全年可节省100元,既保证了质量,又节省了开支。在科学配方施用方面,传统农民是依靠经验施药用肥,小规模的家庭植保模式难以应对复杂的病虫害疫情,不仅用工多,费时费药,还经常出现防治不到位或不及时的现象,造成农作物减产,增加了植保成本。植保服务队可以邀请农业科技专家,指导科学选种、施肥和喷药,在配药上更规范,技术好、配方科学、高效的喷施可以有效减少农药用量,比单个农户喷洒减少了浪费,避免了使用国家违禁的烈性农药,以免农药用量过度造成环境污染。用无人机喷洒,非常精准,保护了环境。在规模经营的模式下,连片作业效果好,采用标准化、规范化的技术,不再是依靠经验,不断提高农田管理专业化水平,使农产品的产量和质量都得到了提高。"在植保服务不发达的地区,有的农资店已经开始推出一站式服务,即除了销售农资外,还承揽农业生产中除虫这个环节,提供包括农药、人工、机械在内的投入服务,2014年这种服务的价格为每亩130元"[①]。有些农业合作社购买或租赁植保器械,为农户提供统一的农作物病虫害防治服务,实行统防统治,收取一定的费用,这些都是农业植保服务的组成部分。

3. 劳动力服务

土地流转后,从土地上游离出来了一批农业劳动力,除了到城市外出打工外,剩下的就留在农村,一个农村劳动力市场开始形成,主要是由年龄在50—70岁的男性劳动力和40—60岁的女性劳动力构

---

① 陈航英:《新型农业主体的兴起与"小农经济"处境的再思考》,《开放时代》2015年第5期。

成。这个农村劳动力市场正在发挥着重要作用,是规模经营主体所亟须的,通过从劳动力市场上雇用工作人员,农业规模经营才能得以顺利展开。这个农业劳动力市场既为新型职业农民提供各种劳务服务,同时本身也是新型职业农民的重要组成部分,扮演蓝领职业农民的角色。农业生产具有很强的季节性和周期性特征,在特定的时间段,比如稻谷收割、棉花采摘,在短期内需要大量的农业劳动力,但是在农闲的时候,却不需要劳动力,在农业用工高峰期,留守的妇女和老人难以满足用工的需求,造成农业劳动力雇工价格大幅上涨,甚至出现因为雇不到人影响农作物及时收割的现象,带来更大的损失。农业生产有些环节对体力要求较高,留守在农村的妇女、老人,因为体力不占优势,难以承担像水稻种植、小麦收割等繁重的体力劳动,导致有些环节无法顺利完成,农业生产能力下降,生产成本上升。针对农业用工的周期性特点,有些发达地区,因为基础较好,劳动力服务较为完善,成立了各类专业服务组织,缓解用工荒的难题。如专门针对养猪专业户的防疫服务组织、抓猪服务组织,专门针对养羊专业户的剪羊毛服务组织,针对养鱼的捕鱼队,针对水稻种植大户的插秧队、收割队,新疆地区针对棉花生产的采棉队等。这些服务组织不一定在工商部门注册登记,形式上比较自由,结构上比较松散,但可以为专业农户提供全方位的服务,非常有利于农业专业化生产的推进,也给蓝领职业农民提供了更多的工作岗位,拓展了发展空间。

4. 土地托管服务

上面的机械化服务、植保服务和劳动力服务都是偏重于单项服务,土地托管服务更具综合性。2017年暑假笔者在安徽省蒙城县和涡阳县调研农地托管,这两个县的土地托管正在蓬勃发展。"土地托管是对农田实行统一管理,或统一经营,有全程托管与阶段托管等形式"[1]。农田托管以后,实行统一管理和经营,可以提高土地利用的

---

[1] 孙晓燕、苏昕:《土地托管、总收益与种粮意愿》,《农业经济问题》2012年第8期。

集约化程度，解决农村劳动力大量转移后由谁来种地的问题，最重要的是能保障农民权益。是在不进行土地流转情况下，通过农地的集中管理和经营来实现农业经营的服务规模经济，通过提高分工化、专业化程度来提高农业效率[1]。具体来说是指农户在"耕、种、防、管、收"中的一个或多个环节，采用市场化的方式，向社会化服务主体购买专业服务的过程，根据提供的服务形式和服务数量，可以分为全托管、半托管与代管三种基本形式。全托管是为农户提供产前、产中、产后"一条龙"服务，包括统一确定种植项目与品种并统一采购农资产品，组织农民统一进行田间生产管理与收割，统一回收或组织农民统一销售农产品[2]。托管服务组织在接收土地以后，实行全权管理，提供从种到收的全程服务，被村民形象地称为种地请"保姆"，农民安心做"甩手掌柜"。半托管是针对农户劳动力不足、不懂种植技术等情况，由合作社有偿提供劳务、技术、农资等部分服务，农民"按单点菜"[3]。代管的服务范围最小，仅仅提供农资方面的服务。土地托管的多种形式并存，使传统农民可以根据自身的实际情况，灵活选择托管方式，由单项作业收费发展到全程综合服务。土地托管这种服务形式兼顾了一批不愿意流转土地同时种地积极性又不高或者没有能力种地的农民，将土地交由合作社托管后，能够有效解决兼业农民"打工顾不上种地、种地耽误赚钱、土地撂荒心不甘"等诸多问题，也能够稳定粮食产量，避免土地撂荒。因采取代理经营方式，不仅促进了机械化社会服务的发展，而且也促进了农资购买、良种推广、农技应用、田间管理等一系列农业社会化服务的提高。

土地托管服务具有较为明显的优势：

（1）保障粮食安全。土地托管是给农民提供服务，没有改变农村

---

[1] 周娟：《土地流转与规模经营的重新解读：新型农业服务模式的发展与意义》，《华中农业大学学报》（社会科学版）2017 年第 4 期。

[2] 孙晓燕、苏昕：《土地托管、总收益与种粮意愿》，《农业经济问题》2012 年第 8 期。

[3] 王存兴：《土地托管拓宽农民增收路》，《农村经营管理》2014 年第 2 期。

第四章　健全完善的服务体系：新型职业农民培育的保障 | 141

土地所有权和承包经营权的性质，种植什么农作物是由农民决定，没有改变土地的性质用途，没有损害农民土地承包权益，没有改变农村土地承包关系。从各个地方的实践来看，"土地托管目前主要集中在粮食生产领域，在一定程度上避免了许多地方以业主、企业为依托的土地流转存在的耕地非粮化、非农化问题"[①]。土地托管和土地流转的共同特征在于都可以实现适度规模化经营，但是在保障粮食安全上，土地托管更有显著优势，这是土地托管模式最值得肯定之处。农户将土地流转出去后，尤其是中长期的流转，农民失去了经营权，种什么，怎么种，完全由经营者做主。经营者为了追求利润，在监管不到位的情况下，很可能流转的土地不是用来生产经营农业，而是从事非农产业，这样就在事实上改变了土地用途，有的甚至进行"非农化"建设，改变了农田的性质，最终会危害到农业生产的安全。"土地托管，不管是全托还是半托，都仅仅只是提供服务，没有改变原有的土地关系，不会改变土地的性质和用途，主要经营的内容仍然是粮食作物"[②]。土地流转后，如果监管不严，被用作"非粮化"生产，在流转合同到期后，有些就难以再恢复成良田，或者即使能够恢复，因为荒芜多年，肥力也在下降，造成粮食生产上的损失。土地托管是在稳定农村土地承包关系的基础上开展的服务，可以有效减少农村地区随意占用耕地情况的发生，切实保护了良田耕地，符合国家"最严格的耕地保护制度"的要求。保障了粮食安全，就奠定了社会稳定的坚实基础。

（2）促进了专业分工，实现了规模效应。托管服务是新型职业农民为农业生产提供的专业化服务，分工程度高，能实现规模效应。一是托管服务是以现代农机装备为基础的专业化服务。相较于以前传统的分散小农户经营，托管服务将经营过程进行了相对集中，提高农业

[①] 张克俊、黄可心：《土地托管模式：农业经营方式的重要创新》，《农村经济》2013年第4期。
[②] 黄鹤群：《"全托管"：破解"谁来种地"的难题》，《现代经济探讨》2016年第1期。

的机械化水平，在全托管的服务形式下，实行统一耕种、统一收割，统防统治、包揽了所有生产环节，符合现代农业特征元素。机械化替代了农村手工劳动力，实现了机耕、机播（插）、机防、机收等全程机械化作业，能够有效降低人力成本，提高标准化操作程度，在生产经营中具有规模化、集约化、专业化、标准化生产经营的优势，从而保证和提高了种植的质量，做到质量、安全、品牌相融合。"解决了单家独户无法使用大型农机具、与市场对接难等问题，在不流转土地经营权的前提下，有效提升了农业社会化、组织化生产经营水平"①。二是可以降低消耗，促进循环利用。托管服务还体现在农机、农艺、农资相结合，产前、产中、产后相衔接，因为集中批量采购农资，不仅提高了生产资料采购的议价能力，降低了生产成本，而且可以通过技术手段实现废物再利用，减轻了环境的压力。很多托管服务实现了秸秆机械化还田，做到循环利用，减少秸秆焚烧，变废为宝。托管服务组织拥有先进的机械装备，采用粮食烘干设备，能够有效减少粮食的霉变。在农作物生产环节，更多推广使用生物质能源，节约了能源，减少了废气等污染物的排放。"托管田块在使用农药时，做到控时、控肥、控药、控害，次数比普通农户少30%，减少了过度喷洒农药对环境的污染，实现农产品品质安全和环境保护的目标"②。三是实现了适度规模经营效应。通过托管，服务规模实现了集中，能够降低成本，发挥农业的规模效益，提高农业生产效率，增加了农作物产量和农民收入，拓展了新型职业农民的发展空间。土地托管不需要转移和变更经营权，承包权和经营权都仍然是在农户手中，只是需要交纳一定的费用来购买服务，进行简单的田间管理，就可以保证农作物生产过程的顺利进行，提高了农作物的产量和收益。无论是"农地流转"还是"土地托管"，本质上都是在解决土地规模化经营的问

---

① 韩长赋：《土地"三权分置"是中国农村改革的又一次重大创新》，《光明日报》2016年1月26日第1版。
② 黄鹤群：《"全托管"：破解"谁来种地"的难题》，《现代经济探讨》2016年第1期。

第四章　健全完善的服务体系：新型职业农民培育的保障 | 143

题。很难简单地说"农地流转"和"土地托管"哪种方式更优，但后者的确可能是更便捷的土地规模化模式[1]。土地托管没有改变土地的承包经营关系，不是建立在土地集中的基础上的规模化，而是发展以服务集中为特征的农业规模经营。是从农地规模经营拓展到农业服务规模经营，为实现农业规模经营效益提供了另一种阐释和实现途径。这种路径选择，决定了土地托管不仅可以实现规模效应，而且可以有效避免土地流转的潜在风险，如行政力量介入的流转规模过大、非粮化非农化的倾向等，是现阶段可以大力发展的一种服务形式。

（3）结合了家庭承包制的优势，提升了效率。全托管是农民将自己的承包地交给专业服务主体去全过程打理，农民每亩支付一定的托管费用，具体的费用都是参考当地的市场行情，在双方协商的基础上达成一致。农民的收益通过实物来体现，即专业服务主体向农民承诺农作物的保底产量，收获物全部归农民，农民在空闲之余，也愿意关注农作物的生长状况，因为直接关系到自家的产量和利益。半托管、代管等方式是以农户家庭经营为基础的联合规模化经营，专业组织提供一部分服务，其余环节由农户自己打理。土地托管经营机制巧妙的地方在于把农户家庭的积极性调动了起来，以农户家庭为主体，以联合经营为手段，以服务规模经济代替单纯规模扩张。在"农产品归属权不变"的原则下，托管土地的收益与农户的收益直接挂钩，此举充分调动广大农户的积极性，有效地减少了偷盗等问题的发生。家庭经营的最大优势在于几乎不存在管理成本，是采用最适合农业生产的经营单位来提高经营效率，回避组织管理成本问题。"土地托管模式既吸收了家庭分散经营的优点，又克服了家庭分散经营的制度缺陷，推动家庭经营向采用先进科技和生产手段的方向转变，提高了家庭经营的集约化水平"[2]。

功能健全、运行良好的社会化服务可以有效地把各种现代生产要

---

[1] 刘文勇：《土地"托管"与"流转"，区别在哪里?》，《中国国土资源报》2017年2月20日第7版。
[2] 王旺：《"田保姆"：土地托管模式的成功探索》，《中国合作经济》2017年第5期。

素注入农业生产管理中，提高农业物质技术装备水平，发展规模经营与集约经营，推进农业生产专业化、商品化和社会化①。从长远来看，受到人多地少客观国情的影响，单纯依靠单个农户占有耕地面积的上升，来实现适度规模经营，难度较大，不太具有现实可行性。"立足小规模农业的基本国情，大力发展农业专业化服务，可能是中国特色农业现代化道路的重要特征之一"②。土地托管服务集中可以优化土地资源配置，推动农业生产由分散化向集约化、规模化转变，是适合农村实际情况的有发展潜力的服务方式，为新型职业农民的发展提供了契机。但是，土地托管的实践运作时间并不长，在现实中仍然面临很多困难。"将入托的土地集中起来以后，土地托管专业服务机构还要进行土地整理、道路铺设、沟渠疏通或加宽、水利设施建设等基础性建设，这些建设不仅需要大量的资金投入，而且具有明显的专用性和正外部性"③。土地托管的服务提供方，在成本和收益的考量下，没有能力也没有积极性去从事这些基础性的土地建设工作，需要政府加大政策和资金的扶持力度，可以考虑把部分针对粮食基地的优惠政策或项目扶持适当地向托管土地倾斜，以更好地推动土地托管工作的开展。有些地区因为客观条件的限制，服务规模化效率未能得到充分发挥，尤其对于丘陵地带或农户承包地过于分散的地区，限制了土地托管的发展空间。土地托管服务的发展，需要大量外部资源的注入，外部资源不仅仅是政府的公共资源，还包括第三方资源，农民的职业化可能正是打开城市第三方资源注入农业通道的关键。可考虑采用政府订购、定向委托、以奖代补和公开招投标等方式，按照"主体多元、充分竞争、形式多样"原则，逐渐引导各类经营性服务机构在农产品加工、销售、储运等环节，以及信息服务、金融保险等多方面发

---

① 高强、刘同山、孔祥智：《论家庭农场的生成机制》，《国土资源导刊》2013年第7期。
② 王亚华：《农村土地"三权分置"改革：要点与展望》，《人民论坛·学术前沿》2017年第6期。
③ 孙晓燕、苏昕：《土地托管、总收益与种粮意愿》，《农业经济问题》2012年第8期。

挥出更大作用①。通过优质资源要素的流动，使农业和农村发展获得源源不断的外部资源，提升包括土地托管在内的各类服务主体给农民提供服务的深度和广度，扩展新型职业农民的发展空间。

四 培训服务

现代农业适度规模经营越来越注重运用科技手段和先进方法，只有受过一定专业训练、专门从事农业生产的经营者才能担当。人才是最重要的，现代农业对新型职业农民的素质提出了很高的要求，不再是凭经验就能应付过去，需要给新型职业农民提供高质量的培训服务，这是关乎新型职业农民生产技能、经营能力和综合素质提高的根本性问题，是解决"谁来种地""怎样种地"和"如何种好地"的关键所在，是农业供给侧结构性改革的迫切需要，也是促进现代农业发展的重要环节。

1. 人力资本培训的重要价值

中国农民给世界的印象是勤劳善良，吃苦耐劳。长期以来，农民在生产中主要依靠的是体力资源的利用，在传统观念中，农业是重体力活，技术含量低，农民在中国传统社会里是愚昧落后的代名词，20世纪二三十年代，以梁漱溟、晏阳初为代表的一批知识分子为了应对农村危机，开展了一场如火如荼的乡村建设运动。晏阳初认为，在农民身上存在着四大缺陷，分别是"愚""穷""弱""私"。"所谓愚，是指农民缺乏知识，目不识丁；所谓穷，是指农民的生活水平处于挣扎的夹缝之中；所谓弱，主要针对的是农村的疾病防治和公共卫生；所谓私，是指农民不能团结，缺乏合作意识"②。在那个年代的大背景下，乡村建设者们普遍认为，农村一切问题的最重要根源在于农民

---

① 刘勇、胡仲明、邱和生：《江西培育新型农业经营主体问题研究》，《江西行政学院学报》2015年第1期。

② 郑杭生、李迎生：《中国早期社会学中的乡村建设学派》，《社会科学战线》2000年第3期。

素质低下，因此，建设农村的根本办法是进行农民教育。教育是提高农民素质的根本途径，从教育出发来改造社会尤其是乡村的个人及其生活方式，改变"愚""穷""弱""私"，培养农民自觉意识和提高乡村组织程度。通过实施文艺教育、生计教育、卫生教育和公民教育"四大教育"工程，才能振兴乡村，完成"民族再造"的使命。乡村建设运动取得了很大的成就，但是，在当时宏观的历史背景下，很多举措难以完全执行，更不可能大范围推广。

　　如何改变农业农村的落后状况，一直受到政府和学界的高度重视，其中一个最有代表性的观点是对传统农业进行改造。"使得这种改造成为可能的知识是一种资本的形式，这种资本需要投资——不仅对体现了部分知识的物质投入品，而且重要的是对农民投资。"[1] 舒尔茨认为，"除了自然资源、土地、资金和体力劳动外，教育投资也是促进生产力提高的重要原因，由此形成的人力资本投资是社会经济增长的主要源泉"[2]。在市场化导向和消费者导向的农业产业化背景下，标准化、品牌化、品质化等要求都需要具有丰富管理经验的人才和进行高资本的设备投入，这都需要对农民进行种植、管理、养殖等方面专用性人力资本投入。现代人力资本理论的观点认为，人力资本是最重要的生产要素，可以在一定程度上替代其他生产要素推动经济发展。在中国农业生产的漫长发展历程中，土地、种子、化肥、农药、灌溉等生产要素都得到了高度重视，并且有些甚至已经被过度使用，如农药、化肥、土地等，产生了诸多负面影响，唯独农民的人力资本开发没有得到应有的重视，这是农业供给侧结构性改革的短板，是促进未来中国农业发展最具潜力的要素，拥有广阔的开发空间。中国是一个农业人口大国，但是数量庞大的农业人口没有转变为促进农业农村发展的强大动力，没有成为农业强国，农业人口总体上综合素质偏低。为此，需要高度重视教育，教育对提高劳动生产率具有十分

---

[1] 罗宁、卢大文：《改造中国"传统农业"：值得关注的几个问题》，《天府新论》2008年第2期。

[2] 刘志民：《教育经济学》，北京大学出版社2007年版，第117页。

重要的意义，需要对农民进行人力资本投资。要成为真正的新型职业农民，无论是农场主还是一般的农业劳动者，都是一件非常不容易的事情，对某些方面的技能和综合素质要求很高，只有经过长期的人力资本投资，在系统培训基础上不断提高经营能力和综合素质，才能有效捕捉市场机遇，提升农业生产和经营的收益。通过对农民的人力资本投资，来促进农业农村发展，不仅有可能，而且非常必要。

2. 现有培训的不足

虽然新型职业农民的培训越来越受到重视，但是从整体上看，仍然存在很多不足，有很大的改进和发展空间。

（1）培训数量不够，没有形成系统性。在很多农村地区，尤其是中西部不发达的农村地区，针对新型职业农民的培训数量非常少。农业是一个见效慢的产业，在地方官员的政绩考核上，农业远没有工业来得快速，再加上地方财政能力的限制，不愿意在农业这个"烧钱"的产业上进行投入，导致有些农村地区，特别是人均田亩数少的丘陵地区，针对农民的培训开展得很少。很多农民仍然是依靠传统经验来种植农作物，种植养殖经营达到一定规模的新型职业农民，在遇到技术难题时，往往是自己想办法解决，例如自己买书买资料学习、去向行业专家请教，或者请行业专家到现场指导，支付相关费用等。总体来看，针对新型职业农民的培训数量少、时间短，前后的培训缺乏系统性，没有形成合力，是以分散的方式进行，连续性较差，远远没有实现提升职业农民人力资本的目标。

（2）是自上而下的培训设计。农业技术推广是促进中国农业发展的重要技术支撑，是提升农民人力资本的最重要途径，也是中国由农业大国走向农业强国的必经之路，对现代农业的发展具有非常重要的价值。从实际情况来看，很多针对农民的培训是由领导拍板、上级组织安排的，具体职能部门为了完成工作任务来组织实施，在出发点上，不是以农民的真实需求作为起点，而是自上而下的培训设计。农民参加培训的目的也多种多样，有的是村里安排的，有的是作为一种荣誉来参加，有的是为了获得一张培训证书，有的是为了达到申报农业优惠政策的基础条件，真正意义上的新型职业农民培训是以提高技能、学习经营管理知识作为最主要的目的，自上而下的培训设计导致新型职业农民培训的有效供给与真实需求出现脱节。

（3）重理论，轻操作。针对新型职业农民的培训，从总体上看，课程设置重理论轻实践，实用技术实践类的课程偏少，针对分产业的培训设置严重缺乏。理论培训多，实务操作少，课堂讲授多，田间实践少，间接经验多，直接经验少，导致课程内容与实践需求脱节。很多情况下，是请大学、农业院所的专家教授来授课，偏重于理论教学，往往是注重原理的讲解，农民亲自动手操作的机会少，缺乏手把手的指导和现场演练。农民参加培训很大程度上是为了获得一张证书，从而获得各种农业补贴和优惠政策的门槛，或者完成上级组织和领导安排的培训工作，实质意义的技能培训、观念改进和能力提升反而沦为次要位置，出现"名实分离"，降低了培训的效果。

（4）缺乏由市场机制调节的社会组织举办的培训。市场机制是最有效的资源配置手段，由市场机制发育起来的培训，前提是要能够有效满足新型职业农民的真实需求，不断提高培训质量，否则农民就会用脚投票，培训机构就无法生存和维持下去。政府部门用财政拨款组织的培训，就有可能会脱离新型职业农民的实际需求，演变成"为培训而培训"。社会组织举办的培训，可以节省成本，提高效率，采用更为灵活的教学方式。很多农村地区社会组织的发展非常缓慢和滞后，无力承担新型职业农民的培训工作，很多培训都是由政府部门具体组织实施，或者政府部门出资，采用购买服务的方式，由第三方组织实施。缺乏市场机制的调节，培训内容容易脱离新型职业农民的实际需求，导致培训效果不佳。

3. 国外培训的启发

国外职业农民发育得较为成熟，针对职业农民的培训也开展得较好，可以给我国提供一些借鉴和启发。

（1）注重经营管理等综合素质能力的提高。法国著名社会学家孟德拉斯在《农民的终结》中提出：法国有才干的农业劳动者在改变耕作系统的同时也注重管理，走了一条与传统道路不同的"进步的道路"，参加农业组织，关心耕作系统的改进，同时根据市场的需要进一步推进某项生产或引进某项生产……这部分农民精英不再仅仅是根据自己的生产资料，而是根据自己的产品销路来管理企业①。韩国在20世纪70年代开始进行"新村运动"，韩国政府号召农民发扬"勤勉、自助、合作"的精神，用勤劳的双手建设自己的家园。同时，注重培养农村青少年的道德修养，大力宣传农业的重要性。向农民传授农业科技知识，宣传正直诚实的价值观，培养农民勤勉节约的生活方式②。可以看出，法国和韩国的职业农民培训，不仅仅重视农业生产的技术操作，也重视经营管理能力的提升，还注重思想道德、价值观念、觉悟意识的培育，是一个由单一专业技能学习向经营管理理念提升的综合能力培养过程。中国互联网发展迅速，已经进入千家万户，世界正在变成"地球村"，在城市已经实现"无现金社会"，新型职业农民要适应互联网的发展趋势，引导和帮助新型职业农民成为拥有互联网思维、掌握信息化技术的市场主体。新型职业农民不仅要懂技术操作，还要懂经营管理，有强烈的市场意识，而且要有正确的世界观、人生观和价值观，遵守农业生产和加工的职业道德与社会公德。

（2）建立常设机构，提高农民组织化程度。韩国政府以各类农民组织为载体，成立常设机构，在各地农村兴建"村民会馆"，作为农民教育的主阵地，使农民教育制度化和常规化。农民教育不以单个农民为单位，而是成立各种农民组织，各项培训内容均在农民组织内完成。原子化的个体有利于统治，但不利于管理，韩国职业农民的培训注重发挥农民组织的作用，稳固的组织载体便于农民在一起交流互动，农民认可的自治组织，参加的积极性就会提高，彼此之间有更多的互动和交流话题，降低了管理的成本，不仅有利于农业生产经验和

---

① ［法］孟德拉斯：《农民的终结》，李培林译，社会科学文献出版社2005年版，第164页。

② 李秋红、田世野：《农业人才供给侧改革与新农村建设》，《理论与改革》2016年第4期。

技术的传播，而且有利于农民团结协作意识的启蒙和培养。为了更好地发挥农民组织的作用，专门成立"新村指导员研修院"，选拔和培训优秀农民，作为新村建设的领袖，并由他们作为内生力量，带动普通农民。政府无偿提供场地等基础设施，建立常设机构，加强规范化建设，注重培养农民领袖，采取多种形式进行诱导式学习，激发农村农民内生力量。

（3）采用灵活多样的教育方式。韩国"村民会馆"举办各种农业技术培训班和交流会、讨论会，"新村指导员研修院"的培训形式主要是案例分析、分组讨论。不仅有听课的形式，还有讨论、现场操作等方式，注重农民之间的互相交流和学习。"在整个农民培训过程中，农民并不是农民教育中完全被动的受教育者，而是注重农民的主体性，诱导农民自主学习，让农民在亲身实践中得到锻炼，做到寓教于练"[①]。注重操作、重视农民内部的互动和交流，最大程度地发挥好自组织的力量和优势。

4. 提升培训服务质量的措施

新型职业农民培训到目前为止，客观来说还做得很不充分，仍然有很多工作要做。需要针对新型职业农民培训的薄弱点，采取有针对性的措施，提高培训的质量，使有限的资源得到最大化利用。

（1）进行需求调查。各个县区在前期开展农民培训的基础上，结合各级农委和统计部门发布的数据，开展调查摸底工作，摸清本地区新型职业农民的数量和结构，包括年龄层次、文化水平、种养的类别和规模，是否已经参加过培训等基本状况，通过详细的调查，了解新型职业农民对培训服务的真实需求，这是做好新型职业农民培训的基础性工作，也是增强新型职业农民培训针对性和实效性的基础。在调查研究的基础上，建立本地区新型职业农民基本数据库，梳理出全年新型职业农民培训的重点，制订详细的培训计划，分产业、分层次进

---

① 李秋红、田世野：《农业人才供给侧改革与新农村建设》，《理论与改革》2016年第4期。

第四章　健全完善的服务体系：新型职业农民培育的保障 | 151

行培训，为高质量做好培训工作奠定坚实的基础。高质量的培训都是建立在对真实需求的调查基础之上，是"自下而上"的，是从需求角度出发，做到"因需而培、培而有为"。对培训资源进行科学的整合与规划，增加有效供给，把有限的培训资源用好用实，避免无效供给，在农民需求和培训供给上实现供需均衡。

（2）建立和完善农业教育体系。重视农村人力资本投资，积极办好农业中、高等教育，大力发展职业技能教育，加强新型职业农民技术培训工作，逐步建立起符合我国国情的农业教育体系。新型职业农民的培育具有公益性和基础性特征，政府责无旁贷，需要增加投入，设立新型职业农民培训专项经费，并纳入本级财政预算，各级政府要高度重视新型职业农民培训工作，把其纳入责任考核体系，建立起新型职业农民培训的运行机制、质量评估和监督机制，引导新型职业农民培训进入规范化和法制化轨道，充分调动高等院校、涉农科研院所和社会机构的积极性，建立完整的培训教育体系，开展以素质和技能提升为重点的全方位职业教育培训。"不断拓展培训内容，从传统的种植养殖技术扩展到涵盖产前产后的相关领域，如农产品销售及服务，食品加工，农场管理等，要从技术培训拓展到就业技能和创业经营培训等等。"[1] 提供技术类、经营管理类、信息化应用类、政策法规类、特色产业类、结合当地实际的各项专题培训等服务，建立规章制度，包括员工学习制度、讲解员岗位职责、日常教学组织制度等。教育的首要原则便是"教学的教育性原则"，即在传授文化知识、技能的同时，进行思想道德的教育和熏陶。"教育的首要任务是传授价值观念，传授如何对待生活。毫无疑问，传授技术知识也是重要的，然而它总是第二位的"[2]。不断扩展培训范围，从传统种养技术培训向提升农民综合素质转变，提高农民的思想道德素质、价值观念、科

---

[1] 魏学文、刘文烈：《新型职业农民：内涵、特征与培育机制》，《农业经济》2013年第7期。

[2] [英] 舒马赫：《小的是美好的》，虞鸿钧、郑关林译，商务印书馆1985年版，第50页。

学知识水平及参与乡村振兴建设的能力。在教学团队的组织上,可以成立由农业大学、农科院、相关高校专业的专家教授,一线技术能手和管理人员,农业产业化创业成功人士共同组成教学团队,建立健全新型职业农民培训优质师资库,建立起培训中心、实训基地等配套设施。"高等院校和涉农科研院所负责提供培训所需的智力支持;社会机构主要构建培训运营平台,平台构建重点应依托互联网和移动终端,让获取培训资源的渠道更便捷、成本更低"[1]。做到分工合作,形成有效合力,在农业教育体系上,做到有人、有钱、有机构,真正把新型职业农民的培训落到实处。

(3) 增强培训的针对性。现有的农民培训中,有些是"形式大于内容",提供的培训内容不实用,操作性不强,农民获益不大,不能真正满足农民的需求,没有做到精准培训。高质量的培训首先是要明确培育对象,要弄清楚"培训谁",然后再根据培训对象的特征和需求提供有针对性的培训服务,需要将培训内容与农民的基本特征和当地的农业发展现状有机结合起来,分区域、分层次、分对象地对新型职业农民进行高质量培训,在课程设置、教学方法、时间安排等方面,尊重新型职业农民的意愿和想法,更好地满足其需求。对新型职业农民进行分类,至少可以按照以下两大类来分。第一,按照从事具体工作的侧重点来分。可以分为生产型、服务型、经营型职业农民。生产型属于"蓝领"职业农民,俗称各类种养能手。"可以依托农民合作组织、各类农民协会、农业企业来培育,重点培训与主导产业相关的农业科技知识、农业标准化生产、农产品储存与流通、经营管理等知识和技能,培训需要结合当地农业产业化的发展实际,让农民学有所用"[2]。服务型是指为农业生产流通提供各类社会化服务的职业农民,包括农民经纪人、农机手、植保员、防疫员、沼气工、贩销大

---

[1] 周镕基、皮修平:《供给侧视角下农业"悖论"的成因及其对策》,《湖南师范大学社会科学学报》2017年第1期。

[2] 米松华、黄祖辉、朱奇彪:《新型职业农民:现状特征、成长路径与政策需求》,《农村经济》2014年第8期。

户等各类技能服务人才。重点培训其农业科技知识、职业技能水平、经营管理能力，在农业生产和流通中推广高科技，提供优质服务，减少生产和流通环节的成本，提升农业效益。经营型类似于农业职业经理人，主要集中于流通、管理等环节，培养具有较强市场意识、管理能力、创新理念和经营水平的现代农业职业经理人，把农产品产供销更紧密地联系起来，延长农业产业链，最终带动粮食规模生产、土地规模经营，推进现代农业跨越式发展。高效的农民培训需要精确瞄准农业生产和农民科技文化的需求，以农业实用技术为重点，广泛开展大众化普及性培训。根据不同类型职业农民从业特点及能力素质要求，科学制订教育培训计划，分产业、按工种、按岗位设置培训内容，因材施教，分类培训，系统推进，不能代之以一般的普及性培训，也不是简单的"一事一训"，而是要精准培训。第二，按照区域来分。中国农村区域辽阔，地形、气候差异大，可以从整体上分为平原地区、丘陵地区和山区林区。平原地区往往是粮食主产区，土地比较容易集中，有利于农民组织化、机械化生产，更有条件实行大规模的农业生产，因而可以重点培育与土地集中经营和机械化生产相关的新型职业农民，如种粮大户、家庭农场主、农业机械手、农民企业家及产业工人、农业合作组织管理人员等，机械化的操作是培训重点；在丘陵地区，可以重点培育与特色农业发展相关的新型职业农民，如农艺工、蔬菜园艺工、花卉园艺工和农作物植保员等，针对特色农业的技术和管理培训是重点；在山区林区，则可以着重对新型职业农民进行种植养殖相关技术、果树育苗育种、动物防疫和饲料科学配方技能等方面的培育，养殖业的技术要点、经营管理和市场运行是培训的重点[1]。针对新型职业农民从事的具体工作和当地的区域条件来组织培训，根据培训对象的特征来设置具体的培训目标，量身定做培训课程、教学方案和组织方式，提供专业化的农民培训服务。

---

[1] 童洁、李宏伟、屈锡华：《我国新型职业农民培育的方向与支持体系构建》，《财经问题研究》2015年第4期。

（4）采用灵活多样的培训方式。培训方式一定要结合当地的特点和实际，开展本土化的新型职业农民培训。各地可以结合当地的实际情况，给新型职业农民培训创造良好的宏观环境。可以充分利用广播、电视、互联网、报纸等媒体手段，将农业新品种、新技术、新信息送进千家万户，向农民及时传送中央制定的各项涉农法律法规、强农富民政策、优惠保障措施等，提升农民的法律、政策意识，更新种植、管理观念，做到与时俱进。在具体的培训方式上，应该灵活多样。一是"就地就近"。针对新型职业农民不愿意耽误庄稼、进城不方便的实际，可以采取送教下乡的方式，将新型职业农民进城来学变为送培训下乡去教，充分利用双休日、农闲等时间，大力推进送教下乡，采取进村办班、半农半读等多种形式，引导专业培训机构把课堂办到农民家门口、搬到田间地头，让新型职业农民在家门口就地就近接受正规化、系统化职业教育，通过提供便利条件来提高入学率，吸引他们参加模块化、系统化的在职继续教育；二是"理论与操作结合"。从涉农院校、科研机构聘请专家教授，从本地聘请乡土人才，共同组建既有理论知识又有实践经验的"双师型"师资队伍。在教学组织形式上，由专家教授、技术人员、创业成功人士组成教学团队，采取集中面授、个别辅导、网络教学、学习小组相结合的办法，运用"课堂教学＋基地教学＋现场教学"相结合的模式，创新教学方法，将关键农时、关键生产环节的关键技术集成化、简单化、形象化、生动化，以农民喜闻乐见、便于接受的方式送到田间地头，做到通俗易懂，增强教学的针对性和实效性。新型职业农民培训需要特别重视操作技能，注重实用性，可以综合运用现场培训、入户指导、田间咨询等多种方式，宣传普及先进农业知识和实用技术，让农民有手把手地接受培训指导的机会，提高农民整体素质，使广大新型职业农民的知识和能力在日积月累中不断提高。提供"跟进式"服务，利用QQ、微信等网络互动平台，为农民解决生产中遇到的实际问题，发挥好在线学习、农村电商、信息发布等功能；三是改进考核评价办法。考核评价既包括对新型职业农民的评价，也包括对培训效果的评价。对新型职业农民学习成绩的考核要侧重实践部分，使他们能够提高操作技能，掌握先进技术，更新生产和管理的理念，真正地实现学以致用。而不是简单地以学习了多少课时来衡量，更不是简单地发一个新型职业农民培训证书就算了事。在培训效果的评价上，更加由新型职业农民说了算，以新型职业农民是否满意作为最高评价标准。

第五章　纵横拓展的产业链：新型职业农民培育的关键

农业是弱质产业，遇到天灾人祸时，农作物就会减产，农民无利可图。更令人无奈的是，风调雨顺的时候，农作物大丰收，往往会因为产量上升带来价格下跌，甚至出现滞销的情况，增产不增收。农民在整体上处于低收入群体状态，导致这种无奈结果出现的一个重要原因就是农业的产业链太短。为了缓解初级农产品因产量上升导致价格下降带来的困境，农业产业链的延伸和拓展被提上了重要议程。让第一产业能够"接二连三"是农业供给侧结构性改革的重要内容，可以增加有效供给，有利于生产和需求的对接。培育新型职业农民，拓展农业增收空间，需要从横向和纵向上延伸农业产业链条，更好地融入农业产业化轨道。"农业产业化是指以市场为导向、以效益为中心，通过龙头企业带动科技进步，进而实现对农业和农村的区域化布局及专业化生产，最终形成农业、工业和贸易一体化、农产品供应和销售一条龙的新型农业生产和经营模式"[①]。农业产业化是农业现代化的重要内容，实现农业产业的转型升级会加快第一产业、第二产业和第三产业间的深度融合，促进产业链条的不断延伸，破解农业比较效益低和成本高的困境，为新型职业农民的培育和发展提供更为广阔的空间。

---

① 郑学党：《供给侧改革、互联网金融与农业产业化发展》，《河南社会科学》2016年第12期。

一 产业链拓展的学理基础与现实意义

产业链融合的目标是要突破农业内部分工的局限，在更大范围和更高层次的社会产业大循环中实现农业资源的优化配置和生产要素的重新组合，使产业间分工在农村地区实现内部化，把属于第一产业的农业和第二、第三产业更加紧密地联系起来。

（一）产业链拓展的学理研究

农村三产融合源于产业融合理论。"产业融合的思想最早起源于美国学者对于美国机械设备业演化的研究，将这种因制造不同产品而采用相同技术的现象称为技术融合。"[1] 20世纪90年代，日本学者提出了"第六产业"的概念，其基本含义是农业生产向第二、第三产业延伸，"通过农业中一、二、三产业的相互延伸与融合，形成集生产、加工、销售、服务一体化的完整产业链条。将第一、第二和第三产业相加（1+2+3）或相乘（1×2×3）正好都等于6"[2]。这两个数学算式，背后被赋予了深刻的意义，承载了新业态融合发展的美好愿景：就延长产业链而言，三次产业的融合是叠加，关注了一个产品的前伸与后延；就提升价值链而言，三次产业的融合是几何级的增长，随着链上每一个乘数的变大而价值倍增。中国学术界提出了"农业产业融合"的概念，界定了两方面内容："一是农业与其他产业在相关交集的地方产生了融合；二是同一农业产业内部的不同行业之间通过重组结为一体。"[3] 以农村第一、第二、第三产业融合发展构建现代农业产业体系，须树立大生产观、大区域观、大产业观。农村三

---

[1] Rosenberg N., "Technological Change in the Machine Tool Industry: 1840–1910", *The Journal of Economic History*, Vol. 23, 1963, pp. 414–446.

[2] 赵霞、韩一军、姜楠：《农村三产融合：内涵界定、现实意义及驱动因素分析》，《农业经济问题》2017年第4期。

[3] 何立胜、李世新：《产业融合与农业发展》，《晋阳学刊》2005年第1期。

产融合通过多种方式打破了原有第一、第二、第三产业之间明确的界限，是农业生产力水平发展到高级阶段的产物，也能够反过来进一步促进农业农村全方位的提升和发展。

（二）产业链拓展的现实意义

1. 是深化农业结构调整的重要动力

农产品种植和生产存在结构单一、同质化竞争严重的现象，导致部分农产品供过于求，价格低廉，农民增收缓慢，降低了生产的积极性，近几年以玉米和棉花最为突出。实际上，玉米和棉花经过初次加工和再加工后，应用的领域非常广泛，并不是真正的产品过剩，而是缺少加工处理环节，导致初级农产品挤压。在农业连年丰收的大背景下，农产品总量不足的困境已经缓解，2017年"中央一号"文件指出，我国农业的主要矛盾已由总量不足转变为供给侧的结构性矛盾，未来农业生产与市场的矛盾将成为我国农业发展的主要矛盾。通过深入推进三产融合，对初级农产品进行深加工，可以优化农产品内部结构，催生和拓展出生产、加工、流通、销售等新环节，并不断向农业深度和广度发展，把单一的农作物和分散的农民与广阔的市场更加紧密地联系起来，实现农业结构由"内部优化"向"内外联动"转变。把传统农业和现代工业有机结合起来，用工业化理念积极发展精深加工，拉长和延伸农业产业链条，打造供应链条，形成"一产接二连三"的互动型、融合型发展模式。

2. 是提升农业核心竞争力的必然选择

未实行三产融合或者开展得不好的地方，农业相对孤立地存在，与外界的联系不密切，农户以小规模的分散经营为主，采用传统的耕作方式，农民自己到市场上购买种子、农药、肥料、农用器械和销售农产品，是以原子化的个体进行，这种传统的小农生产经营方式，导致农业生产、经营和管理的成本都很高，这是中国传统农业生产领域中存在的深层次矛盾，传统农业农民与现代社会出现脱节。三产融合为解决这类深层次矛盾提供了一种思路和可能，农村三产融合的发展有助于解决农业生产经营方式分散问题，通过延伸产业链条实现农业附加值的增加，提高农产品综合利用程度，促进农业比较效益提升，能够有效增进农村产业的竞争力，拓展国内国际农产品市场。由产业链的生产和加工环节向前、向后不断延伸，在产业链拉长和延伸的过程中，充分发挥好专业合作社、家庭农场和农业龙头企业的各自优势，为农民减少成本和增加收入创造条件和提供机会，通过各种利益联结机制与分散的农户联合，把小农户和大市场更加紧密地对接起来，促进农业核心竞争力的提升。

3. 有利于引导各类资源要素进入农业农村

农业产业链向前延伸侧重于降低成本，向后延伸侧重于提高附加值和比较效益。一个完整的产业链条，一种不同环节利益共享的利益联结机制，是新型职业农民培养的重要条件，能给传统农业的发展开辟广阔的空间。发达国家大部分农业劳动力集中于农产品的加工销售上，呈"凹"字形分布，附加值高，农民收入高；我国农民主要还在生产环节，"凸"字形分布结构明显，附加值低，直接制约农民从价值链中分享收益[1]。加快三产融合，延伸农业产业链条，涉及资本、技术和管理，单纯依靠农民和农村，无法完成这个艰巨任务，需要借助外力，尤其是城市社会的各类优质资源，融入农业生产当中。为此，需要鼓励工商企业和社会资本下乡，打破城乡间要素流动的壁垒，激发城市资源流向农村，开发农户无力开发的闲置资源，从事农产品的加工和营销，为农业产前、产中、产后各个环节提供服务，使农业经营主体由生产环节向产前、产后环节延伸，让农民有机会更多地分享到农业产业链延伸带来的价值增值，拓宽农民增收渠道，保障农民增收，可以改变传统农村贫穷落后的面貌，缩小城乡收入差距，创造新型城乡关系。在三产融合推进的过程中，能够引导各类优质资源进入农业农村，有利于打破城乡间要素流动的壁垒，是城乡一体化

---

[1] 王春娅：《我国农产品价值链风险管理浅析》，《物流科技》2010 年第 9 期。

发展的重要体现。

4. 有助于解决农业生产环境污染问题

三产融合是技术含量高的集约化生产经营方式，变传统农业的分散经营为集中、规模化经营，为节水、节肥等技术推广及标准化农田作业奠定基础，能够降低农药、化肥的使用量，减少环境污染。传统农业耕作是粗放式经营，农业用水量大，浪费严重，效率低下，三产融合下的集约型农业生产经营方式，能够改变耕地、地下水资源掠夺式生产，提高土地、水资源的利用率，有利于农业的可持续发展。三产融合的重要维度是各要素在农业内部循环，把原来一个个独立分割的要素有机联系起来，形成一个有机循环整体，可以变废为宝，实现资源循环再利用，大幅度减少农业生产过程中的废物和污染。农村三产融合的发展，可以将农业从单一的生产功能向休闲观光、农事体验、生态保护、文化传承等多功能拓展，减轻和分散土地的生产压力，避免超负荷地过度使用，让土地更好地休养生息，增强可持续的生产和发展能力，更好地发挥土地的非生产功能，起到保护土地和环境的效果，为实现"既要绿水青山，又要金山银山"提供了一种可能和参考。

二 产业链拓展的方式

三产融合可以形成纵向和横向两个维度。纵向融合是以农业的多功能性为基础，延伸产业链，接二连三，提高农业附加值，提升农业效率。横向融合是在农业内部各个子产业之间进行融合，变废为宝，循环利用，降低成本，增加产量。

（一）纵向延伸

纵向延伸是指在第一、第二、第三产业之间的延伸，就是通常意义上的"接二连三"，把第一产业的农业和第二产业的工业及第三产业的服务业更加紧密地结合起来。

1. 农业龙头企业

第二产业是加工制造业，农业与二产的联合主要体现在对初级农产品进行精深加工的环节上，可以更好地应对农产品市场风险、提升农产品附加值、消化过剩库存，农业龙头企业是最主要的参与方。农业龙头企业是指以农产品生产、加工和流通为对象的企业，包括种植业、养殖业、加工业、农业生产资料与农产品流通服务业企业，这是农业与二产融合的关键。传统农民主要集中于种植养殖等生产环节，没有与产前和产后形成一个连续的链条，成为一个孤立的生产环节，没有形成一个有机整体，农产品在顺利地转化为收入和货币的环节上出现了断裂，这实际上是传统农民收入低下的最重要原因。农民与市场没有紧密联系起来，农民没有以市场为导向进行生产，市场没有把农民有效地带动起来，两者间出现了脱节。为了解决小农户与大市场相脱节的矛盾，发达地区率先进行了摸索。20世纪80年代中后期，江苏城市郊区特别是苏南地区采取了"农工商一体化""产加销一条龙"的经营方式，农业产业化开始起步，龙头企业雏形显现[1]。围绕农产品加工流通强省发展战略，江苏省深入实施龙头企业示范创建活动和龙头企业运行质量提升行动，通过农业龙头企业带动农业增产、农民增收、农村致富，有效延长产业链条，推动了江苏省整体经济社会的发展。在总结地方实践的基础上，中央政府从全国农业发展的实际情况出发，越来越意识到农业产业化和农业龙头企业的重要性。2001年，中央提出了"扶持农业产业化就是扶持农业，扶持龙头企业就是扶持农民"的观点，鼓励走农业产业化道路，走三产融合的道路，大力发展龙头企业。"农业龙头企业一边连着大市场，一边连着万千农户，具有引导生产、开拓市场、加工增值、提供社会化服务的综合功能，带动农户能力强，有利于带动农民增收致富"[2]。通过农业龙头企业，把原子化的农民和孤立的种植养殖生产环节与外面广阔

---

[1] 黄晓平：《财政支持新型农业经营主体发展研究》，《唯实》2015年第1期。
[2] 胡泊：《培育新型农业经营主体的现实困扰与对策措施》，《中州学刊》2015年第3期。

的市场有机联系起来，农产品价值链通过垂直协作实现生产、加工与销售环节的有机整合，促进经济社会的整体发展。

在农产品连年大丰收的情况下，针对当前粮食库存较多，玉米、棉花库存量大的问题，需要加强农产品的精深加工能力。从产能上看，初级加工产能严重过剩，精深加工能力显著不足，难以满足消费者对不同档次粮油产品的需求，农产品的精深加工欠缺是三产融合的"短板"。中国是农业大国，但不是农业强国，农业与第二产业的深度融合不够，没有显示出市场竞争优势和出口创汇优势，农业仍然属于弱质产业。去库存主要是针对稻谷、玉米、棉花等库存总量较大的初级农产品，需要采取有力措施，扩大农产品加工企业的生产，支持发展多种方式的农产品转化加工，加快消化过大的农产品库存，减少粮食陈化损失，提高初级农产品的附加值，促进库存粮食的加工转化。不仅稻谷、玉米等需要进行精深加工，以减少浪费和提升附加值含量，而且很多水果类的农产品，如梨子、橘子、桃子、枣子、草莓等，都需要大力发展加工产业，减少这些水果的腐烂和消耗。这些年笔者经常在电视台、报纸、手机微信群里看到类似于这样的新闻：哪个地方的桃子、枣子、橘子等卖不出，只能烂在地里，或者喂给猪吃，农民虽然实现了增产，但无法实现增收，甚至出现产量越大亏损越多的奇怪现象，极大地挫伤了农民的积极性，限制了新型职业农民的发展空间。之所以出现增产不增收的现象，最重要的原因就是这些初级农产品不能及时销售出去，又缺乏农业加工企业，无法进行精深加工，超过一定的时间就会腐烂变质，导致产量无法转化为收入。为了解决农产品及时销售的问题，需要大力扶持龙头企业在农村建厂，将加工地点放在原料产地，就近便利地对初级农产品进行精深加工，减少浪费，提高农民收入。近年来，在政策引导下，我国粮食生产核心区内的农产品加工企业，立足当地资源优势，逐渐形成了以特色农产品加工和粮油产品为主的产品体系，培育了一大批知名品牌和产业集群，农产品加工转化能力进一步增强。如河南小麦面粉、速冻食品及山东蔬菜等产业集群在国内同行业内具有引领作用。"截至2016年

第五章　纵横拓展的产业链：新型职业农民培育的关键 | 163

年底，全国农产品加工从业人员已达1566万人，加工园区达到1600个，规模以上加工企业主营业务收入突破20万亿元"[1]。在农业链条延伸带来的就业岗位和业务收入中，需要有更高比例的新型职业农民参与，给新型职业农民的发展提供更为广阔的空间和舞台。

笔者在宿州市调研中，也接触到不少三产融合的例子，下面简要分析两个案例。

宿州市某豆制品有限公司融合案例。该公司成立于2009年，是一家集大豆种植、加工、产品研发、销售为一体的市级农业产业化龙头企业。按照科学发展的要求，公司坚持农业产业化、规模化、集约化的发展方向，建立"龙头企业+农户+专业合作社+基地+农场主+深加工企业+农产品冷链物流配送中心+养殖基地+果树林业基地+农家乐旅游"的生产经营模式，把一、二、三产业有机结合在一起。"豆腐美不美，三分大豆七分水"，皖豆香利用皖北地区得天独厚的高蛋白大豆资源和富含矿物质的深井水，加工的豆腐口感细腻、润滑，深受消费者的喜爱。为了保证大豆的质量，公司改变了从一家一户分散收购大豆的做法，建立了中国高蛋白大豆种植基地，从源头上保证优质大豆供应。公司通过土地流转、土地托管等方式，建设3个万亩大豆基地，2013年成立皖大大豆产业联合体，吸收15家合作社、6家家庭农场和10多家种植养殖大户，由公司制定统一的生产标准，合作社、家庭农场和种植大户按照公司的要求和标准负责生产，由公司统一回收大豆，保证了优质原材料的供应，提高了资源利用率，增强了利益联结，增加了公司和农户的收入，在联合体内实现资源共享、抱团发展。公司不断完善农副产品冷链物流配送中心建设，加大投入豆制品深加工建设，打造大豆产业航母，生产豆腐、豆干、全豆豆浆等60多种产品，是皖北地区最大的豆制品加工企业。为了有效地利用豆渣、黄浆水等黄豆加工的残料，公司建立生猪、黄牛、湖羊养殖基地，用加工大豆后的残渣喂养，同时，建设两个生态

---

[1] 高云才：《农产品加工业将更有活力》，《人民日报》2017年1月2日。

旅游林业基地，加强农技体系建设，引进新品种，良种覆盖率100%，机械化水平90%以上。为了让豆制品更快地到达消费者手中，公司强化销售网点建设，创新销售方式，做好农超对接，建立电子商务营销体系，完善新农村现代网络建设。通过规模经营、科学种田，运用先进的农技服务来降低风险，使农民人均收入提高50%以上，最大限度实现公司生态效益、社会效益、经济效益的最大化。为了在各个环节做到有机衔接，紧密配合，公司加强科技培训，不断提升新型职业农民的团队意识、管理经验和操作技能，累计培训合作社成员1000多人次，联合体内新型职业农民的素质得到大幅度提升。该公司在三产融合上有以下两个亮点：一是对初级农产品进行了精深加工。把大豆加工成豆腐、豆干、全豆豆浆等60多种产品，提升了大豆的附加价值，比单纯卖大豆获得了更高的利润，通过延伸产业链，把第一产业和第二产业进行了有机融合，创造了更多的就业机会和税收；二是建立了一整套循环产业链，产业化流程的链条呈现为："大豆基地—大豆—豆制品加工—豆渣、黄浆水—养殖—粪便加工—有机肥—大豆基地"，围绕豆制品生产和加工，建立了一个完整的产业链条，公司立足于"高效、循环生态农业"的发展理念，实行种植、加工和养殖相结合，把大豆吃干榨净，充分地利用好每一个环节，把生产豆制品的剩余物豆渣、黄浆水用来养殖猪牛羊，再把猪牛羊的粪便加工成有机肥，用有机肥来提升大豆的产量和品质，做到有机循环，实现效益最大化。

光大灵璧一体化项目案例。笔者2016年在灵璧县调研秸秆气化炭化发电项目时了解到，光大灵璧项目由中国光大国际有限公司出资建设，占地301亩，总投资7.4亿元人民币，是国内第一座生物质直燃发电与垃圾焚烧发电融为一体建设的一体化示范项目，是针对目前国内县级城市、乡镇农村实际国情推出的创新模式。生物质直燃发电是以秸秆、树皮等农村废弃物为燃料的综合利用项目，可以变废为宝，很大程度上改变了当地农民焚烧秸秆的现状，减少雾霾的形成。每年的收割季节，秸秆焚烧都是基层政府的重要工作，耗费了大量的

第五章 纵横拓展的产业链：新型职业农民培育的关键 | 165

人力物力，农民焚烧秸秆形成的烟雾，造成环境污染，危害人体健康，给环保工作带来很大的压力。秸秆焚烧产生的烟雾导致能见度下降，给交通运输带来安全隐患。焚烧时产生的明火，可能会引发山火，带来难以预测的损失，焚烧时的高温会破坏土壤的自然结构，降低土壤的肥力和农作物的产量。从调查的现实情况来看，农作物的秸秆处理在很大程度上成为农村的负担，给基层政府的领导和工作人员带来了管理上的压力，也给农民造成了损失。光大灵璧一体化项目建成后预计年消耗秸秆及各类农林废弃物约 30 万吨，年发电量 2.2 亿度，可增加当地农民收入 8000 多万元。垃圾发电可彻底解决生活垃圾填埋及渗漏液污染土壤及地下水问题，可节约因填埋垃圾占用的大量土地。建设一座技术先进、环保达标的现代化生物质电厂和垃圾焚烧无害化处理发电厂，符合国家产业政策和当地政府发展的需要，不仅可以解决县城内的生活垃圾，还可以为农村生活垃圾处理找寻一条出路，实现了经济和社会效益的最大化，承担了废物再利用的社会责任。

农业与第二产业的融合中，最常用的模式是"公司+农户"，这种模式最大的特点是既借鉴了联产承包责任制的成功经验，发挥了家庭成员的积极性，降低了农业生产的监督和管理成本，又吸取了现代公司管理理念，做到了标准化的生产和操作，保证了产品的质量。在产业联合体内部，对内是"张开双手"，各成员（农户）在公司技术人员的统一指导下在自己的承包地上进行农业生产种植，按照统一标准操作，农产品直接销售给公司，多劳多得，利益相对独立；对外是"拢指成拳"，统一采购各成员（农户）所需的农药、化肥、种子等农用物资，批量采购降低了生产成本，减少了购买假冒伪劣农资产品的可能性，更好地保障了农户的利益；同时公司对各个成员生产的产品进行统一包装，形成了品牌。"公司+农户"的产业联合体一头连接着千变万化的市场，一头连接着千家万户的农户，既充分发挥好公司在技术和管理上的优势，又充分调动农户在农业生产上的积极性。

2. 农业相关服务业

第三产业是"农业相关服务业",农业与第三产业的联合,可以拓展延伸农产品功能和提升附加值,如农业观光、科普教育、品牌展示、文化传承等,这是农业与第三产业融合的重点。在发展农业相关服务业方面,发达省份进行了诸多的探索。江苏省依托丰富农业旅游资源、深厚的农耕文化、多样的业态类型和活跃的农业经济,进行业态融合。开发创意服务项目、休闲体验项目和创意农业精品,推动农业、旅游、文化等业态融合,并逐步成为新业态。山东省主要做法是挖掘农业多种功能模式。山东平度市积极挖掘历史悠久的农耕文明和饮食文化资源,叫响"食在平度"旅游品牌。围绕蔬菜果品等特色优势产业,重点推进农业和旅游业融合,着力拓展农业功能空间,释放农业的巨大潜能,提高农业的综合效能,实现农业发展方式的根本转变。浙江省从省情出发,建设现代农业园区、农业特色小镇、农民创业园、农业休闲观光园,打造田园综合体,助力三产融合。在三产融合中实现农村振兴、农业提升、农民富裕。

农村三产融合的关键是要充分挖掘农业的非传统功能,在传统观念中,对农业的认识往往局限在农业的产业功能上,是为了满足吃饭穿衣的需求,更多的是重视农业的经济功能,农业的社会、文化支撑功能和其他功能却一直处在被忽视的状态,导致农业本身所具有的价值没有得到充分的展现和发挥,农业价值被贬低,农民增收空间狭小。实际上,农业不仅具有经济功能,还同时具有社会、生态、文化等多种功能。"农业供给侧结构性改革的战略选择之一便是发展具有经济、生态、能源、社会、文化和旅游休闲等多种功能于一体的多功能农业"[1]。经济发展和民众消费水平的提高,为三产融合提供了广阔的发展空间,可以与时俱进地进行创新,充分挖掘农业产业中的非传统功能,开辟出新的农业产业经济增长极,真正把"绿水青山"变成"金山银山"。三产融合对新型职业农民的综合素质提出了更高

---

[1] 周镕基:《现代多功能农业的价值学研究》,《经济问题探索》2011年第12期。

的要求，必须适应民众新的消费需求，确立新的发展理念。依托农村优良的自然环境，大力发展旅游观光、休闲度假、养生养老等相关产业，农民不仅可以出售农产品，也可以卖风景、卖观赏、卖绿色、卖生态、卖文化、卖乡土人情、卖乡村游，等等，使之成为农民致富的新门路。休闲农业就是其中代表性的融合方式。

休闲农业源于英文的 agritourism，是一个内容广泛的术语，尚没有得到一致公认的概念界定，在各类文献中提到的相关说法还有观光农业、体验农业、旅游农业、精致农业等，本文将以上诸种提法统称为"休闲农业"。"休闲农业是以农业为基础，以休闲为目的，以服务为手段，以城市游客为目标，农业和旅游业相结合，第一产业和第三产业相融合的新型产业"[1]。习近平总书记视察安徽时指出，休闲农业要成为农民增收的新亮点、城乡居民旅游度假的新去处、传承农耕文明的新载体。休闲农业作为一种农业和旅游业相互融合的新型产业在我国得到了迅猛的发展，是实现农业多功能性的重要方式和现代农业的重要组成部分，是农业供给侧结构性改革的重要切入点，对于推动产业融合、增加农民就业、改善乡村环境、弘扬文明乡风、促进城乡共同一体化发展具有重要作用。

安徽省各地主动适应新常态下现代农业发展形势，在坚守耕地"红线"、确保国家粮食安全的前提下，把发展休闲农业和乡村旅游作为拓展农业多功能性的有力抓手，按照"农旅结合、一三互动、接二连三"的发展思路，强化政策扶持，优化发展环境，推进农区变景区、田园变公园、劳动变运动、农品变商品、农房变客房，拉长了产业链条，拓展了农业功能，促进了农民增收，休闲农业和乡村旅游已成为现代农业的新型产业形态、现代旅游的新型消费形态。安徽省休闲农业和乡村旅游的蓬勃发展，在推动安徽省农业调结构、转方式、促升级，带动农民就业增收，助力"大众创业、万众创新"中发挥了重要的"助推器"作用。合肥市作为安徽省的省会城市，

---

[1] 陈良兵：《休闲农业的多维思考》，《思想战线》2017 年第 3 期。

把休闲农业和乡村旅游作为现代农业调结构转方式促升级的重要内容，坚持"农旅结合、以农促旅、以旅强农"的发展理念。如今，到庐阳三十岗看桃花、摘西瓜，到大圩葡萄园里摘葡萄、品美酒，到长丰草莓基地里摘草莓，到杜集鸟岛看白鹭齐飞，到牛角大圩去摘蓝莓、观四季花海，到巢湖看郁金香高地、游三瓜公社……这样的乡村体验生活，已经成为合肥市民必不可少的休闲方式。努力让城市居民望得见山、看得见水、记得住乡愁、体验到农事。休闲农业已从过去简单的"吃农家饭、住农家院、摘农家果"向回归自然、认识农业、怡情生活等方向转变，从最初的景区周边和城市郊区向更多功能适宜发展区域转变，从一家一户一园的分散状态向园区集群集聚发展转变，从以农户单个经营为主向社会资本共同投资经营发展转变[①]。传统的农家乐模式不断得到丰富和更新，逐渐拓展为田园农业模式、农事节庆模式、民俗风景模式、村落古镇游模式、休闲度假模式、科普教育模式、回归自然模式，等等。下面列举两个农业横向拓展的实例，作为参考。

砀山县围绕"梨子"，打造"梨花节"，带动砀山旅游业发展，推动砀山经济社会建设，取得了理想的效果。2018年砀山梨花节于3月26日至4月16日在砀山县近百万亩果园里举行，本届梨花节旨在以花为媒、推动招商、促进发展、惠及群众，让农民得到真正的实惠，实现农村乐、农民乐、农家乐。本届梨花节期间举办了一系列丰富多彩的活动，包括2018砀山梨花节开幕式、俄罗斯油画作品展中国巡展（砀山站）、"春从砀山来，百万梨花开""融媒体砀山行"第二季、"世界梨都，大美砀山"全国摄影大展、国际马拉松赛、国际马术耐力赛、纪念齐白石155周年诞辰书画展暨白石后人艺术馆开馆仪式、2018年扶贫捐赠仪式、"心贴心"医路行北京医疗专家走进砀山健康扶贫义诊活动等。通过梨花节期间的一系列活动，广大游客能

---

① 刘军：《创意休闲农业发展模式及对湖南的经验借鉴》，《湖南农业科学》2012年第12期。

够感受到砀山万顷梨花的风姿绰约、黄河故道的厚重绝唱、热情包容的本土文化、淳朴好客的民俗民风。砀山县以"梨"为中心，做足文章，打响"年份梨"，推动生态品牌建设，宣传"采摘节"，做好极致购物体验。拥有"世界梨都"美称的砀山县，百万亩连片果园堪称世界之最，被列为"世界吉尼斯纪录"，涌现出梨树王百年老梨园景区、鳌头观海景区、乌龙披雪景区等著名旅游景点。为了方便梨花节期间游客餐饮、住宿，砀山县相关职能部门及时公布景区及星级酒店、农家乐名单，供游客参考消费。根据不同的顾客需求，精心设计出梨花观赏路线：1条梨花观赏一日游线路；2条徒步游线路；2条自行车游线路；5条自驾游线路，游客根据自己的需要，选择合适的旅游路线。截至2018年，砀山县已成功举办10届梨花节，取得了良好的经济效益和社会效益，形成了一张亮丽的宣传名片："梨园那么大，一起来看看。世界梨都，马术名城，大美砀山欢迎您！"通过一年一度的梨花节和采梨节，一年两季的国际马术和梨园马拉松赛，探索形成了"生态旅游＋休闲运动"相结合的发展模式，不仅促进了当地农村经济发展，帮助农民增收致富，而且提升了砀山县作为"梨都"的知名度，获得了一系列重量级荣誉：2015年，砀山梨花节获评中国特色生态旅游节庆奖，砀山荣获中国最美生态宜居旅游名县称号，成为中国优秀生态文化旅游目的地。2016年，砀山县梨园入选安徽十大乡村旅游线路中的乡村采摘之旅，砀山县被国家旅游局评为国家全域旅游示范区。2017年，砀山梨花节被省旅游发展委评为全省旅游创意营销一等奖，被省农委评为休闲农业和乡村旅游"十佳特色农业节庆活动"，休闲旅游产业发展驶入快车道，极大地延伸了梨子的产业链，拓展了新型职业农民的发展空间。

巢湖三瓜公社结合当地乡土文化特色，发展休闲农业和创意农业，取得理想效果。三瓜公社位于巢湖经济开发区半汤街道，以"把农村建设得更像农村"作为建设理念，以"互联网＋三农"为实施路径，积极探索三产融合，重点打造了南瓜电商村、冬瓜民俗村、西瓜美食村。三瓜公社发展"三旅"作为产业支撑，分别是文旅、农旅和商旅。文旅是从当地传统农耕文化出发，三瓜公社所在的半汤街道，有六千年的民俗文化史，是巢氏的发源地，拥有中国四大古温泉之一的半汤温泉，江淮流域的农耕文明以及男耕女织都是从半汤发源的。通过对农耕文明悠久历史的挖掘，大力开发文旅，视文旅为灵魂，这是取之不尽、用之不竭的文化资源。三瓜公社定期举办唱庐剧和黄梅戏、舞龙狮、耍花灯等民俗活动，也有滚铁环、陀螺、荡秋千、放风筝、弹弹珠等儿时活动。让游客感受乡土文化，体验乡土情怀。农旅是三瓜公社的主营业务。三瓜公社内种植了向日葵、五彩水稻、西瓜、红薯、花生等农作物，有泥鳅田、荷藕田、稻花鱼、马蹄田等，在假期期间很多城里的家长带着孩子来到这里，体验种植水稻、捉泥鳅、收割油菜、种西瓜采摘西瓜、挖芋头花生、钓鱼等休闲农业活动。冬瓜民俗村内建成豆腐坊、竹篾坊、烧酒坊等各种手工作坊，提供游客现场体验制作。通过对农旅的深度开发，三瓜公社成功地打造成为安徽旅游的一个观光点和集散中心。传统农民的身份发生了转变，收入也得到了大幅度提高。以前农户种植的农产品附加值都很低，但是通过一系列的农旅改造，对产业结构进行调整升级，大大增加了农产品的附加值。例如，以前当地的西瓜，只能卖到一块钱一斤，甚至几毛钱一斤，还要想办法拉到城市里面才能卖掉。但是，通过举办三瓜公社西瓜节，吸引了大批游客，西瓜卖到三块钱一斤，而且是在家门口就地卖，农民增加了收入，减少了成本。再比如油菜，过去农民就是单一地卖油菜籽，利润很低，三瓜公社成功打造出油菜花节，现在不仅卖油菜籽，还有农民在花田里面卖起了油菜花蜜、菜籽油、菜籽饼等，大幅度提高了油菜花油菜籽的附加值。商旅主要是指在三瓜公社打造各类论坛会议。三瓜公社举办了多场大型的电商论坛和峰会，包括农村电商峰会、农旅峰会和美丽乡村建设大会等。通过举办论坛会议，提升了三瓜公社的知名度，吸引了大量参会人员和游客的到来，和旅游产业的融合越来越深入。借助于三瓜公社的品牌，打造了很多特色产品，代表性的是茶、泉、农特系列和文化系列四大系列产品，这些产品全部是依据本地文化开发的，体现了当地的乡土特色。比如说茶，三瓜公社深度开发了半汤红茶、半汤绿茶和半汤烤茶，其中烤茶最有特色，三瓜公社根据古籍记载，深度还原了这种具有两千多年历史的烤茶工艺，体现了深厚的农业文化元素。大批游客的到来，必然带动吃住行等一系列消费，为此，三瓜公社通过改造，建立了60家体验式农家乐，建成村口土菜馆、山泉鱼庄、村里村外私房菜、吃瓜群众餐厅4家餐厅，各式美食供游客多样选择。根据西瓜村80余户老屋及屋主的不同情况，在原有风貌的"基础"上进行"一户一特"的重新定位与设计，打造出不同风格的80户风情民宿，建成10处风格别致的心动酒店。游客到三瓜公社赏民俗、尝特产、体味民俗的质朴情感和乡土民情，通过农业和旅游业的深度融合，带动了整个村子村民的创业激情，创造出更多的就业机会，提升农产品的附加值，带动村民共同致富，培育了新型职业农民。

虽然休闲农业的发展，已经受到了高度重视并付诸实践，但从总体上来看，休闲观光农业发展水平仍然较为低下，休闲农业总量、农业园区规模、开发的形式等尚不能满足游客的需求，相关管理、服务质量还有待进一步提升。比如，很多都能提供购物、瓜果采摘等服务，但是购物以初级农产品为主，缺乏深度加工农产品，瓜果采摘的季节性较明显；餐饮是休闲农业的最重要组成部分，基本上提供的就是农家饭，菜品不够精致，也不能很好地体现地方特色；大多数休闲农业经营者提供的产品与服务的同质性较强，大同小异，千篇一律，缺乏创意，对于民俗、农耕文化和自身特色的深度挖掘与包装不够，参与性和体验性较差，无法满足消费者求真、求知、求趣和求异的心理渴望。这些产品与服务只能基本满足城市居民对乡村生活的好奇心理，无法满足其更高的体验需求。农业与第三产业的融合度不够，阻碍了休闲农业产业竞争力提升和持续稳定增长，制约了新型职业农民的发育空间。

（二）横向延伸

我国农业发展取得巨大成就，粮食生产连年丰收。截至2015年，我国粮食实现"十二年连增",取得巨大成绩的背后,也付出了沉重的代价,化肥、农药、添加剂的使用量越来越多。当前我国单位面积产量很高的地区,往往是化肥农药使用量很高的地区。"我国化肥、农药的单位平均使用量,已分别超过世界平均水平的 3.5 倍和 2.5 倍"①。过量地使用化肥,会破坏土壤的自然形成过程和土壤微生物活力,导致土壤耕作层越来越浅,土壤有机质含量迅速下降,土壤肥力日趋衰竭,东北黑土地变得越来越稀薄就是土壤退化的一个外在表现。土壤肥力降低,为了保证产量,倒逼化肥使用量越来越多,造成恶性循环。大量使用农药,不仅会增强农业生物(包括害虫)的抗药性能力,为以后更大量地使用农药埋下隐患,而且还会大量杀死益鸟益虫,破坏天然的生物链条,严重毒化土壤以及植物、动物、微生物。化肥、农药的过量使用还会给食品安全带来严重的威胁,植物性农产品和动物性农产品都受到了一定程度的污染,植物性农产品主要是农药、化肥和重金属超标,动物性农产品主要是激素、抗生素超标,如果无法生产出无公害的农产品,则绿色食品和有机食品就没有基础,食品质量得不到保证,食品安全存在隐患,会危害到民众的身心健康。只有把化肥、农药的使用量降到最低限度,尽可能不使用化肥、农药,才有可能为绿色食品和有机食品生产提供所必需的自然生态环境。可以看出,粗放式的农业生产和经营导致中国农村和农业的生态环境问题已经相当严重,耕地减少、水土流失、土壤沙化、地力下降、水源污染是其中的主要表现,农业资源偏紧和生态环境恶化两道"紧箍咒"的制约日益突出,成本"地板"与价格"天花板"两板挤压矛盾凸显,传统农业发展方式已难以为继,农业生态环境的压力越来越大,原有的粗放式生产方式已经严重影响了农业的可持续发展,需要引进现代的环保理念和农业科技,不断改进和创新农业生产方式。

---

① 许经勇:《以体制改革与机制创新为根本途径》,《福建论坛·人文社会科学版》2017 年第 4 期。

第五章　纵横拓展的产业链：新型职业农民培育的关键

在农产品生产环节，有两种代表性的流程：第一种是"资源—产品—废弃物"的直线单向式流程。这种资源流程最大的特点是废弃物产生后，成为社会的负担，会影响到未来的可持续发展。如种植水稻的秸秆，直接在田地里焚烧，不仅破坏土壤结构，还造成环境污染；"养殖动物的粪便，不经处理排入地表水，向下渗透到浅层地下水，导致湖区部分地下水氨氮超标，对湖区水环境和居民饮水安全造成严重影响，成为农业面源污染的主要来源"[1]。"这种模式意味着创造的财富越多、消耗资源越多，对资源环境的负面影响就越大，未来解决问题的难度就越大"[2]。遗憾的是，从现实情况来看，这是当前我国农业生产普遍存在的经济发展方式和资源流程方式，它不仅破坏了自然生态环境，消耗了很多宝贵的资源，也严重威胁食品安全，降低了中国农业的全球竞争力。第二种是"资源—产品—废弃物—再生资源"的反馈式循环过程。这种模式最大的特点是对废弃物进行利用和开发，变废为宝，转化成再生资源，既可以最大限度地把废弃物（秸秆、人畜排泄物和其他消费排泄物等）转化为有机物，又可以保护自然生态环境，减少资源消耗，降低环境成本，获得最大的经济效益和社会效益，使经济系统与生态系统的物质循环相互和谐。下面列举一些农业生产中横向延伸的代表性案例。

1. 废弃物多级循环利用模式

农牧循环、生态种养。笔者从2016年安徽省农交会上了解到，安徽瑞龙牧业通过基地农场种植高蛋白小麦，利用皖神面制品下脚料和全株青贮玉米按比例混合制成能够提供足够多营养的饲料，在埇桥区建立湖羊种羊场，现存栏3000多只，用羊粪及下脚料养殖蚯蚓2000多平方米，用鲜蚯蚓和全株青贮玉米养鸭、养鹅1500只，鸭、鹅粪与羊粪混合又养殖蚯蚓，利用蚯蚓粪作有机肥，施入基地农场，

---

[1] 高云才：《畜牧业发展勿忘畜禽粪污问题》，《食品界》2017年第2期。
[2] 许经勇：《马克思的生态经济理论与当代中国实践》，《当代经济研究》2008年第9期。

既增加土壤的有机质，又改善了土壤的团粒结构，板结的土壤也得到了修复，实现了绿色生态种养，农牧循环，取得了良好的社会效益。第一，为玉米粮改饲、去库存、供给侧改革进行了有益探索。普通玉米供过于求，价格暴跌，无利可图。全株青贮玉米是发展草食动物成本最低的精粗饲料，能实现周年鲜草喂养。生物质产量比普通玉米高20%，总营养价值高30%，可消化纤维高15%以上。不但可以喂牛喂羊等草食动物，还可以通过打浆喂猪、鱼、鸡、鸭、鹅等。能彻底解决秸秆焚烧问题，保护环境，变废为宝，是秸秆饲料化的最佳途径，适口性好，营养价值高。2016年，瑞龙牧业种植了全株青贮玉米3.8万亩，去库存2000万吨，成功实现了粮改饲。可增加农户收入850万元，企业获利350万元，牧场可增效2300万元。第二，既保护环境又保障食品安全。全株青贮玉米彻底消除了秸秆焚烧造成的环境污染，减轻了政府负担，减少了化肥使用量，降低了农药残留量，提高了全株青贮玉米的品质，保障了肉、蛋、奶等食品安全。第三，利益共享，风险共担。瑞龙牧业本着"利益共享，风险共担"的合作模式，与牧场签订的生产合同，与基地签订的种植合同均采用浮动的定价机制，根据当年当地收获前商品玉米价格、产量定价，同时企业又给农民一个最低保护价，保护农民收益。第四，带动农村就业。以瑞龙牧业农牧循环模式为例，种植全株青贮玉米500亩，养殖湖羊3000只，蚯蚓2000多平方米，鸭、鹅1500只为例，可提供15个本地就业岗位，带动农民就业增收。

2. 食物链原理

稻渔综合种养生态养殖模式。稻渔综合种养包括稻—虾、稻—蟹、稻—鳖、稻—鱼、稻—鳅等共作、轮作模式。是在传统稻田养鱼的基础上，利用物种间资源互补循环生态学机理，应用现代科学技术组装而成的新型种养模式，具有稳粮、促渔、增收、安全、生态、低碳、环保、循环等多种功能。如虾（龙虾）稻鳖连作共生技术模式，通过适当投喂饲料喂食小龙虾、鳖，虾鳖的粪便作为有机肥供水稻生长，提高稻米品质，虾鳖吃田间虫子，起到灭虫作用，为水稻除害，水稻作为经济作物吸收富营养物质，净化环境，形成虾鳖稻连作循环和互补共生。从而生产出高品质的有机水产品和稻米，实现优质高效、生态安全的生态循环渔业的生产目标。该模式1亩可产水稻1000斤，产值10000元左右，因此，又称1亩地千斤稻万元钱的"一千万"模式，每亩利润5000元左右。该模式的经济增长点主要在稻田有机大米，随着加工包装水平的提高，借助品牌销售，利润具有很大的提升空间。霍邱县主要是种水稻和水稻与龙虾共养。水稻和龙虾共养的模式是，在10亩地的范围内，挖一个宽和深都是约一两米的水沟，常年灌满水，龙虾常年在水里面，种水稻时把水放低一点，收割后再把水放高一些。稻谷和龙虾组合，虾食稻虫，虾粪肥田，虾疏通稻田空气与物质，稻为虾提供了杂草与害虫的饵料及栖息场所，为了提高龙虾的存活率，必须要少打农药，稻谷的质量好，龙虾的水草丰富。共养模式下，一亩田地龙虾能有两三千元的收入，2018年霍邱县养龙虾的都赚了钱，当地也有水稻和鳖共养的模式。

3. 时间结构优化模式

该模式是对时间资源充分利用的多种模式，遵循了生态学上种群演替原理，如果单一种植某种作物，会不断地造成对其不利的生境，导致最终会被另一类生物群落所代替，这是自然生态系统的演替现象，为了保持肥力，就只能减少种植的次数，一年或者两年种植一次，这样的后果就是土地资源的闲置，减少了农产品的总产量。如果种植不同的农作物，在时间结构上进行优化，就可以很大程度上避免土地资源的闲置和浪费。这个模式与上面的种群正相互作用模式有共同之处，都是在同一块土地上种植不同的农作物，但也有不同之处，种群正相互作用是在同一个时间进程上，此处的时间结构优化模式在时间上进行了错位。时间结构优化模式以河南省扶沟县的"六种六收"田为例，在同一块田地上种植6种作物，分别是粮食作物小麦和玉米，经济作物西瓜、菠菜（或者葱姜、蒜苗）、豆角、晚菜椒（或者晚番茄）等瓜菜，"一年四季将粮食、经济作物进行多层次间作套种，利用各作物之间的生长时间差及对养分的要求差进行合理配置，促进六种作物皆生长良好，互不影响，以达到提高土地生产率的目的"①。时间结构优化模式不破坏土壤结构，没有降低地力，对土地资源进行最大程度的利用，有利于新型职业农民增产增收。

  转变农业生产方式是农业供给侧结构性改革的重要切入点，从现代农业转变为生态农业，是农业发展的趋势和大方向。中国是一个人口大国，人地矛盾突出，资源环境压力大，现代农业的负面效果在中国展现得更为明显，急需对粗放式的农业生产经营进行转型升级，循环农业和生态农业是转型的发展方向。循环农业最大的特征是推广废弃物综合利用技术，对生态农业来说，有机废弃物是一种弃之为害、用之为宝的东西，需要充分研究和利用农作物之间的共生、互生、互利、互害关系，寻求有效措施趋利避害，加强有机废弃物的开发利用，挖掘农业的能源功能，通过各种生物技术把农业秸秆和禽畜粪便等变废为宝，节省自然资源，防止环境污染，实现生态经济良性循环。发达国家在率先进入现代农业后，也率先对现代农业进行了反思，努力做到回归生态。比如日本，使用有机肥来提高地力，通过生物方法来防治病虫害，建立循环生态系统，减少了对环境的污染，生产出更高品质的农产品，成功培育出现代职业农民。循环生态模式减少了污染，减轻了浪费，增加了产量，提高了品质，是新型职业农民增产增收的重要支撑点。

（三）与时俱进的延伸方式

  农业产业链拓展最重要的目标是避免农产品的积压，帮助农产品顺利销售出去，提升附加值。对农产品进行精深加工也是为了避免初级农产品出现滞销和浪费现象，简单地说，农产品生产出来不等同于收入，只有顺利销售出去了，才能真正变成农民的收入和财富。因

---

① 孙鸿良：《我国生态农业主要种植模式及其持续发展的生态学原理》，《生态农业研究》1996 年第 1 期。

第五章　纵横拓展的产业链：新型职业农民培育的关键 | 177

此，需要与时俱进地进行创新，在生产、销售和消费之间搭建起便利的桥梁，互联网是一个有价值的营销方式。传统营销模式的特征是，知道产品信息的人少、销售环节多、到消费者手里时间长，消费者最终消费的时候价格高，农产品不能顺利销售出去，导致积压浪费，无法变成收入。互联网能够在很大程度上规避传统销售模式的缺点，紧紧围绕农业产业链拓展的需求，组织实施"互联网+"现代农业行动，以农业物联网、农业电子商务、信息进村入户、农业大数据为重点，积极推进大数据、物联网、移动互联网、云计算等新一轮信息技术在农业各行业、各领域的应用，努力提升农业生产、经营、管理和服务水平。网络的应用使广大农民拥有了新的参与经济活动的方式，"截至2013年年底，农村网民通过使用手机上网人数比例就已达到84.60%，农村网民的快速增长，为农村电子商务的快速发展奠定了基础，电子商务浪潮正向农村全面渗透"[①]。"互联网+"在产业链拓展中的价值体现在以下几点。

1. 减少中间环节

农村地理位置相对偏远，在信息闭塞、交通不发达的情况下，农产品需要经过很多环节才能到达消费者手上，农村基础设施薄弱，存储、冷藏、保鲜等设备和技术落后，农产品不能及时运输销售出去，农民增产不增收。在农产品丰裕的情况下，如何快速地找到销售市场，是决定农民收入高低的关键因素。理想的销售模式是知道产品信息的人多、销售环节少、到消费者手中时间短，互联网提供了可能和机会。东跑西跑找市场，不如拥抱互联网，用互联网思维经营农业可以在很大程度上打破时间、空间限制，方式灵活多样，交易随时随地都可以发生，推动农产品供需双方的直接对接，减少中间环节，降低农产品的消耗。农产品销售可以借助第三方平台交易方式进行，很多网络公司搭建了各类平台，作为销售者可以到上

---

① 皇甫杰：《金融支持对农业产业化发展的作用研究》，《吉林广播电视大学学报》2015年第2期。

面去注册成会员，然后发布信息，实现交易，如淘宝网、阿里巴巴、云农场、中国惠农网等。这些平台技术成熟、影响面大，有足够多的客户流量，操作简单，灵活方便，线上可批发、可零售，运营成本低。也可以通过手机 APP、微信朋友圈、微商城、论坛等社交平台，一边交朋友，一边做生意。如互联网＋农村直营，销售土鸡蛋、土鸡、各类土特产等。采取网络销售的方式，消费者可以在网上对产品质量和服务水平进行评价，产品和服务的提供者能够在第一时间得到评价的反馈，其他消费者也可以看到评价的情况，成为其是否消费的重要参考，优质的产品和服务才能赢得客户信任，是生意兴隆的关键，网络口碑倒逼各类新型农业经营主体提高农产品的质量，形成农产品流通全产业链的高效联动，强化管理效能，提升价值利润空间。

砀山县是产梨大县，如何把梨子快捷地销售出去，是影响农民收入的关键环节。壹体水果合作社大力发展宅急送和电子商务，宅急送主要有快递、物流运输，加快梨子产品的运输速度，缩短梨子在路上的时间；电子商务主要有品牌设计、推广、宣传、销售、物联网等，合作社电子商务于 2015 年 10 月上线，注册"酥里香""百年绳氏罐头王"等品牌，建立了官方网站，成立专门电商销售平台，有十多名员工在不同的环节分工，包括美工、推广、客服、平台运营、企划、全套办公设备等，做订单水果。通过电商平台，可以更快地打开销售市场，更直接更快捷地把产品送到客户手中，让更多的客户能够得到更放心的新鲜水果及果制品。不断扩展电子商务的业务范围，通过做梨园庄认购，开发体验式种植的业务，随时关注到果树的生长过程，让全国各地的客户都能拥有属于自己的百年酥树梨，都能吃上自己亲手种植的酥梨，或者送给亲朋好友。壹体水果合作社的发展方向就是一体化发展，延长梨子的产业链条，通过互联网进行全程化服务，包括水果的种植、管理、农资使用、储存、加工、包装设计、产品推广销售、快递物流运输、线上线下体验、远程实况浏览、旅游观光、休闲餐饮等诸多环节，通过延长产业链获得更高的附加价值，让更多的社员和农民从中受益。"互联网+"在农村的发展是双向的,能把城市工业产品带到农村,也能把农村有特色的产品快速地带到城市。大力培育农村电子商务市场主体,深入推进"电子商务进农村",推动"网货下乡"和"农产品进城",促进要素资源在城乡间的流动,优化资源配置。

2. 提供便利技术服务

"互联网+农业"可以充分利用移动互联网、大数据、云计算、物联网等新一代信息技术,与农业跨界融合,给三产融合提供诸多便利[1]。一是便利地获得各种生产资料和市场信息。农民通过电商购买所需的农资、农机,减少中间环节,节省时间和费用。通过当地有影响力的微信公众平台,还可以获得农业新闻、农业政策、农业技术、专家服务,搜寻到市场信息,发现商机,促进农产品顺利销售,及时根据市场行情优化农产品的生产结构;二是有效解决农业生产中的技术服务问题。庄稼生病了怎么办?在没有互联网之前,农民是靠自己的经验来施药,难以做到科学防治。或者请农业专家来田间地头实地查看,这种方式费时费力成本大,受时空条件的限制,农民很难获得及时的技术指导。利用互联网,可以获得农业专家视频服务,降低了费用,提高了服务时效。可以取样到社区农业专家视频服务点,或者在田间打开手机进入农业专家视频服务系统,专家通过视频观察灾害症状,与农民进行交流、询问,分析病因,确定病害,及时获得防治病虫害、施肥用药等农业技术指导,帮助新型职业农民科学种田。借助互联网形成信息和技术服务平台,可实现精准化生产、智慧型生产,做到农业专家面对面,服务群众心连心。山东省昌乐县新型职业农民,通过使用手机农技宝,获得了及时便利的专家指导。通过在手机上下载"农技宝"软件,注册、登录,一张图、一段视频、一段文字,只要上传上去,就会在第一时间被农技专家看到,就会有人出谋划策,相当于全县的农技人员在虚拟的网络里为农民提供及时的技

---

[1] 耿国彪:《说不尽的"互联网+"》,《绿色中国》2016年第6期。

术服务，这种方式类似于日常生活中遇到不懂的事情在百度上问"度娘"，快捷便利及时。

3. 加强质量监控

农产品及加工品的质量，是三产融合的最重要环节，也是农业供给侧结构性改革的重要内容，"互联网＋农业"有助于加强质量监控，建立"从餐桌到田头"的质量追溯制度。农产品质量问题之所以频繁发生，一个重要的原因是传统农业产业各个环节之间是断裂的，质量安全追溯困难，不知道具体是哪个环节出了问题，责任主体不明确，信用体系不健全，难以保障农产品质量安全。为了破解这个难题，需要建立无公害农产品、绿色食品、有机农产品和农产品地理标志等"三品一标"认证和管理系统，积极推进农业标准化生产，建立农产品产地环境、生产过程、加工流通、消费全程可追溯体系，推进农产品气候品种评价工作，加大品牌创建力度，可以提高农产品的附加值，增加新型职业农民的收入。砀山县的水果销售可以作为一个参考。壹体合作社自身拥有标准化水果生产基地，按照统一技术标准，统一销售模式，保证生产销售优质水果。建立了严格的水果追溯体系，注册商标"酥里香"品牌，建立二维码防伪体系，一果一码，一果一号，是带有身份证号的优质水果，消费者通过扫描二维码，可辨别真伪，并了解整个生产过程，从开花到授粉、病虫害防治、喷药、采摘、储存入窖等一系列环节，清清楚楚，让消费者买得放心，吃得安全。壹体合作社利用互联网的二维码技术，建立产品质量追溯体系，"一果一码，一果一号"，成为带"身份证"的水果，消费者通过扫码就可以了解该产品产前、产中、产后的全链条信息，让消费者更放心地使用。青莲公司自主研发的生猪产品质量安全数字化追溯系统也是一个可以借鉴的案例。青莲公司旗下饲养的猪，每只猪耳上都挂有耳标，耳标上有一组编码，生猪从出栏到屠宰场，这组编码都会输入追溯系统。生猪进入屠宰场后，77道加工程序也会载入追溯系统。进入销售环节，该系统可以产生肉品销售条形码，消费者凭着条形码，就可上网查看肉品质量信息。猪肉从源头到餐桌，要经历众多环节，无论从哪个单一环节入手，都无法从根本上解决食品安全问题，而青莲16年来布局的全产业生态链，就是期待用全链式管控、全程保障食品安全，构筑起全程高安全标准。"严格的质量管理也给公司带来了丰厚的回报，创造了高出行业平均利润25%以上的辉煌业绩"[1]。农业产业链延伸的各个环节，要保证产品的高质量，质量关系到产品的形象和知名度，是品牌化的基础，直接关系到新型职业农民的发展空间。

山东省昌乐县是一个农业大县，随着民众对农产品质量需求的提升，国家越来越重视农产品质量安全工作，采取一系列措施，农产品市场准入、产地准出、质量追溯等相关制度相继启动。由当地农业合作社统一印制、出具农产品产地证明，建立农产品二维码追溯系统，主要包括产地准出管理和质量追溯管理。（1）产地准出管理。农产品生产者需要出具产地准出证明的，提前向当地镇（街、区）提出申请，由镇（街、区）安排村级监管员抽取样品检测，检测合格后凭检测报告出具产地准出证明。农产品生产企业、农民专业合作经济组织及其成员生产的农产品，由生产企业、合作社出具产地准出证明；其他农产品生产者生产的农产品，由村委会（社区）出具产地准出证明。未按规定进行质量安全检测或检测不合格的产品，不得签发《产地准出证明》，从源头上对产品质量进行监控。（2）质量追溯管理。农业生产企业、农民合作社及其成员建立生产记录档案，保证农产品质量安全和可追溯；生产企业、合作社以外的农户由村委会统一管理，以村为单位建立生产记录档案，整村作为一个生产单元实行追溯。某一个村民不遵守规则，生产出不符合要求的农产品，整个村子的信誉和形象都要受到影响，为了维护自己的利益，村民间进行互相监督，共同提高农产品质量。做到生产有记录，信息能查询，流向可追踪，责任能追究，共同保障农产品的安全，为农业产业链延伸奠定坚实的基础。

---

[1] 《"青莲食品"如何玩转生猪养殖》，《浙江日报》2016年10月17日第10版。

三 产业链拓展的路径分析

产业链拓展是农业供给侧结构性改革的重要切入点，不断拓展传统农业功能边界，第一产业接二连三，注重农业多功能性开发，可以提供高端、品牌化农产品和优质服务，更好地满足民众对高质量农产品和服务的需求。挖掘产业链拓展的内涵，深入推进农业供给侧结构性改革，以集群化打造产业链，以品牌化打造价值链，以组织化打造主体链，以信息化打造创新链，以共赢化打造利益链。以贸工农一体化、产加销一条龙推动农业产业化经营，促进农业第一、第二、第三产业深度融合，为新型职业农民的培育提供更为广阔的生存和发展空间。农业产业链拓展的路径为：

1. 市场需求驱动

这是产业链拓展的诱因。随着经济社会发展水平的不断提高，人们对消费产品和服务的多元化、多层次需求日益提高，正是这种不断追求更好、更高、更新的消费需求驱动着新产品、新技术、新服务的开发与创新，从而诱发农业产业链拓展的产生与发展。三产融合需要遵从市场规律，回到市场轨道，市场需求与产业发展紧密相依，市场需求不断涌现，必然会驱动农村三产融合向纵深发展，同时，只有建立在真实的市场需求基础之上，农业产业链的延伸和拓展，才有真正的生命力，才能给农民带来实实在在的利益，带动农村持久的改变和发展。产业链拓展绝不能是出于政绩冲动的"拔苗助长"，不能脱离实际情况，好大喜功，不是靠文件规划出来的，更不能是领导的拍板工程。为此，产业链拓展必须要结合地方实际，把农业供给和市场需求有机结合起来，重视市场细分，深入研究不同地区，不同年龄、不同收入人群的消费行为、消费方式、消费结构的差异，找准融合点，在此基础上对资源进行优化配置。围绕产业链拓展的项目建设，市场有需求的才建，并且不能是统一推进，避免出现资源浪费，更不能为了建设而建设。有些农村地区，为了发展乡村旅游，上马了很多旅游基础设施建设，但是因为没有市场，农民不仅无法获利，还破坏了原有的村容村貌，基层政府背上沉重的债务负担，没有市场需求的拍脑袋决策根本无法实现农民增收、农村发展的目标。还有些地方领导，看到上一年某种农产品价格高、能赚钱，就用行政力量推动当地大规模种植，结果第二年产品出来后价格下跌，不仅无法增收，而且种植越多，亏本越大，这些都是没有建立在对市场需求做深刻调查研究的基础之上的盲目决策。没有真正的市场需求，农业链拓展升级，就是无源之水无本之木。民众的消费水平提升后，市场需要安全、卫生、绿色、高精尖的产品，这会在客观上促进政府、企业、农民关系的深度磨合。政府需要做的是在充分调研的基础上，制定政策，加强监管，维护法律和制度规则的权威；农业龙头企业是三产融合微观层面的具体执行者，把农业与第二、第三产业相结合，从原材料的质量把关，到农产品的精深加工，最终生产出符合民众需求的、高质量的农产品；新型职业农民参与到产业链延伸拓展的各个环节，生产出高质量的农副产品，时代在呼唤新型职业农民，也为新型职业农民的发育提供了广阔的空间。

2. 新型主体培育

这是三产融合的基础。三产融合是以农村农民及其相关生产经营组织为主体的，最有代表性的包括专业大户、家庭农场、农民合作社、农业龙头企业等，从原子化的角度称呼就是新型职业农民。新型农业经营主体是三产融合发展的主力军，他们的带动和辐射作用最直接、最关键。通过三产融合，将会把社会上优秀的农业人才、加工业人才、市场营销与服务型人才和资本资源有效地集中到农业产业上来，不断提升农业产业化经营水平和农业全产业整体发展水平。通过营造良好的外部环境，大力发展新型农业经营主体，不断培育壮大新型职业农民，推动三产融合长久持续发展。为此，需要鼓励大学生、青壮年农民工、退伍军人等主体返乡创业、就业，不断壮大新型农业经营主体队伍，培育新型职业农民，奠定农业产业链延伸拓展的坚实基础。下面以实例分析新型农业经营主体在农业产业链延伸拓展中的价值与功能定位。

宿州市创造出"现代农业产业化联合体"模式,以"农业企业为龙头、家庭农场为基础、农民专业合作社为纽带"的一体化新型现代农业经营组织形式。在延伸产业链的过程中,充分发挥家庭农场、合作社和龙头企业的作用,扬长避短、功能互补。具体经营模式为:家庭农场按照要求进行标准化生产,向龙头企业提供安全可靠的农产品,并获得高于市场价格的效益,充分发挥了家庭农场在种植、养殖等生产环节上的优势。为了实现规模经营,进行了土地流转,发挥了适度规模经营的效益,家庭农场在土地和劳动力上有优势,规避了监督管理成本,因而在生产环节有优势。但是存在技术、资金、市场、社会化服务等问题,因而需要合作社;合作社上联龙头企业,下接家庭农场,起到中介纽带作用,为家庭农场提供产前、产中、产后服务,为家庭农场开展技术指导,提供耕、种、管、收全过程的生产服务,发挥合作社的合作和服务功能,可以降低生产环节的成本,更好地实现土地增产增收增效。合作社在服务和组织上有优势,但合作社的发展需要建立在家庭农场充分发展的基础上,传统一家一户的小农经济对合作社的服务需求非常稀少,无法带动合作社的发展。如果缺少像家庭农场这样的稳定的服务对象,效益就难以保证;家庭农场和合作社是紧密联系在一起的,功能互补。农业龙头企业主要承担农产品经营销售、精深加工、统一制定生产规划和生产标准等职责,并以优惠的价格向家庭农场提供农业生产资料,以高于市场的价格回收农产品。龙头企业有资金、市场、技术、品牌等方面的优势,但面临原材料供应渠道不稳定以及质量安全问题,为了获得稳定的、高质量的原材料农产品,农业龙头企业需要和家庭农场紧密结合,分工合作。可以看出,在延长拓展农业产业链的过程中,需要充分发挥好不同农业经营主体的作用,取长补短,形成一个紧密的利益联合体,才能真正延长产业链,任何一个主体单打独斗都会让产业链变得脆弱甚至不可维持下去。各类新型农业经营主体都需要参与到产业链延伸链条中去,密切分工,通力合作,获得各自的效益并使之最大化,具体的收益主要体现为：家庭农场通过使用新品种、新技术和适度规模经营，提高了劳动生产率和土地产出率。从龙头企业得到低于市场价的生产资料，可以赊账进行，等农产品卖出时再付账，降低了生产成本，农产品以高于市场的价格出售给龙头企业，并且不用担心销售，可获得更高收益；合作社有了稳定的服务面积和集中连片的作业环境，获得了可靠的服务收入。在帮助龙头企业统一组织农资供应及产品回收中，获得了相应的提成；龙头企业通过规模采购，获得供应农资的差额利润。通过生产总量的增加、产品质量的提高获得较高利润，通过指导监督家庭农场生产，获得安全可靠的原材料，通过技术创新和规模示范，还可能获得一定的政策扶持和收益。在农业产业链延伸的过程中，各个新型经营主体都找到了自身的分工和位置，获得了相应的收入，得到发展壮大，其背后原子化的形态都是一个一个的新型职业农民。

3. 农业技术创新

这是三产融合的关键。三产融合在各个环节的具体实施过程中，都需要进行技术创新，三产融合的起点和基础是农业，在农产品的种植养殖环节、农产品的加工处理环节、农产品的储存运输环节等环节上，都需要大力发展农业技术，通过技术创新可以打破农业产业内部不同子产业之间及农业与第二、第三产业之间的技术壁垒，逐步消除不同产业间的边界，生产出全新的产品或服务来满足消费者多样化的需求。在农业生产和发展实践中，凡是三产融合做得好的环节和地区，背后都有先进农业技术的支撑，下面选取农产品种植养殖的生产环节、农产品加工处理环节等作为代表进行分析，这些环节也是制约三产融合的最现实因素。

农业技术在种植环节上的应用。2015 年，拓普云农为安徽宿州市埇桥区嫁接现代农业示范园物联网综合服务平台，包含资讯公告、政策发布、农业服务等板块。由拓普技术支持的大田"植保四情"得到成熟应用。大田四情具体是指：农作物的墒情、苗情、病虫情以及灾情的情况。墒情自动监测系统主要是针对土壤水分含量进行监测，通过墒情传感器测量土壤的体积含水量（VWC）。建立田间苗情、灾情一体化自动监测系统,由自动监测系统对农作物的生长发育状态、病虫害情况以及灾情进行实时视频监控(包括日间图像和夜间的红外图像)。"大田四情监测系统以先进的无线传感器、物联网、云平台、大数据以及互联网等信息技术为基础,由墒情传感器、苗情灾情摄像机、虫情测报灯、网络数字摄像机、作物生理生态监测仪,以及预警预报系统、专家系统、信息管理平台组成"[1]。结合气象、墒情等传感器以及虫情预报灯等,可以对田间苗情、虫情、灾情实现自动监测,使管理人员可以远程关注作物生长状况,根据作物在不同生长周期的需求,指导灌溉、施肥、喷药等措施,是农业技术人员管理农业生产的"千里眼"和"听诊器",建立起智能测报技术支撑。通过人工智能、大数据分析、无线通信等技术的创新集成,实现从"病虫害数据采集—植保大数据—自动化分析与处理—智慧测报服务—智慧农业"全链条的技术支撑。在种植环节,灌溉和施肥是最重要的步骤,传统模式是粗放式状态,效率低下,水肥一体化技术的推广能够大幅度提升效益。"水肥一体化是将灌溉与施肥融为一体的农业新技术,是借助微灌系统,将微灌和施肥结合,以微灌系统中的水为载体,在灌溉的同时进行施肥,实现水和肥一体化利用和管理,从而提高水肥利用效率,增加作物产量"[2]。使用水肥一体化技术可以使得水肥更加均衡,省工省时,减轻病害,控温调湿,增加产量,改善品质,实现节水省肥增产的目标,提高经济效率。据农户实验测算,采用水肥一体化技术,可节水40%左右,节肥30%左右,增产20%以上。通过高科技、大数据的运用,农作物的种植实现了脱胎换骨,减少了水肥的使用,把病虫害从事后治疗更多地转变为事前预防,减少了农药的使用,降低了农药残留,提高了农作物的品质,为后续农产品的销售和精深加工奠定了坚实基础。

农业技术在养殖环节上的应用。在畜禽规模养殖场安装传感器、

---

[1] 朱海强:《阜阳市智慧农业研究与发展》,《农机科技推广》2016年第12期。
[2] 张国进:《水肥一体化技术实践》,《农业技术与装备》2011年第5期。

高清网络智能球机、测控终端、控制箱等,进行数据采集和图像监控。通过远程视频、数据采集和养殖环境控制,进行精准养殖,科学管理,提高工作效率。全椒县现代水产良种基地里,在养殖水产业的池塘部署水质监测、水位水温传感器和智能摄像头,实时显示池塘溶解氧、pH 值、水温、水位等水质和环境参数,养殖人员可以通过现场设备和网络终端对增氧机、投料机等饲养设备进行定时、自动、短信三种远程控制①。根据示范点现场的实测数据,当地农委工作人员通过管理平台对全椒县 1000 多名水产养殖大户发送手机短信,为农户提供天气预报式的养殖水质预报预警服务,通过科学监测、数据分析,有针对性地采取介入措施,帮助农民实现增产增收。科技是第一生产力,通过现代农业科技的介入,极大地提高了养殖业的效益,增加了养殖业新型职业农民的收入。

农业技术在对初级农产品进行加工处理环节上的应用。玉米是近几年库存较多的农产品,价格低廉,利润很低,需要对玉米进行加工,延长玉米的产业链条,提高玉米的附加值。蒸汽压片玉米是目前世界上最先进的谷物饲料加工处理方式,在技术研发上已经较为成熟,美国和欧洲的一些国家,谷物蒸汽压片处理加工技术已经广泛应用于奶牛、肉牛、肉羊等养殖中。蒸汽压片是一种对玉米进行湿热加工的工艺,通过改变玉米的物理化学状态,提高玉米的生物学价值。"相关数据表明,相较粉碎玉米,蒸汽压片玉米可提高牛瘤胃淀粉消化率 24%、过瘤胃淀粉消化率 26%、总消化道淀粉消化率 10%,其中使用蒸汽压片玉米的总消化道淀粉消化率为 99.1%。此外,使用蒸汽压片玉米还可以促进其他物质的消化代谢,减少氮磷排放,蒸汽压片玉米使小肠和总肠道氮消化率分别提高 10% 和 8%"②。经过严格质量控制的蒸汽压片玉米可以提高舍饲肉牛的肉料比和提高奶牛的产

---

① 刘梅:《安徽移动应用 4G 技术助力农业物联网建设》(http://www.cctime.com/html/2015-3-16/2015316134327038.htm)。
② 包雯琦:《蒸汽压片玉米能有效提高肉牛生产性能》,《中国畜牧兽医报》2015 年 3 月 8 日。

奶量和乳蛋白量。泗县通过建设蒸汽玉米压片加工线，该项目的投产极大地推进了当地畜牧养殖业发展，提升饲料加工产业技术含量和科技水平，延长玉米产业链，提升价值链，增加了农民收入。

从总体上看，我国是农业大国，但不是农业强国，仍然存在较为明显的农业科学贡献率偏低、农业集约化程度偏低、农业技术推广和应用较为落后等问题。科技支撑能力不足，缺乏对科学技术、产品研发和人才引进等方面的投入，造成企业产品更新慢、科技含量低、附加值不高，导致品牌知晓率低、产品影响力小和企业竞争力弱等问题。"我国粮食收获后在脱粒、晾晒、贮存、运输、加工、消费等过程中的损失高达18%左右，这些损失中因为气候原因，谷物来不及晒干或未达到安全水分造成霉变、发芽等损失的粮食就高达5%左右，我国每年因霉变造成的粮食产后损失高达2100万吨，占全国粮食总产量的4.2%，直接造成的损失180亿元到240亿元，与全世界每年粮食霉变损失3%存在较大差距"[1]。总体来看，因为科技含量不高，在烘干、冷藏、保鲜、运输等环节，农作物遭受了很大的损失，严重制约了农村三产融合发展。需要不断加强技术创新，重点突破生物育种、农机装备、智能农业、生态环保等领域关键技术，打通第一、第二、第三产业的链条，为农业接二连三提供科技支撑。

4. 政策优化完善

这是三产融合的保障。三产融合需要政府有效作为，加强科学规划与引导，通过机制体制革新，制定和完善相关法律法规，出台扶持政策，加大财政投入，加强农业基础设施建设，提供公共产品，完善社会化服务，进行市场监管，打破要素流动的壁垒，促进农村三产融合的健康快速发展。在政策优化完善上，以下几点尤为重要：一是优化基础设施和公共服务。农业产业链的横向和纵向拓展，都需要建立在完善的农业农村基础设施和公共服务基础之上，没有良好的基础设施和公共服务作为基础，农业产业链的延伸就无法落地实施。比如，

---

[1] 张华光：《粮食烘干机市场将往何处去》，《农机科技推广》2014年第11期。

第五章 纵横拓展的产业链：新型职业农民培育的关键

在发展农产品精深加工产业上，农村道路交通、物流仓储、冷冻保鲜等基础设施与服务必不可少，在发展休闲农业、农村旅游上，特色餐厅、民宿客栈等主要食宿基础设施条件以及良好的卫生状况是基本要求，在农村人流量大的景区，还需要停车场、加油站、公用厕所等基础设施。基础设施和服务是当前农村的薄弱环节，直接制约了农业产业链的延伸拓展。二是搭建优化平台。为了节省成本，产生汇集效应，近些年农村地区打造了不少现代农业产业园、农业科技园区，这些平台集聚了资金、科技、人才，以"利益共享、风险共担"为原则，以产品、技术和服务为纽带，利用技术、信息和区位优势，有选择地介入农业生产、加工、流通和销售环节，是农业技术组装集成、科技成果转化和现代农业生产的示范载体，有效促进农产品增值，积极推进农业产业化经营，促进农民增收[①]。从实际发展情况来看，农业产业园区和科技园区也存在着发展模式固化、转型升级压力大的问题，仍然需要在实践中不断摸索和创新。为了深度发挥农业的多功能价值，有些发达地区在加强田园综合体的建设，为农业产业链拓展搭建新的平台。田园综合体是以农业、农村用地为载体的新型现代农业发展模式，融合"生产、生活、生态"功能，整合农业全产业链目标，集循环农业、创意农业、农事体验于一体，优化现代农业经营体系，通过农业综合开发等渠道开展试点示范，打造产业园区的升级版本，促进农村第一、第二、第三产业融合。田园综合体在推进过程中不仅注重了农业产业自身的发展，同时还注重发挥农业的多功能性、健全农业循环经济体系，从横向和纵向上拓展了农业产业链，实现农村经济、产业、生活、生态的和谐互动促发展，带动了新型职业农民增收致富。

从农业产业链拓展的路径分析中可以看出，如果把现代生态农业产业化比喻为一辆"绿色跑车"，进行农业供给侧结构性改革，市场需求是跑车的方向盘。未来的农业一定是绿色低碳循环增收高质的模

---

① 陈永前、李育生、杨文：《铜仁市现代高效农业示范园区建设现状与对策研究》，《中共铜仁市委党校学报》2014年第1期。

式，用绿色增效来更好地满足民众转型升级的需求，树立品牌意识和名牌观念，才有广阔的市场空间和竞争力，方向是指引，方向不对，一切都是白费，而且还造成人力物力和环境资源的浪费；新型农业经营主体是跑车的驾驶员。种植大户、家庭农场、农民合作社、农业龙头企业、示范农业产业化联合体是未来农业的具体操盘手和实施者，其原子化的形态就是新型职业农民；农业技术创新的科技推广示范行动是跑车的车轮毂。需要加强生态高标准农田建设、生态循环农业技术模式试点、农信农机农艺融合试点、公益性服务与经营性服务融合试点、构建政产学研推协作联盟，加强技术创新和推广应用；政策优化创新是跑车的发动机。需要持续地进行改革创新，包括农村土地确权登记颁证、多种形式适度规模经营、农村集体产权制度改革、农村金融改革、扩大农业对外开放等，为三产融合的发展搭建更好的平台。农业产业链的纵向和横向拓展，是一个复杂的系统工程，至少需要以上方面的协同推进，共同配合。

四 产业链拓展中维护和实现好新型职业农民的利益

农业是立国之本，但农业属于弱质产业，外部效益明显，比较效益低下。如果出现"农业不挣钱，干活一年不如打工一月"的局面，就无法培育出新型职业农民，农业发展也看不到希望。农业产业链的拓展必须以提高农民收入为根本宗旨，利益是农民职业化的核心目标，唯有这样，才抓住了解决"三农"问题的关键。农业产业链条中，存在较为明显的"微笑曲线"，"微笑曲线"的两端朝上，代表农业产业链中附加值高的环节位于两端，即研发和营销，处于中间环节的生产与制造附加值最低[①]。我国农产品总体呈现出供过于求的态

---

① 周镕基、皮修平、吴思斌：《供给侧视角下农业"悖论"化解的路径选择与体制机制构建》，《经济问题探索》2016年第8期。

第五章 纵横拓展的产业链：新型职业农民培育的关键

势，农产品生产利润低，但农产品研发（种子与产前、产中、产后技术及保鲜、储藏、运输等）与营销的附加价值相对高，运输、加工、研发、销售等环节的利润会高于生产环节，传统农民主要集中在农业生产环节，这是利润最薄弱的环节，因此农业未来应朝微笑曲线的两端发展。农业产业链延长提升了农产品的质量和价值，为农民增收提供了一种可能和载体，为农民分享第二、第三产业融合带来的价值增值提供了新途径。为了更好地培育新型职业农民，需要建立农村第一、第二、第三产业融合发展的利益联结机制，实现利益一体化。利益一体化是农业产业化的核心，构成农业产业系列的相关经济主体演变成为风险共担、利益均沾、互利互惠、共同发展的利益共同体。"在这个利益共同体，从事初级产品生产的农民，也可以平等分享农产品加工、销售增值了的利益，农业就会因此从低效益产业转化为高效益产业"[①]。农业产业链拓展中，维护新型职业农民的利益极其重要，农业产业链延伸的根基在农业，只有农业得到了可持续发展，延长产业链才有可能，最重要的利益主体是农民，要让新型职业农民特别是种植养殖的生产型职业农民获得较为合理的利润分成，收获实实在在的利益，才能吸引更多有文化、有技术、有能力的人投入到农业生产和经营中来。当人们觉得农业有奔头，农民这个职业有甜头，自然会乐意投身这个职业，农民职业化之路才能起步顺、走得远，农业才能得到持续健康的发展，为国家长治久安奠定坚实的基础。

遗憾的是，从现实情况来看，在产业链拓展的利益分配过程中，生产型的职业农民很容易被边缘化。比如，从融合主体看，一些工商资本进入农业，很快取得优势地位，这些农业龙头企业代替了农民的农业主体地位，农民处于从属位置。从利益分配机制看，龙头企业与农户没有形成稳定的购销关系和利润分配机制，利润的大头让企业拿走了，农民没有获得产业融合中的应有红利，从产业价值链中所分享

---

① 许经勇：《以体制改革与机制创新为根本途径》，《福建论坛·人文社会科学版》2017年第4期。

的收益较低。这些状况的出现背离了三产融合的初衷，不利于新型职业农民的成长，降低了农业发展的预期，需要采取有效措施，在产业链拓展中维护和实现好新型职业农民的利益。

1. 提升农民组织化程度

农民虽然人数众多，但是力量弱小，最根本的原因是组织化程度低，分散、单个、弱小的农民和层级庞杂的政府、瞬息万变的市场打交道时，力量的大小决定了博弈的结局，原子化形态农民的天然属性决定了其在利益分配中处于弱势地位。农民在与政府有效沟通、交流时经常陷入集体失语的尴尬境地，缺乏话语权和监督权，农民的市场谈判能力低下，有效发声的渠道不够，权益容易受到侵害，维权能力弱。把分散的农民组织起来，聚指成拳，"合力办大事"是解决农民力量弱小的重要手段，组织化是新型职业农民顺利成长的重要环境和保证。杜润生主张建立农民协会，以争取和保障农民的平等公民权利。"农民占中国人口的绝大多数，其他很多群体如青少年、妇女、工人等都有自己相应的组织，只有农民没有自己的组织，没有自己的代言人。有了农会，就能够保护农民的权益，替农民发言，强化农民的谈判地位。农民有了谈判地位，就能取得平等的政治地位，与其他社会阶层共谋国事。"[①] 成立新型职业农民协会，增强农民的话语权和谈判能力，对于更好地维护和实现新型职业农民的利益，具有重要的价值：一是职业农民协会利用信息和资源的优势，搭建新型职业农民之间便利的交流平台，可以为农民会员提供产业信息服务，做好市场预测工作，指导成员做好产业发展规划，避免盲目跟风地一哄而上，减少市场失灵现象，尽量避免农产品价格大起大落，降低市场价格波动对新型职业农民造成的损失和资源浪费，提高市场话语权和竞争力；二是成立新型职业农民协会后，可以由协会出面维护成员利益，扩大新型职业农民在市场

[①] 罗大蒙、徐晓宗：《从身份到契约：当代中国农民公民身份的缺失与重构》，《党政研究》2016年第1期。

中的话语权，增强市场谈判能力，增大维权的效果。"农民协会最常见的表现形式是合作经济，合作经济的功能就在于通过组织起来的力量提高农户抗风险的能力、抗中间商盘剥的能力以及使用先进技术和生产手段的能力"[①]。通过农民协会，农民由原子化的孤立的小农，变为"市场化、社会化"职业农民，突出农民对第二、第三产业的参与和利益分享，提高农民对运营管理和收益分配的话语权，在三产融合中，建立与新型职业农民更紧密的利益连接关系，让农民能够从三产融合中获得更多的利益。通过农民协会把农民组织起来，是为了提升农民实现"实质性自由"的可行能力，体现新型职业农民在三产融合中的主体性；三是加强自我监管与约束。三产融合的长远发展，需要建立在高质量农产品的基础上，农民数量庞大，监管难，原子化的个体，有利于统治，但不利于管理，依靠行业协会进行自我约束和管理，是走向职业化的趋势，可以大幅度降低政府监管的成本和压力。可以由农民协会出面监督新型农业经营主体成员的行为，实行行业自治，增强社会组织的自我管理能力，提高成员守法经营的自觉性，为生产高质量的农产品提供保障。总之，提升新型职业农民的组织化程度，是为了更好地促进新型职业农民与市场的对接，增强新型职业农民的市场谈判能力，维护自身利益，分享三产融合的成果，推动农业的可持续健康发展。

2. 订单协作型利益连接

在农业产业链条中，生产型职业农民是利润最低的，在竞争性的大市场面前，单家独户的生产型职业农民处于"被动挨宰"的地位，农产品生产出来以后，因为不易保存，农民内部无序竞争，购买方恶意压价，甚至出现打白条、欠款跑路的事情，定价权的丧失导致农民不能充分享有农产品的市场份额收益和定价权收益，农产品收益存在非自享性，丰产不丰收，严重挫伤了生产型职业农民的积极性。2018

---

① 郭庆海：《新型农业经营主体功能定位及成长的制度供给》，《中国农村经济》2013年第4期。

年暑假，笔者从个别地区瓜农那看到，西瓜从农民手中卖出时，才卖一毛钱一斤，还要自己把西瓜装上货车，这个价格只能让农民亏本，农民是在含泪卖瓜。城市市民吃到西瓜时，一般要1.5—2元钱/斤，可以看出，中间商的利润太高，农民的利润太低，甚至没有利润，极大地挫伤了农民的积极性。弱小的农户在经营中也时常面临中间商的利益盘剥，为了让生产型职业农民更好地分享三产融合的成果，保护农民生产的积极性，需要建立订单协作型的利益联结机制。通过采取订单形式，用保护价收购，保障生产型职业农民的合法收益。双方合作经营，形成稳定的互利模式：职业农民严格按照公司的标准化要求进行生产，确保农产品的质量能够达到公司的要求，公司按事先约定的市场保护价收购农民生产的农产品，让农民免除价格下降和难以销售的风险，能够获得可预期的利润。通过订单农业的发展模式，生产型职业农民与农产品收购加工企业之间的利益关系是共享而不是盘剥，让农业产业链条创造出的效益能够最大程度惠及生产型职业农民，保证农民获取利益的稳定性与持久性，实现产业发展与农民增收更紧密地联结。农业产业链延长与新型职业农民之间的关系应该是"共享"，让农民能够共享农业产业链延长的成果，才能充分激发农民的种植积极性，为农业产业链延伸打下坚实的基础，促进农业可持续健康发展。实际上，农产品收购加工企业对生产型职业农民的恶意压价行为，对农民和企业都不利。对农民的不利是显而易见的，农民降低了收入，增产不增收，挫伤了积极性。从长远看，对企业也是不利的，在缺少稳定预期的情况下，农民为了减少成本，会以牺牲农产品质量为代价，导致企业缺乏稳定的优质原产品供应基地，农产品质量低下且难以追溯，消费者就会对食品质量安全缺乏信心，继而影响农产品收购加工企业的长远发展。

3. 股份合作型利益连接

股份合作制是源自于工商企业的管理，但是完全可以借鉴运用到农业领域，工商资本如果使用恰当，对农业发展有重要的促进作用。但是，"如果现代农业的发展以小农的破产、边缘化为代价，那么这种现代化注定是一种失败的现代化"[1]。因为资本的强势和逐利性，如果在政策上允许或倡导工商企业进入农地经营，势必发生较大规模的工商企业进入农地经营的趋势，对广大农民产生剧烈的"挤出效应"，导致大量农民失去土地经营使用权，由此引发巨大的社会问题[2]。资本下乡将带来"一种由农户以外的资本力量主导的农业市场化"，在这种农业市场化下，农户将被边缘化，被囿于农业生产环节，而无法从农业加工和经营环节得到利润[3]。有的地方忽视农民的主体地位，片面追求招商引资，在资本下乡的过程中，出台了一些有利于工商资本而不利于农民的政策，三产融合的增值效益中，工商资本拿走了绝大部分，背离了三产融合的初衷。为了让农民分享到应有的利益，需要引入股份合作型利益连接机制。农产品收购、加工企业，对纳入合同种植的农民合作社和种植大户给予股份，农户按股分红，获取流通、加工环节的相应利润。鼓励农民通过土地、资金和劳动力等要素参股农业龙头企业，使农民成为企业的股东，真正做到"风险共担、利益共享"。农业合作社要重点解决好合作社与农民的紧密度问题，可分配盈余依据成员与农民合作社的交易量（额）按照一定比例进行返还，有些合作社规定比例不低于60%，交易量越大，农民获得的盈余返还就越多，通过股份合作的方式，切实保障新型职业农民的权利。中国的基本国情是普通农户仍然占据绝大多数，对工商资本的引入一定要从这个基本农情出发，一方面要让工商企业可以正常经营农业，解决农业发展面临的资源短缺问题；另一方面，在中国人多地少的国情之下，不能让工商资本与农民争夺稀缺的生存资源，工商资本对农业和农村只能是起到正面的促进作用，绝不能是负面的剥夺。工商资本进入农业领域只能是对农民起"带动效应"，而不应该

---

[1] 苑鹏、杜吟棠、吴海丽：《土地流转合作社与现代农业经营组织创新——彭州市磁峰皇城农业资源经营专业合作社的实践》，《农村经济》2009年第10期。
[2] 郭庆海：《新型农业经营主体功能定位及成长的制度供给》，《中国农村经济》2013年第4期。
[3] 陈航英：《新型农业主体的兴起与"小农经济"处境的再思考》，《开放时代》2015年第5期。

是"挤出效应"①。也就是说,一定要处理好广大农民与直接经营种养业的工商资本的利益关系,鼓励工商资本积极投入现代农业发展的薄弱环节,如品种繁育、加工营销、品牌打造、质量安全、农产品加工等,尽量不在生产种植过程和农户进行低水平竞争,更不能瓜分种植环节职业农民的利润,工商资本要着力"带动"农民而不是"代替"农民,"融入"农民而不是"挤出"农民,形成一个有效的互补性的基本经营格局和利益共同体②。工商资本要对新型职业农民起到带动效应,就一定要让农民分享到三产融合带来的利益增值,股份合作型的利益连接机制是重要的发展方向。

---

① 张晓山:《辩证地看待工商资本进入农业问题》,中国农业新闻网(http://www.360doc.com/content/14/1030/10/1302411_421078107.shtml),2014年10月30日。
② 罗凌、崔云霞:《再造与重构:贵州六盘水"三变"改革研究》,《农村经济》2016年第12期。

第六章　有效的社会治理：新型职业农民培育的延伸性工程

从传统一家一户的小农经济走向适度规模经营，从身份农民走向职业农民，这是农村的重大社会变迁和深刻转型，对农村社会治理提出了更高的要求。农业政策影响面广，牵一发而动全身，新型职业农民的培育会倒逼乡村社会治理方式的改进和创新。同时，乡村社会治理水平的提升会给现代农业的发展创造更加良好的外部环境，进一步促进农业现代化的发展，是新型职业农民培育的延伸性工程。

一　大户经营的可能风险

为了克服分散的小规模经营的弱点，适度规模经营被寄予厚望，中央出台一系列鼓励适度规模经营的政策措施，在行政体系惯性的作用下，适度规模经营被层层加码，到镇村实践中，被演化为大规模经营，规模越大越好，土地的大规模集中必然就会衍生出大户经营。大户的规模经营和小户的分散经营相比，有一定的风险，具体表现在以下几个方面。

（一）大户经营主体自身的风险
1. 农业补贴政策的影响

农业生产是弱质性产业，利润低下，近几年来，农业生产资料的价格和人工费用大幅度上涨，土地流转的租金也不断攀升，增加了农业生产和经营的成本,难以获得相对较高的比较收益,无法吸引优质资源和高素质劳动力进入农业领域,制约了农业的可持续发展。在这种背景下,为了扶持各类新型农业经营主体的发展,培育新型职业农民,在2012年前后,各级政府出台了一系列优惠政策措施,大力鼓励土地流转工作的开展,出台了各种补贴政策,包括流转补贴、田亩补贴、农机补贴、农业基础设施建设补贴等,有些地区还有小麦补贴、粮油补贴等。在各类优惠补贴政策的支持和导向下,农村土地流转工作快速开展,各类新型农业大户不断涌现出来,政府财政补贴加上市场行情不错,大户的经营状况总体较好,有较为可观的盈利。2016年中央出台供给侧结构性改革的政策后,为了淘汰农业落后产能,促进农业结构转型升级,很多农业补贴政策取消了,大户经营面临着"补贴陷阱"的风险。加上2017年粮食价格下行,大户一下就吃不消了。笔者在皖北农村调研时,基层干部和农民反映2017年普遍亏本,以粮食种植为例,小户一亩亏一百多元,大户一亩亏三百多元,种植面积越大亏损越多。大户经营的资金需求量大,资金来源有银行贷款、亲戚熟人等私人关系的借贷、赊账经营等,并不完全是自有资金,这样大户的亏损还会带动一个面的系列亏损,引发连锁反应。地租、农资都是赊账进行的,约定好等粮食卖完后再结算,但是大户亏本后,可能导致资金链断裂,原有的承诺无法兑现,引发一系列连锁的社会问题。2017年皖北某县有一对当地种植大户,因为亏损太大,无法承受压力,夫妻双双喝农药自杀,结局很凄惨。在农业利润微薄的现状下,农业补贴会很大程度上影响农民从事生产的积极性和可能性,补贴会吸引农民从事农业生产,并不断扩大种植规模,形成规模大户,但补贴取消后,大户可能就会面临大面积亏损,带来一系列的负面连锁反应,产生"补贴陷阱"的现象。

2. 市场行情的风险

市场信息瞬息万变,商场如战场,是对市场行情风险的形象描述,特别是在信息有限的情况下,"农民对于可能面临的风险估计不足,出现误判甚至跟风的情形,尤其在基层政府的鼓励推动下,盲目

第六章 有效的社会治理：新型职业农民培育的延伸性工程 | 199

扩大经营规模将会面临更多的市场风险"[①]。在市场信息不充分、不完全的情况下，"谷贱伤农"的情况时有发生。根据2011年6月的媒体报道，"近几年大蒜价格呈现暴涨暴跌的'恶性怪圈'。2006年、2007年达到2.8元/市斤的高峰，后来跌到2008年的低谷，最低到4分/市斤；2010年则达到历史最高点6元/市斤，2011年则再次跌到不足1元/市斤。价格高的后一年便会有许多农户一窝蜂地把麦田改作蒜田，扩大生产，导致供过于求的局面，价格因此下跌"[②]。特别是在基层政府监管不严、督查不力的情况下，投机客的游资很容易进入农产品市场，部分农产品价格出现暴涨暴跌，"蒜你狠""豆你玩""姜你军"现象背后都是大批跟风生产并继而大额亏损的农户。在市场行情变动下，一家一户的小户经营亏损时产生的社会震动不大，可以在自我弥合的范围之内消化掉负面影响。因为规模小，亏损的数额就会小。但规模经营的大户则不一样，种植的产品完全以市场为导向，价格下降时，产量越大，亏损越多。并且种植的都是单一品种的农产品，意味着是把鸡蛋放在同一个篮子里，抵抗市场风险的能力更加脆弱。小户经营的农民带有自给自足的性质，生产的产品多而全，在很大程度上抵消了市场行情变动的风险。农产品大多为现货商品，运输、保鲜必须迅速安全，加大了农业主体经营的难度，当价格出现下降时，农产品不易保存，这种情况下，亏本也得甩卖，等到腐烂变质了就更加卖不出去。市场行情的风险除了体现在农产品销售价格下降外，还表现在生产成本上。大户的生产成本主要包括土地流转的租金费用、雇佣农业劳动力的成本、各种农资价格上涨的成本等方面，大户和小户相比，增加了地租费用和人工费用两项成本。笔者2018年在皖北调研时了解到，小农户50亩以内，不亏本或者少亏本，是因为不计自己和家人投入的时间成本，不负担地租。大户依靠

[①] 黄闯：《新型农业经营主体生成发展中的风险研究》，《湖北农业科学》2015年第18期。
[②] 黄宗智：《小农户与大商业资本的不平等交易：中国现代农业的特色》，《开放时代》2012年第3期。

家庭成员经营，肯定人手不够，需要雇人。农业雇工和其他行业不一样，具有非常明显的集中特点，收割、撒药的黄金时间也就只有那么三五天时间，在这几天里用工非常集中，需求量大，雇工的成本比平时要高很多，像"双抢时节"雇工成本就很高。如果因为撒药、收割不及时，会给庄稼带来更大的损失，有时候甚至出现花钱也请不到人的情况，人工费用很高，且具有不确定性。总体来看，市场行情的风险对大户影响巨大，可能会导致大户血本无归、一蹶不振。

3. 自然灾害的风险

气候、土地和用水是农业生产须臾离不开的自然资源条件，制约农业发展的，气候是主要因素，到现在为止，农业在很大程度上，仍然是靠天吃饭，风调雨顺依然是农业丰收的基础性保障，至今仍然没有根本性改变。规模化新型农业经营主体受自然灾害风险的影响程度要比分散的小规模农户经营更加严重，小农户因为规模小，风险容易被分散和消化，不会产生集聚效应，可以避免社会震动。"种植大户因专用性资产投入较大和单一的收入结构使其风险相比小农户明显加大，种植大户的经营状况影响其家庭生计"[1]。一旦出现大规模的自然灾害，大户面临的风险和后果要严重得多，容易导致家庭资金链断裂，甚至可能衍生出一系列社会不稳定因素。农业生产和销售过程中，涉及诸多的环节，任何一个环节出问题都会导致亏损。

（二）大户挤压中小户的风险表现

政府大力推动土地流转工作，扶持各类新型农业经营主体发展壮大，某种程度上就是人为制造大户和小户不平等的竞争环境，存在大户挤压中小户的风险。

1. 中农解体带来的不利影响

青壮年劳动力大量外出务工后，农民把不耕种的田地以私人的关

---

[1] 朱启臻、胡鹏辉、许汉泽：《论家庭农场：优势、条件与规模》，《农业经济问题》2014年第7期。

系流转给他人耕种，如流转给兄弟堂兄弟、邻居、熟人、朋友等，是一种非正式的流转，没有正规手续，租金很低或者象征性地给点农作物，这种自发流转模式促进了中农的兴起，中农一般耕种二三十亩田地，依靠家庭经营，能够获得比普通农户更高的收益，与外出务工的收入持平或者略低。农户间自发的小规模土地流转避免了土地的撂荒和闲置，使有限的土地资源得到更充分的使用，流转双方是口头约定，方式灵活，承包方能随时收回流转出去的土地，为外出务工遇到挫折时返回农村留下了退路，可以充分发挥农村"减震器"和"缓冲带"的作用。中农的出现是自发土地流转的结果，是诱致性的制度变迁，对增加农民收入和维持农村社会稳定具有重要价值，这些中农本身就是事实上的新型职业农民。在基层政府鼓励大规模土地流转的背景下，对流转大户采取了一系列激励和补贴措施，在更高流转价格的吸引下，农民把土地有意识地流转给大户，镇村干部对不愿意流转的农户采用"做工作"的方式，诱致性制度变迁转向半强制性制度变迁，土地向少数大户流转集中，地势平整的、土壤肥沃的优质土地都流转到了大户手中，只有一些边角地带、贫瘠的田地，因为大户看不上才会流转到普通农户手上，挤压和瓦解了中农的发展空间，消除了中农家庭的收入来源。土地流转到大户后，都会签订书面的流转合同，期限也较长，在流转期限内，农民无法收回田地耕种，大户很多都是采用机器操作，只有在农忙的时候才需要大量的劳动力，普通农民在其余时间段只能到城市去打工，在退路上面临一定的风险。

2. 在农业基础设施上

大户是政府推动的招商引资的产物，是当地的形象工程，生产经营状况关系到官员的政绩，只有在经营状况良好的情况下，才能按时、足额地支付流转租金费用，如果出现拖欠甚至无法支付的状况，就会引起土地流出方农民的上访，影响地方经济社会的稳定。在维稳压力和政绩观念的考量下，基层政府会优先回应大户的需求，满足大户在农田水利等基础设施方面的要求，通过农业综合开发、农业示范区建设和高标准农田项目，加快土地平整、机耕道和水渠的建设力度，国家资源被集中投到大户所经营的土地上。围绕着大户需求为导向的农业基础设施建设，必然需要对原有的以中小户为对象的基础设施进行大幅度改造。例如，大户是用机械化操作，需要对农田道路进行拓宽硬化，重建适合大机械作业的农田道路。原有的零散、蜿蜒、曲折的传统灌溉水系能够满足中小户的需要，但是随着土地平整工作的进行，小池塘小水沟被统一填平，原有的细小毛渠被废掉填埋，重新规划水路渠系，改用新的直线路的硬化水泥渠道，这是对原有小沟小渠水系的彻底系统改造，规模经营大户打破了小户经营时细碎化的田块格局，原有的民间道路、水利供给体系解体。小户的田地往往是在边角地带，道路和水利设施没有延伸到小户的田地中，小户很难分享到为大户设计的道路水利设施的便利，在发生干旱时，优先供应大户用水，小户或者地理位置偏僻的小块田地就考虑不上。小沟小渠小池塘被填埋后，破坏了原有的水系，这些小沟小渠能起到存蓄水的"海绵"作用，在雨量充沛时储蓄水量，用于干旱时灌溉供水，小沟小渠被填埋后，农业生产对主干河流的依赖过高，干燥缺水和洪涝灾害的可能性增加，在优先确保大户旱涝保收的前提下，最后往往是由中小户来承担干旱和洪涝带来的损失成本。在优先满足大户需求的背景下，中小农户的生产条件长期得不到改善，原有的以小农为服务对象的农业基础设施年久失修，逐渐荒废。在自发流转的中小户经营格局下，田间道路和水利是属于公共事务，每家每户都用得上，建设和维修可以通过村民们协商，是自行解决的民间行为。在大户经营的状况下，道路和水利主要为大户服务，得不到人数众多的小农的支持配合，修缮都变成了大户和政府的事情，为了吸引大户投资，最后往往演变为政府的责任，成为政府的公共服务行为，加大了政府的财政支出，因为缺少中小户的支持和保护，道路水利设施的使用年限也出现下降，加大了公共成本。

3. 在社会化服务上

现代农业的发展需要完善的社会化服务，包括政府提供的公共服务和市场调节的商业服务，不论哪种服务，都存在大户优先、小户不利的现象。先以公共服务为例，各级农技站工作人员向农民提供的农技服务是公共服务的重要内容，对指导农业生产具有重要作用，但是，在大力扶持大户发展的政策环境下，农技的服务对象正在由之前的"千家万户"小农变为如今的少数"种植大户"。大户都是基层政府通过招商引资吸引过来的，经营发展状况关系到官员的政绩，政策责任被纳入地方的行政考核中，地方政府会不自觉地把主要的人力、财力、物力投入到各类大户身上，以产生良好的示范效应。对规模大户建立专门的技术培训体系，注重专业性和实用性，不断进行新技术、新品种、新装备的引进、示范、推广应用，围绕测土配方、农药与化肥使用技术、植保、优良品种选择、病虫害防治等向大户提供免费培训，并定期向他们宣传和解释新颁布的农业政策。在工作的过程中，因为交往机会多，规模大户都与农经站和农技服务中心的工作人员建立了稳定的私人关系，存有领导和技术人员的电话，在遇到农作物病虫害或者其他不懂的问题的时候，只要打一个电话过去，就会有技术人员下乡实地走访查看，给予指导。小农则是公事公办，甚至敷衍推诿，难以享受到大户同样的优质农技服务，原本服务于小农的农技服务体系变得支离破碎，从领导到技术人员都不重视，形成了"扶大不扶小、扶强不扶弱"的农技服务格局。再以商业服务为例。在农机手服务方面，在收割季节，因为规模大，会优先为大户提供收割服务，并且价格会低一些，不愿意为分散的小农户开到村庄来，更重要的是，在天气不好需要"抢收"时，联合收割机都是为大户先收割，抢在晴好的天气收割完，最大程度上减轻了大户的损失，小户则要承担因为下雨、风暴等带来的农作物损失。从现实情况看，很多大户都有自己的大型农业机械，由自己聘请的机手操作，挤压了为当地农民提供服务的"农机手"的生计空间，这些农机手的主要来源就是原有的中户，这些中户一方面耕种一定规模的田地，一方面为当地农户提供农机服务，以此来增加收入来源，大户的兴起削减了中户的农机收入，过去方便小规模农户的农机服务体系开始解体。在商业贷款和保险服务方面，贷款需要有担保，普通中小农户因为缺乏抵押物难以贷到款，政府不会给中小农户提供担保服务，能够享受到政府融资担保服务的基本上都是大户，小户享受不到这些优惠措施。保险服务也是一样，中小农户处于自生自灭的状态，保险公司不愿意和人数庞大的小农打交道，农作物受灾后，中小户很难享受到理赔服务。在农资销售和购买方面，种植大户因为粮食总产量高，与当地粮食加工厂建立了稳定的收购关系，并且销售价格能够得到保证，小户显然不具备这个优势，经常面临不能及时销售出去并且有被压低价格的风险。在农资购买上，大户因为需求量大，农资厂商会和经营大户直接对接，双方建立了稳定的合同购销关系，减少中间环节，大户能够以更便宜的价格购买到农资，更便捷地获得农技服务和市场信息，小户购买农资往往价格更高，不便利快捷。总体来看，以小规模农户为主要服务对象的农业服务体系在产业链中被逐步瓦解，小规模农户所面临的农业生产条件日趋恶化，整个农业产业体系更加不利于小规模农户的生存[①]。某个区域的农业生产如果越来越依赖于少数大户，实际上加剧了此区域农业生产的脆弱性。

4. 在利益分配上

各类大户是当地招商引资的成果，是举足轻重的社会群体，在很大程度上能够影响当地的农业生产状况，受到基层政府和官员的高度重视，与小户相比，具有更大的发言权和影响力，能够争取到更有利于大户的利益分配。在农业补贴上，基层政府为了鼓励土地流转，按照种植规模的大小设置不同的补贴标准，大户享受到的农业补贴，远高于普通农户，这在很大程度上成为大户成长的原动力；在农业植保补贴上，原有的模式是采用均分的方式，分到各个村级组织，再由村级组织按照行政区域承担植保和一些公共生产性服务，均分模式下是雨露均沾，小户也能享受到植保和公共服务的利益，大户兴起后，植保补贴根据土地承包面积分给了种植大户，在大户之间按照规模大小

[①] 冯小：《新型农业经营主体培育与农业治理转型》，《中国农村观察》2015 年第 2 期。

瓜分掉了。在农业贷款和保险上，为了扶持农业发展，有一些政策性的无息低息贷款，大户往往依靠与政府部门的各种便利关系来争取，基本上是由大户获得，小户享受不到无息低息的利益优惠。农业保险也大体如此，农作物遭受损失后，对普通农户来说，理赔的手续复杂，也不知道该怎么走程序，即使最后能得到赔偿，数额也很小，小户觉得浪费时间和精力划不来，往往选择放弃，在实际层面上得不到任何补偿。大户则会因为基层政府和保险公司的重视而享受不一样的待遇，可能采用变通的方法，把小户应得的赔偿被秘密地"补贴"到了大户身上。在利益谈判和分配时，区域内大户的数量少，彼此之间都认识，很容易联合起来，变成有组织的谈判行为，向当地政府施压，迫使地方政府作出倾向于大户的惠农资源分配政策。在农业生产和经营中，大户会牵头成立各类合作社，担任合作社的负责人，中小户可以参加进去成为社员，在合作社的内部结构中，因为监督机制、制约机制和信息不对称，往往是负责人说了算，在现实中，严格落实制度更难。很多合作社成立的初衷，是为了享受有关优惠政策和资金扶助，甚至成为牵头人钻政策空子的工具。内部信息不对称，合作社的年终分红是象征性的，在涉及利益分配时，中小户的普通社员能够分享到的利益有限，形成有利于大户的分配格局。

5. 小户反抗带来治理的困境

大户在成长发展的过程中，从一定程度上说，挤压了普通农户尤其是中农的利益，大部分农户沦为了土地和劳动力的提供者，普通农民在"红眼病"和"贪便宜"的心理下，可能会对大户作出一些反抗和非常规的行为。明抢当然是非法的，农民不会也不敢这么做，但"弱者的武器"仍然有很多。大户在有些环节上需要雇工，农民就在雇工的过程中"揩油"，例如收割的时候，对没有收割干净的"拾稻穗"，类似于捡破烂的行为，边捡边偷，"白天捡，晚上偷"，以"拾稻穗"的名义，有意无意地从稻田里割稻子。田地是开放的，不像工厂的厂房有围墙，监督管理的成本很高，针对农民这种"顺手牵羊"的行为，大户也没有办法。土地平整后，有一些边角地带的小块碎地，大户觉得使用价值不大，就荒废不用，农民就去见缝插针的耕种，在小户农民看来，这些田地闲置着也是浪费，不种白不种，大户认为这些田地在流转的范围之内，即使闲置了，小户也不能耕种。在道路、水渠旁边的"公共地"，大户不给小户耕种，因为耕种过程中客观上会对道路、水渠产生一些损害，侵犯了大户的利益。小户则认为这些"公共地"不属于大户的流转范围，也没有缴纳流转费用，当然可以耕种。在大户生产经营的过程中，很容易与小户农民发生冲突，增加了利益纠纷和矛盾冲突，可能影响农村社会稳定，给社会治理增加了难度。

（三）大户给粮食生产带来不确定性

1. 大户单产下降

精耕细作的小规模农户，单位面积的粮食产量，要比规模大户高，大户和小户相比，大户产量上不去，规模越大，单位产量越低。有经验的农民告诉笔者，可以从农作物的长势来判断大小户，农作物长势好的都是小户种植，小户不长草，小户禾苗长得都一样齐，苗不整齐、长草的是大户，雇人干活工作不细致，科技到位率低。大户家庭内部人手不够，是请人种植和管理，农作物生产的过程中，监督成本太大，无法进行有效的管理，导致大户的农作物产量下降，也就是说，同等数量的田地，在小规模农户的经营下，能够比大户生产出更多的粮食。笔者从调研中了解到，小户种植的水稻，一亩地要比大户多一两百斤。从一个微观的层面看，一亩地少一两百斤粮食，好像也不是什么大事情，尤其在粮价低迷的情况下，不容易引起民众和政府的关注，但是如果从一个农业县的范围来看，这个缺口就已经很可观了，放眼全国，那就是一个非常庞大的数字。在田亩数没有减少的情况下，大户种植的粮食因为管理上的困难，会带来产量下降，从而给农业生产增加不确定性影响。

2. 边角地带的土地闲置

大户承包的土地集中在平坦的易耕作区域，便于灌溉，通过机械操作可以减少人工成本，位置、水利条件不好的边角地带，更多地需要雇佣人工进行管理，在成本收益的衡量考虑下，大户往往选择抛荒。但是在小户耕种经营的情况下，边角地带的土地也不会出现闲置，小户在耕种经营时，基本不考虑自家的劳动力成本，也没有管理监督的成本，总体上是保持着双季稻种植结构。这也就是说，大户和小户相比，因为边角地带的土地抛荒，降低了耕种的田亩数，带来粮食产量的减少。在粮价低迷且进口粮食便宜的情况下，粮食产量下降似乎不是很重要的事情，但是，粮食是特殊的商品，对于一个拥有14亿人口的大国，粮食安全必须牢牢掌握在自己手中，保证安全的粮食产量是国家长治久安的基础。

3. 粮食生产的脆弱性

小户种植的情况下，因为数量众多，粮食生产出现系统性风险的可能性会大幅度降低，东边不亮西边亮，粮食生产的风险被众多小农户分摊了。大户种植情形就不一样了，当一个农业县的粮食主要由少数大户来生产的时候，无疑风险会大很多，生产经营状况更具脆弱性。类似于农作物种子的储存和管理一样，当每家每户都会保留种子的时候，尽管有少数农户可能因为种子质量不行而降低了农作物的产量，但这毕竟是个别或者少量的现象，不会出现本区域系统性的风险，但如果种子是由本地一家或者少数几家统一供应，当种子质量出现问题的时候，就会在本区域出现系统性的风险反应，其影响面会比单个农户大得多。在粮食生产上，安全是至关重要的，保持粮食生产的稳定性和连续性具有重要意义。

（四）思路与对策

1. 发展新型农业经营主体不能排挤中小型农户

中国是一个农业人口众多的大国，人多地少是基本国情，农业人口城市化迁移是一个长期的过程，我国在相当长时期内中小规模的普通农户和兼业农户仍然在农业生产中占据很大比重，政府培育和发展新型农业经营主体，方向是对的，符合现代农业的发展趋势，但不能操之过急，新型农业经营主体是对农村基本经营制度的完善和发展，大户与中小户会长期共存，和谐共处，互相促进，不是简单地推倒重来，更不是把农民挤出农田。"探索农业经营体系变革过程中，如果一味重视新型农业经营主体的需求，将资源、政策、利益等通通予以之，而不关注广大分散的普通农户的需求，就可能在服务新型农业经营主体的过程中进一步削弱当前为普通农户提供的最低限度的生产服务，从而导致普通农户的破产"[1]。在实践中如果确立以大户为中心的导向，小规模的传统农户和兼业农民可能会被边缘化。利用政策引导来"制造大户"，农业本身是一个关涉千家万户生计来源的产业部门，如今转变为少数种粮大户的"赚钱营生"，"眼中无农民，目中无村庄"的思路大行其道，可能引发大量潜在的社会问题[2]。大户对中小户农民要发挥好带领和促进作用，而不是"代替"，不能忽视、排斥千家万户的中小承包经营农户。在积极培育各类新型农业主体的同时，还要对大量中小规模的普通农户和兼业农民予以政策宽容和应有的支持，不能在大户和中小户之间出现二选一的情况。

2. 重视风险评估与化解

在政策导向的影响下，当前的一些媒体在对新型农业经营主体进行宣传时，存在一定的主观选择性，对正面的盈利案例进行广泛宣传，对亏损、失败的案例很少提及，在这种舆论氛围下，可能会在全社会造成一种错觉和假象，认为新型农业经营主体的发展前途会一片光明，忽视其可能遭遇到的各种风险。"政府在培育新型农业主体的过程中，需要本着实事求是的原则，遵循市场调节的客观规律，各项奖补政策不能以经营规模作为唯一标准，土地流转与规模经营支持政策设计中应将大户经营风险因素纳入其中，鼓励适度规模经营"[3]。

---

[1] 李长健、杨莲芳：《三权分置、农地流转及其风险防范》，《西北农林科技大学学报》（社会科学版）2016年第4期。

[2] 冯小：《新型农业经营主体培育与农业治理转型》，《中国农村观察》2015年第2期。

[3] 江激宇等：《种粮大户经营风险感知机理与实证检验》，《西北农林科技大学学报》（社会科学版）2016年第4期。

培育适度规模经营的新型职业农民，不要图大、图规模效益和轰动效应。如何帮助种植养殖经营大户识别风险，提高农户风险认知，加强事前风险管理，显得特别重要。实际上，经营农业是很不容易的，非常辛苦，也很有挑战性，在某种程度上，农业是一个需要有情怀的事业。大户在启动资金和雇佣劳动力上有更大的需求，资金可能是依靠银行贷款和民间借贷，雇佣农业劳动力面临监督难管理难的困境，中小户自家劳动力比雇工经营的劳动力更为便宜和高效。一旦农产品市场价格下降和政府扶持政策取消，或者遭遇自然灾害时，大户就可能面临很大的风险，产生一系列社会问题。

二 行政推动型土地流转的风险

土地流转是走向适度规模经营的基础性条件，也是新型职业农民培育的基础，但是土地流转是一个长期的自发过程，需要遵循经济社会发展的规律，如果操之过急，用行政手段推动土地流转过快进行，可能会带来潜在的风险。

（一）诱致性土地流转与强制性土地流转

土地流转在民间一直都或多或少地存在，比如某户因为什么特殊原因，把自己的田地给亲戚邻居短期耕种，这是土地流转的最初始形态。改革开放以后，农村青壮年劳动力大规模外出务工，农村形成一种全新自发的土地流转模式，进城打工的农民在差序格局的指引下，按照就近和便利的原则，把土地流转给自己的亲戚朋友、叔伯兄弟、邻居熟人耕种，免费耕种或者收取较少的费用，或者在年底时送一点农产品作为象征性的回报。那些没有进城打工的中老年农民能够有机会以较低的费用承包相对较多的土地，成为事实上的中农。留在农村的中农以自家劳动力的最大限度为界，通过经营适度规模的土地获得较为体面的村庄生活，他们的种地收入与外出打工者的收入基本持平，或者略微低一点，但是却可以一家人在一起，避免留守儿童和老人的出现，可以算作村庄的中等收入群体。这种建立在市场需求基础上的诱致性土地流转对双方都有利，外出打工者通过土地流转获得一定的收入，一旦在城镇就业失败，还可以要回土地继续耕种，能够在城乡之间进退自如，解决了外出打工农户的土地处置问题，避免了土地撂荒。通过土地自发流转形成的中户和小户，是典型的新型职业农民，因为他们主要的收入来源和主要的时间精力都在农业生产和经营上，不是非要大户才是职业农民。建立在自发基础上的诱致性土地流转遵循差序格局的原则，主要以血缘关系、人情关系为支撑，依靠村庄社区内生的社会信任，几乎不需要基层政府和乡村干部的干预，在村民间内部可以协商解决，是农村社会内在的一种灵活、可逆的土地流转制度。这种流转方式是一个长期的过程，很难出现"看点"式的轰动效应。

进入 21 世纪以后，土地流转受到中央的高度重视，实行适度规模经营，发展新型农业主体成为主导思想，如党的十八届三中全会指出："鼓励承包经营权在公开市场上向专业大户、家庭农场、农民合作社、农业企业流转，发展多种形式规模经营"。土地流转工作从宣传层面进入实质性的推动层面，2013 年中央一号文件提出，要"创造良好的政策和法律环境，采取奖励补助等多种办法，扶持联户经营、专业大户、家庭农场，鼓励和支持承包土地向专业大户、家庭农场、农民合作社流转"。在国家宏观政策引导和基层政府行政主导下，自发形成的土地流转正在慢慢转向行政推动型的土地流转，基层政府持续介入并发挥着越来越重要的作用。土地流转过程中，一些地方政府强行推动，片面追求流转规模，导致农民权益受到侵害。在地方实践中，为了追求轰动效应和亮点，为了政绩工程，往往不是依靠市场配置资源，不是一个自然的发展进程，而是采用行政手段推动土地流转。"比如河南省 41.3% 的土地流转中有政府介入，宿迁 1/3 的土地流转有政府介入。"[①] 土地流转率大幅度提升的背后，能够看到基层

---

① 杨玉珍：《传统农区三权分置政策执行的风险及影响因素》，《中州学刊》2016 年第 12 期。

政府的行政推动。"这种由政府主导的强制性制度变迁消灭了诱致性制度变迁的可能性,政府推动的资本下乡与土地大规模流转破坏了土地的自发流转秩序,并且排挤了由此形成的中农群体。"[1] 在推动土地流转的行政冲动下,权力和资本越走越近,基层政府在土地对外发包时往往会优先考虑有经济实力的主体,主要是资本雄厚的工商企业,达到招商引资、吸引资本下乡的目标,有耕作意愿、种植经验和管理能力的"中农"不一定在投标中有优势,形成了大力培育新型大户、大面积规模经营的政策实践。

(二) 基层政府行政推动型土地流转的逻辑

基层政府和官员采取行政手段推动土地流转,有其自身的逻辑,可以从公与私的两个角度进行分析。

从公的角度来说。一是积极响应和落实中央号召。中央政府提倡土地流转,走适度规模经营之路,培育新型农业经营主体,在这样的政策背景和氛围下,基层政府推动土地流转,通过招商引资引入各类新型大户,是表明对中央政策的认真执行和积极实施,是一种政治表态,在创新农业经营体制、培育新型农业经营主体的政策引导下,演化为政府主导的土地流转。镇村两级组织倾其全部精力与资源来进行"攻坚战",入户开展土地流转的动员工作,为了提高流转率,试图推动土地的整村流转。镇村干部用自己丰富的"做工作"经验,采用各种正式、非正式、软硬兼施、软磨硬泡的办法,进行土地整村流转的动员,在很短的时间里迅速地扩大流转规模。二是有可能增加村集体的收入。在大规模的土地流转尤其是整村推进的土地流转中,流入方往往不是找村民谈判,因为村民的数量太多,沟通协调成本太大,而是找村集体谈判,再由村集体去和村民谈判,这种模式给村集体追求经济利益带来了机会,调动了村集体的积极性。村集体与一家

---

[1] 冯小:《新型农业经营主体培育与农业治理转型》,《中国农村观察》2015 年第 2 期。

一户农民谈判时，会尽量压低土地流转的租金，村集体与流入方大户谈判时，会尽量抬高租金，村集体能够从两个租金的差额中获取更多的私利，当然，这也意味着农户的权利在该过程中受到侵害。村集体推动土地流转还可能获得更多的工作补贴，在鼓励土地流转的大背景下，各级政府制定了一些措施，如根据流转的规模给予村集体一定数额的工作补贴，这也增加了镇村组织推动土地流转的动力。三是更便于管理和控制。小农数量众多，大户相对于小农来说，更容易受到政府的控制，实施和贯彻政府的政策。例如，40个耕种400亩的大户，要比2000个每户种植8亩的小户，更容易管理得多。对地方官员们来说，他们在上级面前能够显得更加能干，又能确认上级政策的正当性。人数众多的原子化小农不利于管理，镇村干部不愿意和一家一户的小农打交道，更愿意和大户打交道。

从私的角度来说。一是可以形成政绩工程。在行政力量的推动下，可以在短期内迅速扩大流转规模，提高流转比例，显示了"突出"的工作能力。这些"业绩"是地方政府强力推动的结果，并没有严格遵循市场化规律运行。"这种机制很容易自我再生产、扩延，而其代价则是劳动和其他各种投入的低效使用，由此妨碍真正的农业发展"[1]。这些业绩是虚假的繁荣，到最后是各类新型农业经营主体买单，是民众以财政的方式买单。二是有机会牟取私利。土地流转工作是在镇村干部的具体组织实施下推进的，在缺乏有效监督和制约的情况下，镇村干部可能有机会在推进土地流转工作中，利用手中的权力牟取私利，这类似于城中村的土地征用和拆迁工作。镇村干部在帮助大户开展土地流转工作中，借工作之名，获取私人之利。

（三）行政推动型土地流转的可能风险

行政推动型土地流转借助行政的力量推进，破坏了原有建立在市

---

[1] 黄宗智：《中国农业发展三大模式：行政、放任与合作的利与弊》，《开放时代》2017年第1期。

第六章　有效的社会治理：新型职业农民培育的延伸性工程

场需求基础上的自发流转，速度过快、规模过大，现实中可能存在以下风险。

1. 政府惹火上身

在政策扶持和资金配套的引导下，各类新型农业主体获得了合理的发展利润，迅速流转了大规模的田地。"行政推动型土地流转中基层政府发挥了重要作用，为了扶持新型农业经营主体的发展，有的利用财政资金和挪用各类涉农项目资金集中支持个别家庭农场、专业合作社和龙头企业，作为领导参观示范点等。"① 但是，政策扶持和资金配套不是一直维持下去的，农产品的市场价格变化更加迅速，这些都给大规模的土地流转带来了风险。流转大户在很大程度上是依靠政府补贴来获利，如果哪一天政府不补贴了，生产经营就更困难了。笔者2018年在皖北某县调研时了解到，大规模土地流转已经带来了问题。当地种植水稻大户在1000亩以上的，2017年就不赚钱，一个重要的原因是2017年政策补贴取消了。以前盈利在很大程度上是靠政策补贴，如达到一定土地流转规模，就给多少补贴等。2017年开始，稻谷小麦的保护价取消，小麦尤其是玉米的价格下跌很厉害，再加上雇工的人工成本近几年大幅度提升，规模大户近两年处在亏损状态，如果再不改变，现有的状况很难维持下去。流入方大户利润下降，导致农地流转的价格也在下降，2014年当地流转价格是每亩每年800元左右，2017年下降到只有四五百元，农民们对此普遍不满意，不愿意接受流转价格下降的事实。种植大户因为亏损无法经营，不想再流转土地，想把田地退还给农民，或者提前结束流转协议，但农民对此不能接受。农民因为多年不种田，农具农机等资料都已经荒废，再重新种田，很多农资器械需要重新购置，就要付出更大的成本。土地平整后，有些改变了用途，再变回去，农户就会损失一些田亩数，还涉及灌溉水渠等的重新调整。当初在

---

① 孙宁华、堵溢、洪永淼：《劳动力市场扭曲、效率差异与城乡收入差距》，《管理世界》2009年第9期。

大力推动土地流转时,基层政府对农民和大户都描述了一幅"美好的未来":农民把土地流转出去后,可以获得土地租金收入,随着生产经营状况的改善,租金收入还会有更好的预期,农民可以被新型大户雇佣从事生产和管理工作,获得工资性收入,也就是说一份田地能获得两份收入。大户是政府招商引资的结果,当地政府一定会创造良好环境,给予全方位的支持和服务,在惠农政策的带动下,一定会发展得越来越好,有一个光明的前景。现在大户遇到困境了,不愿意履行合同流转土地,或者把流转租金大幅度下降,基层政府夹在大户和农民之间是进退两难,骑虎难下。流转后,对土地进行了平整,建了一些基础设施,如更宽广的马路,每家每户之间的小田埂都没有了,小灌溉水路也被填埋了,小的田间道路也没了,如果不再流转,重新退回各家各户耕种,这些都需要重新补上,费钱费力费时。更重要的是,土地平整以后,有些因为种植养殖的需要,改变了土地用途,如养鸭大户挖了很大的池塘,现在再把田地退回去,挖池塘的地方已经很难再变成良田了,意味着良田的亩数减少了,这个损失由谁来承担,村民们不愿意接受。大户不能退出流转合同,又无法按时足额支付流转租金,最后只能"跑路",农民就去找政府,最后残局是交给基层政府来处理。镇村干部采用行政力量来推动土地流转,即使初衷是好的,但最后也是好心办坏事,惹火上身。建立在自发协商基础上的诱致性流转,因为没有基层政府的介入,依靠村民间传统的信任和人情,在流转土地的退出上,不会产生明显的震动感,也不会把矛头指向基层政府。

2. 失地农民无路可退的潜在风险

长期的、持续的土地流转,需要农户家庭的主要劳动力已经相对稳定地转入非农业部门就业,获得比较可靠的收入以后,才有可能较为彻底地退出农业和农村,在此之前,土地仍然是农民的退路与保障,土地流转仍然存在反弹甚至倒退的可能性。农民在土地流转后,如果缺乏新的就业机会和完善的社会保障,一些不愿意流转土地的农民极端反对地方政府的行为,这为农村社会安全埋下了隐患。"进城农民要有返乡退路，农村是现代化的稳定器和蓄水池"[1]。"农业转移人口市民化是一个长期过程，资本下乡推动的土地流转可能会剥夺农民最后的生活保障，使得中国农民走向无地雇工的方向"[2]。长时段的甚至永续的土地流转让农民没有安全感，退路的空间在不断压缩，有可能演变为流民的风险。这种长时段的没有退路的土地流转，带来的是对目前相对均衡的城乡二元结构的过度冲击，将使农村作为现代化过程中"蓄水池"的作用减弱甚至消失。2008年全球金融危机，大批农民工无法在城市就业而被迫返乡，但并没有引起大的震动，整个社会较为平稳地渡过，最重要的原因就是农民有退路，土地就是农民的退路和保障，地域广阔的农村发挥着巨大的"蓄水池"作用。在城市社会没有足够就业岗位容纳农村剩余劳动力之前，土地仍然起着重要的退路与保障的作用，行政推动型土地流转要高度重视和避免农民无路可退的风险出现。

3. 牺牲掉最佳的农业生产效率

基层政府推动土地流转，想吸引有实力的工商资本下乡，这些实力雄厚的工商资本往往是在农产品的加工和销售环节更有优势，在农产品的生产环节，则不一定有优势，往往不具备最佳的生产效率。"真正农业生产的主力是拥有20亩到50亩耕地的中等规模，几乎完全依赖自家劳动力的中农。"[3] 中农在农业生产上具有如下优势：一是农业生产经验丰富。现代农业依靠先进的科技与方法，但仍然离不开传统经验，没有务农经验的人很难管理好一个大型农场的生产与经营，基层政府引进的工商资本负责人往往没有从事过农业生产，缺乏农业生产管理的经验甚至常识，导致农业生产效率不高。中农是在传统小农的基础上一步步摸爬滚打发展壮大的，对农业生产和管理非常

---

[1] 贺雪峰：《农村：中国现代化的稳定器与蓄水池》，《党政干部参考》2011年第6期。
[2] 黄宗智：《中国新时代的小农经济导言》，《开放时代》2012年第3期。
[3] 黄宗智：《中国农业发展三大模式：行政、放任与合作的利与弊》，《开放时代》2017年第1期。

熟悉，拥有丰富的经验；二是土地流转价格低廉。中农主要是依赖亲戚朋友和邻居熟人的土地流转而扩大了自己经营的土地面积，是一种依赖人情和信任的非正式流转，地租价格低廉，甚至只需要象征性或礼物性的表达，流出方是为了避免土地抛荒而带来肥力下降，并不把流转价格作为获利目标，只是给自己外出务工留一条退路，基于私人关系的流转没有破坏原有的土地结构和形态，灵活方便；三是不需要雇工。中农不需要像大农场那样雇工，依赖家庭相对低成本的辅助劳动力来耕种自家的土地，老人、妇女甚至小孩都能发挥出作用和价值，更不需要雇用监督人员，没有监督和管理成本，符合农作物生产和管理的特点。正是通过这样的机制，中农的亩产量会高于规模大户。建立在适度规模经营基础上的中农是最关心村庄事务的阶层，不仅是村落经济上的中坚人物，也是社区里的中坚人物，具有持续的可发展性。

（四）思路与对策

1. 确立土地流转是方式而非目标的理念

土地流转是为了实施适度规模经营，实现提高农业生产效率的目标，土地流转只是一个方式和手段，而不是目标，是为提高农业生产和经营的效率服务。因而，不能为了流转而流转，不能为了规模经营而规模经营，土地流转不能操之过急，地方政府要改变错误的政绩观，纠正求快、贪大的政策导向，杜绝定指标、下命令等方式。为了防止基层政府一哄而上，追求轰动效应，中央政府在2014年国家农村土地流转意见"5年内完成承包经营权确权"中提出：严禁通过定任务、下指标或将流转面积、流转比例纳入绩效考核等方式推动土地流转，防止少数基层干部私相授受，谋取私利[1]。"土地流转的规模、比例和速度要与整个经济社会发展的程度紧密联系

---

[1] 中共中央办公厅、国务院办公厅：《关于引导农村土地经营权有序流转发展农业适度规模经营的意见》，2014年11月20日。

起来，就一个地区或全国而言，只有当大部分农业劳动力稳定地转入第二、第三产业后，才具备了推进规模经营的基本条件，才不会引起强烈的社会反弹。"① 脱离国情过分追求扩大农地经营规模的做法，会带来巨大的经济社会成本，对中国农业现代化进程没有益处。行政力量推动土地流转，在很大程度上是为了追求政绩，树立典型，作为"看点"工程的生产经营大户，是在各种政策、资源的堆积下涌现的，违背了新型农业经营主体自然生成过程，没有可复制性和可推广性，扭曲了资源配置，人为制造不公平的环境，引发社会矛盾。在土地流转工作开展中，需要建立在市场需求的基础上，重视血缘关系、人情关系等非正式关系的支撑，借助农村社会内生人际信任的力量来维持土地自发流转的秩序，把政府的行政成本降到最低，政府只需要提供一些基础性的公共服务，不需要介入具体的事务中，这样就不会成为土地流转矛盾的焦点，不会惹火上身，促进土地流转工作平稳良性运行。

2. 建立民主的土地流转工作机制

行政推动型土地流转在很大程度上就是以政府和官员的意志来代替农民的自主性，没有充分尊重农民的意愿。要克服行政力量推动的缺点，就要充分尊重和发挥好农民的主体性。"在土地流转中，要遵循依法自愿的原则，任何组织和个人都无权代替农户决定承包地的流转，坚决杜绝用'下指标、定任务、赶速度'等行政手段来推动土地流转。"② 除了必需的国家建设用地外，土地流转必须征得土地所有者和土地使用者同意，经过民主的议事程序。有必要大力推行村民代表大会、村民议事会、村民监事会的三会制度，要健全以村民会议和村民代表大会为主要决策形式的民主制度，实现村民

---

① 陈吉元、韩俊：《邓小平的农业"两个飞跃"思想与中国农村改革》，《中国农村经济》1994 年第 10 期。
② 董帮应：《基于规模经营视角的农户经营主体的变迁》，博士学位论文，安徽大学，2014 年。

自我管理、自我教育、自我服务，变"代民作主"为"让民作主"①。要避免镇村干部"代替"农民做主，就要加强对农民的培训，增强农民的民主权利意识和法治观念，提升农民参与农村民主管理和维护自身民主权利的能力。土地流转工作开展过程中，补偿金额要体现土地使用权的市场价值，不能出现人为压低的情况，还要从法律上杜绝土地商业性开发对农户土地权益的侵害，不能改变土地的使用性质。

三　乡村灰色势力的渗透风险

新型职业农民培育是发生在广袤的农村大地上，农村社会环境会影响到新型职业农民的发展壮大，乡村灰色势力是农村社会环境的一个构成方面。"乡村灰色势力，主要是指对乡村治理造成干扰的宗族势力、非法宗教势力和封建迷信势力，属于我国乡村治理体系中的民间力量，它介于黑白势力之间，对社会运行秩序具有一定影响力和控制力。"② 乡村灰色势力的存在会对新型职业农民的成长环境产生重要影响。

（一）乡村灰色势力产生的背景

1. 社会转型的真空地带

漫长封建社会权力体制的一个重要特点是"皇权不下县"，即国家的正式政权机构只设在县一级，县以下实行的是官僚体制下的乡村自治③。自治的主体是乡绅，还有村落里德高望重的族老。"传统中国是建立在自给自足的自然经济生产方式之上，农户与外部的交往和对外部的依存度很低，农民的日常生活和交往很大程度上在村落的范

---

① 衡霞：《农地流转中农民土地处分权保障研究》，《安徽农业科学》2013年第24期。
② 杨述明、张社：《破解乡村灰色势力治理困境》，《社会治理》2016年第2期。
③ 吴晓燕：《农民、市场与国家：基于集市功能变迁的考察》，《理论与改革》2011年第2期。

第六章 有效的社会治理：新型职业农民培育的延伸性工程 | 219

围内进行，农民依靠家庭和家族，以及由家族构成的村社，便可以基本满足他们的需要。"[①] 中华人民共和国成立后，加强了基层建设，国家政权延伸到最基层，作为传统自治主体的乡绅趋于瓦解，族老的地位也在不断下降，村干部扮演着越来越重要的角色，原有的自治模式被削弱。"改革开放以后，中国社会在急剧转型的过程中，个体化特征越来越明显，农民的原子化程度越来越高，地方社会的价值规范日益多元化，村庄逐渐失去了对边缘群体的规约能力。"[②] 传统的机制在不断地走向瓦解，新的机制尚未有效建立起来，转型期间的真空地带为乡村灰色势力的产生提供了可能和契机。最近十多年来，中国农村正在发生着空前巨变，今天的农村社会已与"乡土中国"的理想类型有很大不同，可以说，农村社会已经陷入了一定程度的"结构混乱"，所谓"结构混乱"是指种种因素导致村庄共同体趋于瓦解，乡村社会面临着社会解组的状态[③]。特别是从取消农业税后，国家权力逐渐从乡村社会淡出，无法对乡村社会进行全面细致地管控，基层政府从过去的"汲取型政府"转变为"悬浮型政府"，基层政府与乡村社会各种力量之间的关系日益松散，这就为乡村黑恶势力的登场提供了巨大的空间[④]。这些转型期留下的缝隙给灰色势力提供了发展空间，灰色势力群体正在通过各种方式影响村庄的社会秩序，经常是以"幕后"的方式出现，具有隐蔽性，增加了找寻证据和有效打击的难度，影响了新型职业农民的培育土壤。

2. 乡村灰色势力发挥着"特有"的功能与作用

中国的行政体制呈现出"上面千条线，下面一根针"的特点，上级的政策、指示和要求最后都是落实到镇村干部来执行，基层干部应

[①] 徐勇：《现代国家建构与农业财政的终结》，《华南师范大学学报》（社会科学版）2006年第2期。

[②] 赵晓峰、何慧丽：《合作化还是组织化——"国家、市场与农民"关系框架下农村基层组织制度变革路径的建构》，《中共杭州市委党校学报》2013年第5期。

[③] 董磊明、陈柏峰、聂良波：《结构混乱与迎法下乡》，《中国社会科学》2008年第5期。

[④] 韩志明：《乡村黑恶势力的生成逻辑及其运作机制》，《国家治理》2018年第3期。

接不暇、疲惫不堪。越是基层的政府，越是责任大权力小，是一个责权利不对称分配的体制，这是很多基层干部抱怨工作开展难度大的原因。政府在开展工作的时候，受到政治伦理和法律的约束，要依法依规办事，否则会被上级政府"问责"，碰上不讲道理的"刁民"，工作就会陷入僵局，无法推进，上级政府往往要求在规定的期限内完成，碰上这些"棘手"的事情，基层政府通过常规手段不易做成，需要乡村混混提供一些帮助，彼此间存在合作的空间。乡村混混游走于法律的边缘，不受传统伦理规则的制约，基层政府不方便出面的事情，乡村混混就派上了用场，在村民眼中看来，乡村混混是不讲道理的，不按常理出牌，甚至以暴力相威胁，村民一般都不敢惹混混。乡村混混又怕政府，有小尾巴抓在政府的手中，如果政府下定决心要打击，乡村混混就没有生存的空间，因而在现实中形成了"政府怕老百姓、老百姓怕混混、混混怕政府"的循环圈。"基层政府需要利用灰色势力这种民间力量，帮助其在乡村治理中更好地实现成本节约化和利益最大化目标。"[1] 例如，在计划生育和收取农业税期间，在遇到村民直接或间接抵制时，镇村干部往往束手无策，收不起税就是没有能力，没有能力就要下台，乡村混混经常被镇村干部用来收取各种税费，能够给镇村干部和基层职能部门增加政绩，提升在全县的排名。很多混混利用帮助征税的机会迅速崛起，有些甚至把身份漂白，进入了村干部的队伍。在拆迁地区，因为关涉到的利益很大，基层政府碰上钉子户无法推进工作时，往往也会借助混混的力量，这都给乡村灰色势力提供了发展空间。乡村混混除了与镇村干部和基层职能部门有合作之外，还在乡村社会发挥着一些其他功能，典型的表现就是"收人钱财，替人办事，为人消灾"。有人的地方就有江湖，就有利益纷争，面对社会上一些三教九流的人，得有办法对付，能够想办法"摆平"，做任何一件事情，即便是合法的事情，背后很可能都需要这种灰色的力量提供保障，几乎只要有利益的地方就有混混。例如，有些

---

[1] 杨述明、张明：《破解乡村灰色势力治理困境》，《社会治理》2016 年第 2 期。

第六章 有效的社会治理：新型职业农民培育的延伸性工程 | 221

农业企业就需要借助乡村混混来追讨债务，有些私营企业主为了生意上的利益，指使混混给竞争对手制造麻烦，用非法手段谋取更大的市场利益。为了解决这些麻烦，另一些企业则需要混混来"保驾护航"。村庄经济精英与乡村混混存在结盟现象，彼此互相利用，各取所需。村庄经济精英借混混之手，用非常规的方式在市场竞争中取得特殊地位，谋取更多的灰色利益；混混依附于村庄经济精英，充当其保安和打手，获得自己的收入和地位①。这种结盟挤压了新型职业农民的发展空间，损害了新型职业农民的合法权益。

3. 基层政府的弹性执法

乡村混混游走于法律的边缘，虽然会不断地犯事，但是往往并不直接采取黑恶性质的暴力手段，杀人放火的事情很少做，大多只是以暴力为后盾的威胁，不从事性质特别恶劣的犯罪活动，不触及国家治安的底线，不犯政治性的大错误。只有那些经验阅历浅的不知道把握轻重的小毛头才会搞出事来，遭受实质性打击，经验丰富的地位较高的混混不会轻易搞出事，不会让人容易抓住把柄，游走在法律可以容忍的限度内，呈现出"小错不断、大错不犯"的特点。常规状态下，基层政府往往睁只眼闭只眼，多一事不如少一事，不会轻易干涉，即使出面干涉了，也是象征性地做做样子，不会造成毁灭性的打击。乡村混混往往是精明能干、头脑灵活的人，老实巴交的农民还干不了乡村混混的活，他们善于处理和镇村干部的关系，知道怎样去规避法律，游走在法律的边缘而不会出事，违法犯罪手段越来越隐蔽化，从前台退居幕后，甚至很多都已经披上了"合法"的外衣，这些都给基层政府的弹性执法提供了空间和可能，让处于法律边缘地带的混混能够生存和保留下来。

4. 农村大量青壮年劳动力外流

青壮年劳动力是农村的高素质人口，农村精英持续外流带来了农

---

① 陈柏峰：《乡村混混对村庄人际关系的影响》，《中国农业大学学报》（社会科学版）2010年第3期。

民自治的萎缩与困境，乡村社会的经营主体日趋弱质化，留在农村的主体人口是老人、小孩和妇女，加剧了乡村治理的主体性困境，乡村灰色势力受到有效监督和制约的力度在下降，留守农民的权利意识比较薄弱，缺乏维权能力，乡村灰色势力得以乘虚而入，扩大地盘和空间。

（二）乡村灰色势力的危害

新型职业农民的培育涉及农村社会生活的诸多方面，如土地流转，农业基础设施建设，国家补贴和扶持政策，农作物的收割、储存、加工、买卖与运输等众多环节，乡村灰色势力有可能在这些环节中渗透进去，阻碍新型职业农民的发展壮大。

1. 破坏土地流转工作的顺利进行

建立在土地流转基础上的适度规模经营是新型职业农民培育的基础性工程，为了更好地实现流出方和流入方的利益，维护公平竞争的市场环境，土地流转一般是以公开招投标的方式进行。但是，乡村社会的很多工作，在实际执行层面，受到干扰的因素太多，很难完全按照理想的制度设计进行操作。乡村灰色势力会通过以下几种途径介入土地流转工作中去：一是垄断流转市场中的优质土地。乡村灰色势力如果发现土地流转有利可图，就会盯上这块"肥肉"，想自己流转过来，抢占有利润的空间。混混基本上都是当地人，背后都有强大的家族势力支持，家族亲兄弟、堂兄弟很多。与镇村干部有着千丝万缕的联系，彼此之间互相给面子，这些势力强大的家族代表本身就更有可能成为村干部，在这种背景下，正常的招投标程序流于形式，宗族势力而非资本成为了市场竞争成功的关键因素。乡村灰色势力会优先承包优质土地，只有他们看不上的土地才会进入正常的招投标程序。笔者在调研中从镇村干部那里了解到，在大规模土地流转的过程中，流转大户基本上都是本地人，背后都有较为强大的家族势力作为保障，很多都是本乡镇甚至本行政村的人，大部分是本乡镇之内，小部分是同县跨乡镇的，跨县的外来大户很少。流入方大户要想把土地流转工作处理好，一般要具备这样一些条件：威望高、口碑好，能力强、家族势力强，经济能力强，与基层政府关系好。二是怂恿村干部和村民不配合土地流转工作。在遇到有竞争力的竞标对手时，就会采取各种手段给对方设置障碍，例如怂恿村干部和村民阻挠流转工作。土地流转需要村民同意，如果有一定比例的村民不同意，就不能流转。乡村灰色势力基本上都是本地人，会鼓动本宗族的村民出面反对流转，让土地流转工作陷入僵局，给镇村干部送礼或者采用别的方法，让其不配合土地流转工作，流转手续拖延不办，迫使对手主动放弃。甚至采用暴力威胁和恐吓的方式，让对手知难而退。有时候混混先是怂恿别人设置障碍，然后再以能摆平障碍为由，收取对方的好处费。三是虚假投标，牟取私利。很多时候乡村灰色势力并不想流转土地，但是却眼红别人，非要插上一脚，从中捣乱，目的是要分一杯羹。比如，某个农户想要承包村集体的一块荒山，已经谈好了价格，但是乡村混混非要参与进去，以更高的价格去竞标，其实大家都知道他并不是真的想投标，但是从程序上又不违法违规，就是想把事情搞黄，迫使对手以更高的价格来中标，最后对方往往会给混混一些好处，请他们退出投标竞争，承包才能得以落实。没有强大的家族势力做支撑，没有基层政府的保驾护航，外地的职业农民，很难摆平土地流转过程中的一系列庞杂的事情。这实际上限制了土地流转的发展前景，损害了流出方和流入方的合法利益，导致土地流转市场没有机会得到充分的市场竞争。

2. 歪曲削弱国家政策的影响力

取消农业税以后，国家和农民的关系发生了重大变化，国家开始向农村输入资源，通过这种方式来加大对农业的支持力度，引导农业结构调整。输入资源有很多种方式，有些是直接打到农民个人的账户上，比如田亩补贴等，不经过任何中间渠道，乡村灰色势力对于这类补贴没有办法染指。但更多的资源是通过项目制输入农村的，各地政府忙于开发各种项目工程，给乡村灰色势力提供了发展空间。那些头脑灵活、与基层政府官员有特殊关系的乡村混混，参与到各种项目中来，在稀缺性乡村公共资源的分配中获利，攫取各种扶农惠农的项目资源。一是套取补贴。乡村灰色势力介入土地流转工作，并不是真的想通过经营土地来获得收入，他们只是想空手套白狼，套取国家的种粮补贴。有些农村地区土地流转给被漂白的"富人和精英"后，再被转租给下一级耕种，赚取中间的流转差价，或者套取政府的流转补贴。类似于道路桥梁工程一样，被层层转包，耕种土地的却得不到补贴，农业补贴没有与粮食生产直接挂钩，农作物生产环节的利润本身就很薄弱，流转差价、流转补贴和种粮补贴被套取后，真正从事生产的新型职业农民盈利空间就更小，直接制约了新型职业农民的发展，导致国家支农惠农政策的失效。二是寻租行为。政府发包的农业项目，存在发包方和需求方信息不对称的情况，乡村灰色势力利用和基层官员的良好私人关系，在山、林、路、水等权益分配中容易产生寻租行为，在农业项目制的实施过程中，乡村灰色势力在中间起到牵线搭桥的作用，获得介绍费、活动费等灰色利益，或者将项目转手挣钱，不劳而获。乡村灰色势力的介入，在一定程度上，歪曲削弱了国家政策的影响力，偏离了政府支农惠农的政策目标。

3. 干扰农业生产和管理活动

农业生产牵涉面广，在传统乡土社会，因为鸡猪牛搞坏了人家的庄稼，引起邻居间的矛盾，因为灌溉、犁田引起相邻田地间村民的矛盾，是常有之事，从事农业生产，容易引发矛盾，容易受制于人。乡村灰色势力为了一己私利，会干扰新型职业农民的农业生产和管理活动，主要表现在：一是在灌溉用水和水利设施保护维修上制造麻烦。灌溉用水是农业生产的最重要环节，对时间节点要求比较高，到了时间就要浇水，不能拖延，否则就会给农作物带来较大的损失，乡村灰色势力在农作物急需灌溉的时候，采取截断水源或者偷水的方式，造成农作物的损失，加大新型职业农民的用水成本，有些水利设施是新型职业农民自己花钱建造的，乡村混混可能会有意进行破坏，减少了水利设施的正常使用寿命，迫使新型职业农民支付"好处费"，以息事宁人，这些都在客观上增加了新型职业农民的生产成本，降低了利润。二是盗窃。农业生产是敞开式的，地广人稀，缺少监控，不像工厂，可以建立厂房厂区，在门口设置一个保安岗位，在围墙之内的厂房进行生产，就可以与外界隔离。农业敞开式生长过程的特点，决定了只要有人存心偷窃、破坏，几乎就无法防范。乡村混混在村落周围闲荡，趁新型职业农民不注意的时候顺手牵羊，偷取鸡牛羊、水果等，极大地增加了监督看管的难度。笔者在调研中遇到一位种植水果的农户，抱怨经常遇到当地混混的偷窃，每次偷的数量不是太大，够不上立案的数额，但是谁都吃不消长年累月地偷，最后被偷破产了。"2018 年 7 月 1 日，大河报曾报道某瓜农一夜之间两亩瓜地里的 2 万多斤西瓜被人全部砍烂，河南 64 岁瓜农伤心发誓再不种瓜，以免以后再为此糟心。"① 防止偷盗、破坏行为是基层政府的职责，但是农村地区缺少监控，难以找到确凿的证据，单次偷窃案的数量往往达不到立案的标准，没有杀人放火的恶性事件，基层公安机关往往也不会高度重视，到最后是不了了之。三是充当村匪路霸的角色。新型职业农民经营的规模相对较大，会更多地用到大型农业机械和运输农作物的大型车辆，乡村混混就会以压坏村庄道路为由，要给予补偿，否则就不让大型机械通过，这听起来似乎还有些道理，不明说要收过路费，但是却进行隐性的敲诈勒索，而且不会被轻易抓住把柄。这当然是因人而异，如果是本地有势力的新型职业农民，就无须交费了。类似于这样的事情时有发生，"在荆门市罗祠村，进村收割庄稼的收割机主人必须向村里混混按每亩 20 元'交税'，在收获季节混混半个月就可以收到 1 万多元"②。乡村灰色势力会利用农业生产和管理的弱点，设置各种障碍，制造各种麻烦，让没有势力的新型职业农民防不胜防，为了减少骚扰，不得不进行打点，给混混以相应的好处。

4. 破坏农业市场秩序

乡村混混一般都是当地头脑灵活、社会交往广泛、见过世面的人，

---

① 《2 万多斤西瓜一夜之间全被砍烂，河南 64 岁瓜农落泪》，《大河报》（https://www.henan100.com/news/2018/789055.shtml）。

② 龚春霞、陈柏峰：《外来混混对村庄秩序的影响》，《学术研究》2010 年第 6 期。

老实巴交的普通农民做不了乡村混混。乡村混混与基层干部、当地经济能人有可能会联手起来，垄断当地生产经营，获取不正当的高额利润，破坏正常的市场经济竞争秩序，成为一个稳定、封闭的利益集团，出现经济环境灰色化的现象。混混还可能通过欺行霸市、强买强卖来牟取非法利益，看到有利可图的地方，就嗅到了腥味，不愿意付出辛勤劳动，却想分一杯羹，通过一些灰色甚至非法手段，以暴力相威胁。破坏农业市场交易秩序，按理可以依法打击，但是在基层乡村社会，很多时候只要没有非常恶性的杀人放火事情发生，很难找到确凿的证据，基层执法部门往往是坚持"大事化小、小事化了"的原则。在偏远的农村地区，很多事情不是依靠合法程序就能做得好的，不讲理甚至不讲法的行为仍然存在，法律的执行在现实生活中面临高额的成本，走法律程序耗费的时间很长，不到万不得已，农民不会用到法律。背后拼的是势力和后台，普通农民、小商小贩搞不过乡村混混。

（三）思路与对策

1. 严厉打击各类灰色势力

农业生产经营牵涉面广，监督成本很高，需要严厉打击各类灰色势力。乡村振兴战略提出，要建立风清气正人和的乡村治理新生态新格局，从宏观层面提供了乡村黑恶势力治理的长效机制。2018年中央决定开展扫黑除恶专项斗争，严厉打击各种乡村黑恶势力，保障人民群众合法权益。中央"扫黑除恶"专项行动意义重大，对农村灰恶势力露头即打，打早打小，始终保持着对黑恶势力的高压打击态势，铲除和谐社会的毒瘤，像"大扫除"一样，扫出朗朗乾坤，建立风清气正的和谐社会环境。运动式治理在短期内能收到明显效果，缺点是容易反弹，尤其是当运动式治理策略与形式化执法策略交替出现时，因此，还需要建立扫黑除恶的长效机制，综合运用各种手段预防和解决黑恶势力违法犯罪突出问题。"要让扫黑除恶专项斗争在法治轨道上开展，既坚持严厉打击各类黑恶势力违法犯罪，又坚持严格依法办案，确保办案质量和办案效率的统一，确保政治效果、法律效果和社会效果的统一。"① 归根结底，是要把"扫黑除恶"专项行动落实到依法治国的轨道上来。

2. 深挖"保护伞"，铲除腐败土壤

乡村黑恶势力能够顽固地生存下去，甚至发展壮大，背后往往有"保护伞"，要深挖保护伞，才能真正解决问题。一个乡镇干部，要整垮一个新型农业经营大户，那是手到擒来的事情，因为有很多生产经营环节就掌握在镇村干部和基层政府部门手中。就像开一家酒店一样，要和很多干部与职能部门打交道，要和消防、税务、食品安全等政府部门搞好关系，因为他们有"合法加害能力"。哪一个部门要找你麻烦，那都是轻而易举的事情，在缺乏有效约束和监督的情况下，镇村干部可能就会利用这些权力，吃拿卡要，纵容甚至指使灰色势力牟利，为此，"拍苍蝇"至关重要。打掉了保护伞，才能真正打击到上层混混，控制住整个局势，提高治理绩效，为新型职业农民的发展创造良好的成长环境。

四 非粮化非农化与农业用地减少的风险

制约现代农业发展的一个重要瓶颈因素是优质要素资源不能流动到农村，农业发展缺资金、缺资源。为了缓解资源瓶颈制约因素，十九大报告提出，鼓励工商资本到农村去，参与农村的发展。工商资本进入农村是一把双刃剑，一方面可以提供现代农业发展需要的各种优质要素资源；另一方面也可能会挤压农民的利益空间，在逐利动机的驱使下导致土地经营出现"非粮化""非农化"等问题。为此，需要加强对工商资本的引导和监管。

（一）非粮化非农化主要表现与风险

部分农村地区在行政力量的推动下，工商资本大面积连片流转土

---

① 陈柏峰：《乡村江湖、基层政权与"扫黑除恶"》，《中国法律评论》2018年第4期。

地，带动流转价格快速上涨，生产经营成本提高，迫使工商资本要追求更高利益的项目，在成本和利益的现实考量下，存在非粮化和非农化的风险。

1. 非粮化

工商资本进入农村后，从事传统粮食作物生产经营的很少，过高的土地租赁价格让种植粮食作物基本无利可图，种植粮食作物管理成本高，挫伤了种粮的积极性。工商资本主要以种植经济作物和苗木花卉为主，"据农业部门测算，一亩地种蔬菜的收益是种粮食的5倍，搞水产养殖和花卉种植是种粮食的7倍"①。在农业生产的实践中，种粮不如种菜，种菜不如种花。在经济效益上，据经验丰富的农民估计，菜、果每亩产值约为粮食的3倍，在经济利益的刺激下，农民不愿意种植粮食，出现了土地租赁面积递增、种粮面积递减的情况。"河南省的农村调查显示，一般农户通过各种途径流转出去的土地中，耕地非粮化比例达40%，经营大户耕地非粮化的比例达60%"②。经营大户在土地的资金投入和管理成本上，比一般农户更多，需要更高的利润来弥补成本支出。在市场价格的调节下，由种植粮食改为种植经济作物，是一个总体趋势。笔者在合肥市的周边农村地区看到，基本上没有种植粮食的新型职业农民，没有"粮农"，主要是"菜农"和"果农"，通过向合肥市提供时令季节的各种蔬菜和水果来获取相对于粮食更高的利润。"有学者的调查研究显示，河南、山东、安徽等传统农区土地流转的非粮化率达到61%。"③ 种植粮食与种植经济作物的政策侧重点不同，种植粮食主要是从政治稳定的角度考虑，确保国家粮食安全，为社会稳定奠定坚实基础。种植经济作物则是为了增加农民收入、减小城乡差距、推进城乡一体化建设。"稳定功能是

---

① 王颜齐、郭翔宇：《土地承包经营权流转外部性问题探索——基于土地发展权的讨论》，《学术交流》2014年第7期。

② 河南省地方经济社会调查队：《河南省农村土地流转情况调查报告》，《农村经营管理》2014年第7期。

③ 周怀龙：《如何走出土地流转"非粮化"困局》，《中国国土资源报》2014年6月30日。

中央政府的基础目标，经济功能是更高目标，满足中央政府稳定功能可能就损害了地方政府的经济功能。"[1] 这里需要处理好两者的关系，在不危及粮食安全的情况下，通过发展经济作物来增加农民收入，改善种植结构，促进城乡协调发展，是农业供给侧结构性改革的重要内容，具有重要的意义与价值。但中国是一个人口大国，粮食安全必须牢牢掌握在自己手中，农业是基础，粮食是基础的基础，大力发展经济作物需要以不危害粮食安全为前提。

2. 非农化

工商资本进入农村，很多集中在加工、流通、农业旅游等利润较高的环节，为了获取更高的经济效益，在地方政府疏于监管的情况下，会将已流转的土地开发为农产品加工企业、休闲农业、乡村旅游和乡村酒店等，甚至违法违规开发房地产或建私人庄园会所，农用土地在事实层面上被转变为非农建设，出现经营行为的异化。笔者在安徽省某县了解到，在县城城郊地区建有大型的农业田园综合体，在农业综合体园区内，有种植桃子、葡萄等经济作物和开展垂钓等休闲娱乐活动的，这些业务还和农业较为紧密相关，也有开展儿童游乐场、别墅屋体验、休闲食堂等与农业相差较远的业务，园区占地一千多亩，都是以农业用地流转下来，并且得到了政府涉农项目的资金扶持。如果说这个园区还与农业有点沾边，属于打擦边球的话。另一个农业生态园则更夸张，里面建设了大型的婚纱摄影基地，还有小型影视城、水上乐园等娱乐项目，以收门票的方式让市民进园参观和消费。这个农业生态园也是以农业用地的形式流转下来，并且各项基础设施已经建成营业，很难再恢复成旱地，农地属于永续流转，农民只能获得土地流转的收入，没有其他的保障和退路。这个从实际业务经营状况来看，很难说是属于农业性质，已经改变了农业用地的用途，需要警惕这种情况的出现。为了促进

---

[1] 杨玉珍：《农村三权分置政策执行偏差的成因及其矫正》，《农业经济问题》2017年第6期。

农村三产融合，培育农村的新产业新业态，很多基层政府大力发展农业综合田园体和现代农业产业园，这是农业产业转型升级的体现，但是在监管不严的情况下，很容易被工商资本钻政策的空子，突破法律和政策的底线，大规模地开发旅游业，在原来的耕地上修水泥路、建饭店、修宾馆等。打着发展现代农业的"幌子"，变成非农化经营，改变土地性质和用途。那些把土地流转过来的老板或者其他什么人，就拿着这些土地去抵押贷款，贷了很多钱，然后就有可能以各种方式转化为自己的钱，而不去用心经营土地。"把流转土地作为获取他利的手段，事实上许多老板从农村租地，就是想用来贷款，甚至存在空手套白狼，他们根本不想为农村发展出点力，更不把自己当作农村的主体，潜伏着严重损害农民主体性的危险和问题。"① 单纯的非粮化在很大程度上还属于大农业的范畴，但是，非农化已经在事实层面突破了底线，比非粮化的后果更严重，非农化改变了土地的使用性质后，不一定能够再恢复成原来的良田，会削弱农业的基础性地位，给粮食安全和社会稳定带来隐患。

3. 农业用地减少

《土地管理法》根据土地的用途，将土地分为农用地、建设用地和未利用地三类，进行分类管理。"农用地是直接用于农业生产的土地，包括耕地、林地、草地、农田水利用地、养殖水面等。"② 为了保证粮食安全，中央政府对土地使用进行了严格规定，不能改变土地用途、严格按照法律以及合同约定从事农业耕种、林业种植等农业生产活动。"不得改作非农用途，是对土地经营权的前提要求，体现了国家保护我国有限的土地资源、重视农业生产的良苦用心。"③ 在一些特殊的情况下，如国家基础设施建设等，确实需要占用耕地的，也

---

① 王春光：《关于乡村振兴中农民主体性问题的思考》，《社会发展研究》2018 年第 1 期。
② 黄静：《"三权分置"下农村土地承包经营权流转规范问题研究》，《河南财经政法大学学报》2015 年第 4 期。
③ 李哲：《"三权分置"下的农村土地经营权研究》，《兰州学刊》2017 年第 8 期。

需要进行相应的补偿，为了从总体上保证农作物的种植面积，在区域范围内建立了土地耕种占补平衡和增减挂钩制度。非农建设经批准占用耕地要按照"占多少，补多少"的原则，补充数量和质量相当的耕地，目的是保证农业用地不减少，这项制度是坚守18亿亩耕地红线的重要举措[1]。但是，现实往往没有理想那么完美，如果土地流转没有非常周全的考虑，没有有效的监督和制约机制，引发的后果可能会非常严重。要保证粮食生产的安全，18亿亩耕地的红线不能突破，不仅要重视田地的数量，更要重视田地的质量，在占补平衡中，如果用土壤贫瘠的田地去置换肥沃的田地，虽然数量上没变化，但事实层面上仍然减少了农业用地，而且还具有隐蔽性和欺骗性，更不容易被发现和处罚。

（二）对策思路

农业生产非粮化，大量耕地非农化导致农民丧失土地，严重损害农民权益，有可能危及国家的粮食安全，也与培育新型职业农民的初衷不符，需要高度重视，采取切实有力的监管措施。

1. 加强对农地用途的监管

针对土地流转后农业用地的非粮化非农化现象，学者建言各级政府规范、监管工商资本进入农业生产领域。"认为此类农企近年的发展造成了农地的非粮化、非农化，挤占了农民的就业空间和利益，效果已是弊大于利。"[2] "在鼓励工商资本下乡的同时，必须建立和完善工商资本租赁农地监管和风险防范机制，坚守土地用途管制制度，抑制非农化倾向，维护农民的利益，保证国家的粮食安全。"[3] 坚持以"严格准入—动态监管—规范退出"为政策主线。一是严格

---

[1] 张银行：《我国耕地保护行政管理制度亟待完善》，《企业改革与管理》2015年第16期。

[2] 马九杰：《"资本下乡"需要政策引导与准入监管》，《中国党政干部论坛》2013年第3期。

[3] 王亚华：《农村土地"三权分置"改革：要点与展望》，《人民论坛·学术前沿》2017年第6期。

准入。必须进行准入资格审核,严格准入门槛。在流转前加强对工商资本的农业生产经营资质审查,从源头上控制风险。"对企业通过大规模土地流转进行农业产业化经营项目的审批和监管要设置更严格的程序,审核经营权人是否有从事相关农业生产的经验和资历,其计划开展的农业项目是否符合当地政策和土地特质。"① 通过在源头上进行监管和把控,严格限定入股土地的用途。二是动态监管。流转后要加强过程控制,进行非农化的监管,对"农业用途"作出必要的明确规定,农地为基本粮田的,土地承包经营权流转不得擅自改变农地的粮田用途。及时查处农地经营者的相关违法违规行为,严格监控流入方在农地流转和经营中的短期行为,拒绝以牺牲农民利益和土地质量为代价的农业产业化项目。三是规范退出。在生产经营过程中,发现流转经营户出现与承诺不一致的非粮化非农化倾向的,要采用法律的手段规范退出,及时阻止进一步恶化,把非农化的损失减少到最低程度。根据投资项目对耕地质量的破坏程度,让流入方支付一定数量的复耕费,在签订土地流转协议时,需要流入方提供一笔风险保障金,类似于城市商品房的房屋维修基金,如果投资失败了,土地需要恢复成原状,就从风险保障金中支付,避免流入方投资失败"跑路"后,由农民来承担土地恢复的费用,切实保护好农民的利益。

2. 加强对基层干部权力的监督和制约

"土地财政""圈地暴利""政绩工程"等都是农地过度非农化的诱因,基层政府的政绩观念和工商资本的逐利本性在某种程度上存在合作的空间:基层政府通过招商引资,大规模推动土地流转来获得政绩,对工商资本的非粮化非农化睁只眼闭只眼,不能轻易赶跑了工商资本;工商资本在支农惠民的口号下,获取农产品加工、流通等高利润环节的收益,甚至通过非粮化非农化获取更大的利益,最终受损的

---

① 潘俊:《农村土地"三权分置":权利内容与风险防范》,《中州学刊》2014 年第 11 期。

第六章 有效的社会治理：新型职业农民培育的延伸性工程

是农民的合法权益和国家的粮食安全。在开展土地流转，推动现代农业发展的过程中，"需要正确定位基层政府的导向作用，既要坚持农业产业化和规模化经营的基本指向，又要加强土地用途监管，杜绝打着农地流转和产业互动的幌子对农用地进行非农开发和经营"①。在很大程度上，乡村社会的灰色势力、工商资本的非粮化非农化、各类新型农业主体套取支农惠农补贴，都与基层职能部门和镇村干部的不作为、乱作为有关。以套取国家财政补贴为例，为了扶持家庭农场、农业合作社等新型主体的成长，根据国家相关规定，新型农业经营主体在财政投入、税收减免、金融服务、项目承担、人才培养等方面享受一定的扶持政策，同时在用地、用电、运输等方面也享有相应的优惠。这本来是一项好政策，但是在现实执行过程中，有些新型农业主体，如部分农业合作社，并没有真正从事农业生产的意愿，只是合伙成立起来套取国家的惠农财政补贴或者农村土地增值的收益，成为"伪合作社"或"空壳合作社"。如果大量的财政补贴被虚假合作社、下乡工商企业等新型主体套取后，就会导致国家有限的支农惠农财政资源不能得到合理有效的利用，影响到国家资金的优化配置，降低农业政策的整体效应，损害真正从事农业生产者的新型职业农民利益。镇村干部常年待在基层，是最了解真实情况的，如果没有镇村干部的默许甚至纵容，这些伪新型农业主体很难顺利地套取补贴。同样，工商资本的非粮化非农化操作，如果基层职能部门和镇村干部认真履行职责，严格依法执行，也很难长期存在下去，背后是与各级干部的勾结和利益输送，涉及基层镇村干部的腐败。基层干部腐败的危害性很大，群众都是看在眼里、记在心里，需要把"打老虎"和"拍苍蝇"结合起来，加强对基层干部权力的监督和制约，建立健全不合格干部的退出机制。推进民主建设，加强基层政权建设，不断提高党政组织的战斗力，发挥农村党组织的领导核心作用，选好用好农村带头人，

---

① 韦彩玲：《土地流转"龙头企业＋合作社＋农民"模式的潜在问题及对策研究》，《甘肃社会科学》2012年第6期。

选调优秀大学生村官或者下派"第一书记"到基层农村交叉任职。乡村治、百姓安、生活美，塑造风清气正的农村社会环境，大力推进农村治理体系和治理能力现代化，健全自治、法治、德治相结合的乡村治理体系。

3. 理顺部门之间的关系

中央政府对全国实施了诸如粮食直补、综合直补、退耕还林补贴、农机补贴等多项扶持农业生产的惠农补贴。以洛阳市宜阳县上观乡为例。2012年该乡财政惠农资金主要有：种粮直补164.84万元，良种补贴41万元，退耕还林补贴19.37万元，公益林补贴资金33.19万元，村级公益一事一议奖补资金41.36万元，贫困寄宿生生活费27.1万元，危房改造资金发放47.1万元，低保资金发放28.3万元，五保资金发放13.6万元，等等。财政惠农资金总计415.86万元。这些资金都是指定用途，不能整合使用。资金使用过于分散，像撒"胡椒面"，仅仅是起到了调味的作用，而没有达到根本目的。"在补贴过程中，由于环节多、补贴依据不实、计算复杂等原因，出现多补、少补、误补等情况，甚至会出现骗补、套补、重补等现象，政策的把握难度越来越大"[①]。参与农业基础设施管理的部门众多，难以进行统筹协调。从中央政府来看涉及发改委、财政部、水利部、农业部、林业局、国土资源部等十多个部门，各级部门责任难以厘清，投资过程中缺乏综合协调，政出多门，职能交叉重叠。农业基础设施管理体制不配套，管护机制不完善，出现了"重建设、轻管理""有人建、无人管"等现象。"这种问题在农田水利设施上尤为突出，由于供水、排水、治污环节实行分治，难以建立有效的规范管理措施，使得重建轻管问题长期存在，基础设施难以充分发挥作用，影响了农田水利设施的有效配置。"[②] 各个部门之间各管一块，没有形成合力，甚

[①] 雷瑛：《河南培育新型农业经营主体的财政政策探析》，《山东工商学院学报》2015年第1期。

[②] 何军、王越：《以基础设施建设为主要内容的农业供给侧结构改革》，《南京农业大学学报》（社会科学版）2016年第6期。

至在出现问题时互相推诿。如果能理顺部门之间的关系，权责明确，简化程序，把各个部门的投入经费累计整合在一起，就会形成集中力量办大事的有利局面，能够把现有的经费发挥出更大更长远的效用和价值。

第七章　结论与讨论

一　建立政府、市场、社会、农民多主体的良性运行机制

农业是安天下、稳民心的基础产业和战略产业，具有准公共物品性质，从这个意义上说，粮食不是一般的商品。同时，农业又是弱质产业，周期长、风险大、效益低，因而，现代农业的发展离不开政府的有效引导扶持，这是由现代农业要素的外在性与半公共产品性决定。"新自由主义经济学家通常假设农业发展是由市场导向的企业（或者企业性质的家庭农场）所推动的，而计划经济的政策制定者则往往认为只有国家投资（或者补贴）才能够最有效地促进农业发展。"[①] 这实际上是在争论在农业发展的过程中，到底是市场的力量大还是政府的作用大，从全世界农业发展的状况来看，政府和市场都是农业发展离不开的最重要主体。当然，政府与市场也都有自身的作用边界，不能解决全部问题，在政府和市场都不能有效解决的情况下，就需要建立一种由多组织和多机制组成的"多中心"互构模式，这就需要社会组织的积极参与，充分发挥好新型职业农民的主体性，最终形成一个由政府、市场、社会组织、职业农民等多个主体协同参与的"多中心"发展格局。

---

① 黄宗智、高原：《中国农业资本化的动力：公司，国家，还是农户？》，《中国乡村研究》2013 年第 1 期。

（一）政府服务与监管

农业的准公共物品属性决定了需要政府的引导和扶持，尤其对于尚处在起步阶段、仍然面临很多困难与挑战的新型职业农民群体，更是离不开政府的作用。政府要把人民群众的利益放在第一位，解决民众生活中的具体困难，民生既是具体的也是现实的，它不是一种口号或形式，而是人们能得到的真真切切的实惠。在新型职业农民培育的进程中，需要突出政府在农业基础设施建设、农业基本公共服务、市场监管、农民权利保障等方面的职责。

一是农业基础设施建设。家庭联产承包责任制后，一家一户的耕作方式使集体经济时代留下来的农田水利设施、农业防护林体系成为公共设施，农民只管使用不管维护的"搭便车"行为导致农业公共设施失修荒废，制约了农业生产的发展[1]。农业基础设施建设具有外部性，属于公共工程，政府与个体化的农民相比，无疑更有效率。新型职业农民的发展壮大需要建立在土地适度规模经营的基础上，对农业基础设施提出了更高的要求，包括土地平整、田间道路、先进灌溉系统、冷藏仓储运输等。政府要大力推进高标准农田建设，重视仓库、晒场、烘干等产后配套设施建设，为三产融合创造基础性的设施和条件。"完善的农田基础设施建设可有效抵抗自然灾害，基础设施完善程度可以衡量种粮大户控制自然灾害风险的能力。"[2] 政府加大对农业基础设施的建设力度，可以有效地减轻新型职业农民的生产成本，降低生产和管理风险，更好地促进三产融合。

二是农业基本公共服务。现代农业是高科技农业，新型职业农民是高素质人群，农业技术研发具有前期投入大的特点，对于分散经营的小规模农户来说存在较高的风险，个体化的职业农民没有动力进行

---

[1] 常明明：《现行土地制度下的农村环境问题及解决途径》，《生态经济》2007年第2期。

[2] 罗小锋：《农户参与农业基础设施建设的意愿及影响因素——基于湖北省556户农户的调查》，《中南财经政法大学学报》2012年第3期。

研发，需要政府承担高成本投入的技术研发任务，将成熟的农业技术进行推广，造福更大范围的农户和农业。现代农业技术涵盖面很广，包括先进的种子、低污染的农药化肥、高效节水灌溉系统、保鲜储藏技术等，在技术推广的过程中，要向新型职业农民提供优质的咨询和服务，为现代农业提供坚强的技术支持和保障，调动和激发新型职业农民的生产热情。新型职业农民需要与时俱进，不断更新农业生产和管理的理念与方法，为此，政府需要承担起为新型职业农民进行定期培训的费用，以提高新型职业农民的综合素质，更好地促进农业发展。

三是市场监管。人民群众在温饱问题基本解决以后，对农产品的质量提出了更高的要求和期待，不仅要吃饱，更要吃好，追求绿色有机健康农产品，这是农业供给侧结构性改革的重要推动力和目标。这需要政府及时制定法律和规则，加强监管，建立和完善农产品质量安全监督体系。在农产品市场监管过程中，一定要严格依法办事，这也是发达国家的共同经验。"欧美各国新型农业经营主体的健康、有序发展，得益于其法制化建设的自始跟进。"[1] 优质农产品是"产"出来的，也是"管"出来的，没有规矩不成方圆，坚持"产""管"并重。第一，注重源头控制。加强对农药和化肥的监管，这是抓好农产品质量安全工作的重点和难点，建立县镇两级监管机构，全面落实农药经营告知和高剧毒农药禁售制度，减轻农药残留和污染，实现农药产品质量追溯，有力保障农产品质量安全。第二，加强过程监管。在农作物生长过程中做好技术指导服务，和新型职业农民签订农产品质量安全承诺书，加强农产品生产环节的执法检查，对重点农产品实行生产过程全程监管。第三，实行末端检测。建立农产品上市前检测制度，做到定量检测和例行检测相结合，对重点农产品进行定期专项检测。新型职业农民应自觉接受上级部门农产品质量抽检，无正当理由

---

[1] 汪发元：《中外新型农业经营主体发展现状比较及政策建议》，《农业经济问题》2014年第10期。

拒不接受检测的，农产品以不合格论处。检测不合格的农产品禁止上市销售，依法责令限期整改，进行无害化处理。食品质量安全工程是最大的民生工程，关系到百姓的安全和健康，关系到中国农产品在世界范围的竞争力，也关系到新型职业农民能否真正成长壮大起来。

四是做好保障工作。新型职业农民的培育需要建立在适度规模经营的基础之上，最常见的方式是土地流转，政府要保障好土地流转出去后的普通农民利益，确保农民"三个不失"，即"失地不失权，失地不失利，失地不失业"，保障农民土地权益不受损害[①]。土地流转过程中需要防止操之过急，城市社会要有足够的就业岗位容纳把土地流转出去后的普通农民，避免大量失地农民拥向城市，在没有稳定生活来源的情况下，就有可能出现"拉美贫民窟"现象，影响社会和谐稳定。农业的弱质性决定了新型职业农民生产经营农业的风险，需要政府加强农业政策性保险的工作力度，在一定程度上降低新型职业农民的生产经营风险。新型职业农民是一种职业，而不是一种身份，需要和其他职业一样，建立起包含养老金在内的新型职业农民社会保障制度，减轻后顾之忧。政府通过做好这些保障工作，让新型职业农民能够对未来充满更稳定的预期，更好地分享经济社会的发展成果。

当然，政府的介入需要把握好一个"度"，既不是搞无政府主义，不能让政府走开，没有政府的有效监督，放任自流的农业是没有希望和竞争力的。也不能让政府包办，政府介入太多、控制过死的做法最后注定是失败的。很多问题的出现往往不是政府介入不够，而是介入太多的问题。"20世纪以来一些大型社会工程失败的背后逻辑很大程度上是因为国家实行这种自上而下的制度安排，试图将社会安排简单化和清晰化，往往导致方案的失败。"[②] 政府应该明确其权力界限，遵循农业发展的客观规律，善于利用市场化手段促进新型职业农民的

[①] 卢彦伶、唐跟利：《农村土地流转中"反租倒包"模式的SWOT分析》，《焦作大学学报》2016年第2期。

[②] 董国礼、李里、任纪萍：《产权代理分析下的土地流转模式及经济绩效》，《社会学研究》2009年第1期。

发展，不能使用行政力量介入农业生产的微观领域。在农业生产与消费的完整周期中，市场供需关系对价格波动的影响大，当某种农产品如果供不应求时，价格就会大幅度上涨。但是，农作物的生产具有较长的周期性，等到农民扩大种植规模，农产品能够上市销售时，价格可能又已经跌下来了，农业生产赶不上价格变动的速度，价格波动对农产品的供给调整具有相当的滞后性和盲目性。有些基层政府看到某种农作物今年涨价了，就号召动员甚至组织农民大规模种植，等到明年或者以后农作物上市后，市场价格已经下跌，农民增产不增收，甚至出现大规模的亏损，就会把怨气撒在政府身上，基层干部是好心办坏事，吃力不讨好。在追求政绩观的冲动下，有些官员惯用的口号是"本届政府将在任期内为群众办几件看得见摸得着的实事"，为了"看得见摸得着"，就要有"看点"，塑造政绩工程和形象工程。在县乡村调研时，当地领导经常会推荐到"点"上去看，从外表和账面上看，这些"点"确实发展得很好，形势喜人。但这是在行政力量推动之下精准树立的典型，是优惠政策、扶持资金堆积起来的结果，是做给上级领导看的"试验田"，不具有代表性、复制性和推广性。在农村调研时，笔者经常能感觉到有"点"无"面"，背后是政府行政力量的介入，没有遵循市场发展规律，到最后就是浪费宝贵的财政资金。政府只应扮演好"中间人"的角色，提供农业基础设施建设和基本公共服务，维护有效的市场规则，确保市场经济的有效运行和调节，不应介入到微观的生产、管理具体事务中去。

（二）市场有效调节运行

"市场是基于供求关系、自由交换和完全竞争来配置资源及劳动产品的一种经济与社会机制，市场机制常被认为是一种有利于效率提高的经济与社会机制。"[1] 市场体制坚持效率优先、适者生存的原则，

---

[1] 陆益龙：《农民市场意识的形成及其影响因素》，《中国人民大学学报》2012年第3期。

整个市场体系犹如激烈的竞技场，只有能力较强者才能获胜，效率低下的就会被淘汰出局，要想在激烈的市场竞争中取得有利地位，就必须不断提高效率。为了应对瞬息万变的外在环境，市场体制需要灵活地作出应对，因而也更具创新性。在自由主义者看来，市场就如一只看不见的手，调节着资源配置，通过竞争和价格机制，在节约交易费用和解决稀缺性方面，表现出明显的效率。理想中的市场体制，不仅可以最大限度地实现个人利益，而且能够促进公共利益的发展。如亚当·斯密认为，每个人都在追求个人利益，但最终却达成了公共利益。"看不见的手"产生的行动必然在自己利益中包括了别人的利益，个人必须在交往、交换、协作的社会生活中为了自身利益而考虑他人的利益，否则市场交易的秩序被破坏了，每一个市场参与者，包括自己本人，都不可避免地会遭受损失。人在集体生活状态中，会产生一种超越于所有个体之上的、不依赖于任何一个人意志的东西，这就是公共利益。就像在十字路口等绿灯时，个体本意是为了避免交通拥堵，为了让自己通过得更快，但当人人都这么做时，最后就形成了大家都遵守的交通规则。人类发展历史已经证明，市场体制是一种有效的资源调节方式，可以为农村发展提供动力和机遇，政府需要充分认识市场机制在资源配置中的基础性作用，在筛选农业生产组织方式上的有效性，在促进农业经济发展中将其置于优先地位。新型职业农民培育需要尊重市场发展规律，是农业生产和经营充分市场化的结果。

在现阶段市场对农业生产和经营的调节还存在一些不足。一是农村的市场发育状况落后于城市。虽然中国的市场经济改革是从农村开始，农民与市场有着天然的联系。传统上的集市、庙会、店铺、商号以及走街串巷的货郎，是中国农民与市场联系的媒介。但是，到现在为止，农村的市场经济建设远远落后于城市，要加快发育农村市场，提高市场化水平，使农村与城市形成一个统一的大市场，才能更好地发挥市场在资源配置中的决定性作用，最大限度地推动资源配置依靠市场规则、市场价格、市场竞争实现效益最大化和效率最优化，通过建立以市场为引导、以新型职业农民为主要参与主体、由市场决定农业生产经营的经济模式，盘活农业生产，实现农民增收，为新型职业农民的兴起和发展提供机会与可能。二是出现不利于农业农村发展的市场调节。培育新型职业农民要建立在土地适度规模经营基础上，这就需要减少农民，但减少的不能是综合素质高的农民。在现阶段城市化进程中，在市场经济调节下，农村人口也在大幅度减少，不断由农村流入城市，但是，减少的都是农村精英人口，是高素质的农民离开农村，来到城市，导致农村空心化、边陲化，这种减少很显然不利于新型职业农民的培育。只有把精英人口留下来，才能为新型职业农民的培育奠定坚实的基础。三是受到行政权力的干预。市场有自身的运行规律，在一个具有一定规模的区域范围内，由不同的市场主体共同促成市场的运转，自发进行资源配置，形成一种相对均衡状态。在具体的机制上，农业的生产和管理应该是面向市场的，而不是由政府来推动，市场经济是资源配置的最优模式，是以规则为基础的法治经济，讲究规则与秩序，新型职业农民是市场的产物，并在市场中成长、壮大。"推进农业供给侧结构性改革，核心问题是处理好政府与市场的关系，将使市场在农业资源配置中发挥决定性作用和更好地发挥政府作用有机结合起来，采取下指标、定任务、高补贴和运动化的方式来推进农业农村发展，就会出现新的重复建设、盲目投资，形成新的无效供给、低端供给和资源浪费问题，与真正的农业供给侧结构性改革相距甚远。"[1] 2018 年有媒体曝出全国出现大量"特色小镇"的破产和死亡，最根本的原因就是不尊重市场运行的客观规律，借助政府行政力量塑造的不符合实际情况的"伪特色"，经不起市场优胜劣汰的检验，经不住时间的考验，付出了高额的成本代价。

新型职业农民在农业生产和经营的过程中，必须是以市场需求为导向，瞄准需求的供给才是有效供给，才能把有限的资源得到最大化

---

[1] 姜长云、杜志雄：《关于推进农业供给侧结构性改革的思考》，《南京农业大学学报》（社会科学版）2017 年第 1 期。

的利用，这也是农业供给侧结构性改革的重要推动力，建立在市场需求基础上的农产品和服务，才能有效地转化为新型职业农民的收入和财富，才能获得持续长久的发展。新型职业农民是市场发育的结果，而不是行政力量的产物。

（三）社会组织积极参与

社会的良性运行与协调发展离不开政府、市场、社会的分工合作，三者之间有机衔接，取长补短，形成合力，共同促进社会和谐发展。从目前看，我国各类行业协会数量上已经很多，但真正健全并能够切实发挥作用的较少，行业协会对行业成员的影响力和作用有限，在某种程度上还是行政部门的附属物。在农业三产融合、实施乡村振兴的战略下，需要积极培育农村社会组织，为新型职业农民发展壮大提供良好的环境保障。

一是有效地弥补政府和市场的失灵之处。中国的"旧农业"——谷物生产（粮食、棉花、油料作物）——主要运作于一个行政模式之下，而"新农业"——高值蔬菜、水果、肉—禽—鱼和蛋奶——则主要运作于一个放任的市场模式之下。"在国际市场竞争和粮食价格相对低廉的压力下，前者起到了保护中国谷物生产和粮食安全的作用，但也显示倾向过度依赖指令性手段和无视农民意愿的弱点，后者则成功地凭借市场收益激发了小农的创新性，但经常受到市场价格波动的冲击以及商业资本的榨取。"[①] 可以明显地看出，政府与市场在促进中国农业发展上起到了重要作用，只是侧重点不同而已，但是也都存在不足与缺陷。表现为政府越位和市场缺位的可能，或者在政府调控和市场调节中存在错位的现象，这些都需要一个强大的社会来协调和监督。农村受到经济发展程度低下和地理位置偏僻的限制，社会组织发展程度低，无法与政府和市场形成有效的分工合作，因为力量弱

---

① 黄宗智：《中国农业发展三大模式：行政、放任与合作的利与弊》，《开放时代》2017年第1期。

小，不能承担政府和市场领域之外的事务，无法履行好相应的职能，也不能对政府和市场形成有效的监督。政府、市场和社会作为社会良性运行的三大主体，处在一种不均衡的状态，社会组织的力量弱小，需要补短板，以更好地弥补政府和市场的失灵之处，发挥好社会组织的应有功能。

二是更好地维护新型职业农民的合法权益。农民虽然人数众多，但是属于分散的原子化个体，缺乏在平等的基础上协商合作的精神，和强大的政府、市场相比，力量无疑更为弱小，"农民这种分散的无组织状况决定其在市场经济体制下缺乏平等的谈判权和话语权，对生产型的职业农民尤为不利，侵占了生产户所可能得到的利润收益"[①]。在这种状态下，小农户因此必须付出高昂的代价，大中间商和大企业公司获得超额收益和利润。"强国家—弱社会"的不对称社会结构导致了农民不能平等参与现代农业发展的各个环节，难以合理分享现代农业的发展成果，也制约了新型职业农民的发展壮大。改变农民目前"马铃薯式"的分散经营状况，"通过经济组织的整合作用将农民组织起来，使其在平等协商的基础上建立起超出家庭和家族的组织，提高其对公共事务的管理能力和政治参与能力"[②]。不断加强新型职业农民的组织建设，能够更有机会和力量充分地参与到市场竞争中。目前新型职业农民主要集中在生产领域，从事农产品的生产和初级加工，这些环节利润较低，原子化的分散农民因为缺乏谈判能力，无法进入精深加工和流通环节，无法获得这些高利润环节的收益，不利于农业经济的发展，制约了新型职业农民的成长壮大。规模狭小的农业家庭生产单位和小本经营的农村个体贩运户，难以在经济活动中确立具有商业信誉的市场主体地位，"只有将分散经营的农户和个体商贩组织发展成为具有一定资本实力和经营规模的农协、合作社等经济合

[①] 黄宗智：《小农户与大商业资本的不平等交易：中国现代农业的特色》，《开放时代》2012年第3期。

[②] 邢传：《我国社会治理的主题：为农民提供公共服务》，《广东行政学院学报》2003年第3期。

作组织或经济实体，以具备法人资格的经营单位对外进行经济交往，才能使农民成为真正意义的市场竞争主体"①。通过农民组织来维护新型职业农民的合法权益，使之具有规范的法人地位，在市场竞争中提高信誉度，增强竞争力。

　　三是有效地进行行业监管。在解决温饱需求之后，民众由"吃饱"转向"吃好"，对农产品提出了更高的质量要求，这是农业供给侧结构性改革的重要内容，也关系到中国农业的国际竞争力。农业的发展需要走品牌路线，才能有更高的附加值和效益。品牌的树立和维护，不仅需要政府的监管，而且需要行业协会的自我监督。政府制定法律和规则，对违背规则的农户进行处罚，行业协会出于共同体的利益考虑，对成员进行监督，侧重点不一样，但都有利于提高农产品的质量，树立农产品的品牌。社会组织内部的行业监管，会极大地减少行政成本，提高监督效果。比如，某地的茶叶形成了品牌，市场销量好、价格高，为了维护好品牌带来的效益，当地的茶农会自发组织起来，成立茶叶监管协会，对市场上的假冒伪劣产品进行举报，监督内部成员茶叶生产时的农药和化肥使用情况，目的就是维护好当地的茶叶品牌。因为组织起来的农民心里都清楚，如果茶叶品牌搞砸了，到最后当地每一个农民的自身利益都会受到损害，为了维护自身的合法利益，农民才会组织起来，成立行业协会，加强对当地茶叶市场和茶农生产行为的监督。投机农业好赚钱，投资农业难赚钱，就算赚也是辛苦钱。因此，新型职业农民从内心里非常珍惜来之不易的品牌，有维护好农产品品牌的内在动力。实际上，在广阔的中国农村地区，正是因为社会组织的行业协会发育程度很低，农产品质量监管的重任几乎都压在政府身上，导致行政成本高昂，政府因为人手有限，监管不过来，假冒伪劣、农药超标的低质量农产品才有了生存的空间。通过发育社会组织，进行行业协会内部监管，树立和弘扬新型职业农民的职业道德，是弥补政府

---

①　薛志成：《发达国家农民如何进市场》，《北京农业》2004年第5期。

力量不足、树立农产品品牌的重要措施。新型职业农民需要坚守职业道德和法制规则,对市场上的消费者负责,对社会和民族负责,不同于以家庭自给为中心的传统时期的小农。

(四) 充分发挥好农民主体性

"农民主体性是指农民在经济、社会、政治、文化等方面都有主导权、参与权、表达权、受益权和消费权等,包括经济主体性,社会主体性,文化主体性等层面。"① 农村要发展,最根本的是要依靠亿万农民。乡村建设运动的开创者梁漱溟很早就意识到农民主体性的重要性,"把启发农民自觉性作为乡村建设的万事之首,肯定与尊重农民在救济与建设乡村中的主体地位,以村学、乡学为载体开展民众教育,启发农民自觉性"②。在具体的工作开展中,"农民主体性可以理解为农民自身在创造和建设活动过程中能够担当主角,主动地发挥自身的智慧和创造力,并能成为创造和建设活动的成果的占有人和享有者"③。从这些论述中可以发现,因为研究的主题不同,学者对农民主体性论述侧重点有所差异,但基本上都包括农民的自主性、能动性和创造性等方面。坚持以人民为中心的发展理念,就需要在乡村振兴中坚持农民主体性,农民在乡村振兴中是有意志力的、自由的、处于主导地位的,农民在农业生产经营活动中是积极的、能动的、有选择力和创造力的。

"对农村发展道路问题的认识和理解,需要关注发展的主体性,尊重农村社会主体的自主选择,激发农民的创造性和激情。"④ 在农业生产上,农户是有效率的,在一个市场化的农业中,如果没有农民

---

① 王春光:《关于乡村振兴中农民主体性问题的思考》,《社会发展研究》2018 年第 1 期。
② 陈红、张福红:《梁漱溟农民主体性思想及其对新农村建设的启示》,《黑龙江社会科学》2016 年第 2 期。
③ 潘坤、黄杰:《农村污染治理中的农民主体性思考》,《农村经济》2018 年第 4 期。
④ 陆益龙:《多样性:真正理想的农村发展道路》,《人民论坛·学术前沿》2012 年第 10 期。

的自觉自愿积极参与，农业农村发展不可能收到令人满意的效果。政府再高明的计划或是设计，都比不上人民群众的想象力和创造力，人民群众是智慧的源泉，在农村发展中，需要充分尊重农民的主体性，调动和发挥好农民的主动性与创造性，乡村振兴的前提和保证，就是要有农民的积极参与，要有村庄共同体的存在和维系。而不是简单地把农民贴上落后和传统的标签，从外来者的立场和价值上对农民加以改造。如果主体间缺乏联动性，作为主体的农民，积极性难以调动起来，就会出现"政府拼命干，村民一边看"的非正常现象。总体来看，中国乡村近百年来的发展经历了再造农民和农民再造乡村两个阶段。再造农民是从改造农民入手，通过塑造"理想农民"来建立理想的乡村生活和乡村制度，农民再造乡村是通过农民自己来发展乡村，尊重农民的意愿，激发农民的主动性和创新意识，更有效地促进乡村可持续发展[1]。无论是新农村建设，还是乡村振兴道路，任何自认为先进与优秀的外在力量都永远无法完全替代乡村社会的内部动力，政府官员、专家、企业家都不会是无所不能的规划者与建设者，不可能代替农民的主体性作用。

在新型职业农民培育和乡村振兴的道路上，要树立正确的价值观，避免城市中心主义价值取向，这种价值取向把新型职业农民和乡村发展异化成为一种手段了。实际上，乡村发展本身就是目的，而不是手段。当然，也不应该对乡村进行美化和理想化，认为乡村什么都好，并不是所有乡村价值都是值得倡导和保留的，优良的乡村价值自然需要保留和弘扬，但是有的乡村价值相当落后，对人类进步并不有益，需要抛弃。为此，对乡村的发展既不能是强制型制度，也不能是放任型制度，而应该是引导型制度。要尊重新型职业农民的主体性，走内源式的发展道路，重视农民在建设乡村方面的积极性、主动性和创造性，"从地区的乡土文化传统出发，适应固有的自然生态环境，自立性的发展将能创造出地区经济自我循环机制，建立起可持续发展

---

[1] 秦红增：《农民再造与乡村发展》，《广西民族研究》2005年第2期。

的经济与社会基础"①。在市场经济条件下,政府不能用行政命令振兴乡村,不能把农村的集体土地强行流转,或者强迫农民上楼进城,也不能按照政府的意图统一种植某种农作物或者发展某项旅游业。尊重农民的主体性,就是尊重农民的选择和自由,自由是最高程度的发展。阿马蒂亚·森理论的核心思想是:"自由是发展的首要目的,自由也是促进发展的不可缺少的重要手段。"② 不尊重农民的意愿,没有农民的参与,即使是最完美的发展方案,从农民的眼中看来,也是外部强加的,因而是没有生命力的。不尊重农民的主体地位,就更谈不上创造性的发挥。在乡村振兴中,政府的作用和农民的作用都是必不可少的,两者间实际是角色分工和相互作用的关系,要相互合作,形成合力,而不能是绕开农民,政府单方面的规划和推进。"只有当农民能够独立自主地支配其生产要素时,才能做到资源的优化配置,农村的要素市场才能发育、发展起来,农村才会进一步走向开放,才会有新鲜的'血液'不断进入,农村才会获得新的发展机遇"③。村庄本身是一个社区,是一个生活共同体,应该由村民自己来经营和管理,政府不要在具体事务上有过多干涉。

总之,推进农业供给侧结构性改革,培育新型职业农民,核心问题是处理好政府与市场的关系,把市场在农业资源配置中发挥决定性作用和更好地发挥政府作用有机结合起来。充分重视农村社会组织和新型职业农民主体性力量的发挥,形成"政府在场""市场在场""社会在场""农民在场"的多主体互动场域。政府在为市场、社会提供运行的制度基础,补充和匡正市场、社会失灵之外,它还必须重视对市场、社会能力的培育和发展。后发国家市场和社会主体都相对较为弱小,在农业农村中尤其如此,在这一背景下,政府不仅需要认识到市场和社会自主管理的重要性,还需要对它们

---

① 周大鸣:《内源式发展与参与式发展》,《中国民族报》2006年3月17日。
② [印度]阿马蒂亚·森:《以自由看待发展》,任赜、于真译,中国人民大学出版社2002年版,第15页。
③ 陆益龙:《新型城镇化与乡村治理模式的变革》,《人民论坛》2013年第26期。

提供阶段性的扶持和培育，防范因为其能力不足而导致市场失灵、社会失灵。同时，"新兴工业化国家的已有经验显示，政府的这一扶持应随着市场、社会的能力提升而逐步退出，以防止政府行政力量对市场、社会自主性的侵蚀"[①]。市场、社会分别是促进经济发展、协调公平发展的首要路径，政府则需要承担农业农村发展的兜底功能和提供基本公共服务，在市场、社会能够发挥作用的领域，政府应避免多此一举的干预，政府是市场和社会力量的最终补充，形成有效的分工合作，掌握好各自的边界，有效衔接，功能互补。着眼于建立政府调控、市场主导、行业协调、农民主体的"四位一体"农业供给侧结构性改革治理架构，使我国农业供给侧结构与制度尽快适应全球化、市场化和现代农业发展的需要[②]。在推动现代农业的发展过程中，新型职业农民获得广阔的发展空间，才能茁壮成长。

二 新型职业农民培育是一项前景光明但不能操之过急的事业

在漫长农业社会，中国创造了悠久辉煌的农业文明，取得了举世瞩目的伟大成就，直到今天依然是我们重要的传统文化资源。在走向工业社会和后工业社会的历史进程中，传统农业正在进行快速深刻的转型，自给自足的农业走向以市场需求为导向的农业，小农和兼业农民转向新型职业农民。农业是国民经济的基础，粮食是基础的基础，吃饭问题始终是最重要的、最基础的刚性需求，这在任何社会形态都不会有变化。民以食为天，农为邦之本，中国是一个人口大国，在人口的大多数是农民的国度中，农民的命运就是国家的命运，农业的重

[①] 郁建兴：《从行政推动到内源发展：中国农业农村的再出发》，北京师范大学出版社 2013 年版，第 53—54 页。

[②] 黄祖辉、傅琳琳、李海涛：《我国农业供给侧结构调整：历史回顾、问题实质与改革重点》，《南京农业大学学报》（社会科学版）2016 年第 6 期。

要性不言而喻，怎么强调都不为过。中国农业现在面临着土地碎片化带来的缺乏适度规模效应，农业劳动人口年龄大、文化程度低，青壮年劳动力不愿意种田，农田肥力下降、农业污染加重，农产品的质量和结构不能满足民众的需求，食品安全问题引起广泛关注等困境，这些都呼唤新型职业农民的发展壮大。新型职业农民以农业作为自己的稳定甚至终身职业，农业成为最主要的收入来源，对土地充满感情，土地是财富的源头，会在充分保护的基础上做到永续使用。通过土地流转或社会化服务等方式实行适度规模经营，克服小片碎化导致效率低下的缺点，以市场需求为导向从事农产品的生产、经营和管理，为了获得更高的利润，会最先采用先进的技术和方法，在农业供给侧发力，提供绿色、有机、健康、环保的高质量农产品，走品牌之路，以增强市场竞争力，更好地满足民众对更高质量农产品的需求。新型职业农民是一项前景光明的事业，是解决"谁来种地、如何种好地"难题的主要破解人，是中国未来农产品的主要提供者，是保护粮食安全的捍卫者，是推动农业供给侧结构性改革的内生力量，会成为民众眼中令人羡慕和尊敬的职业。新型职业农民的兴起和发展壮大，是中国农业的希望，是由农业大国走向农业强国的推动者，为国家长治久安和社会和谐奠定坚实的基础。

中国人多地少的基本国情决定了新型职业农民的培育和壮大是一个长期过程，不能操之过急。新型职业农民需要建立在适度规模经营基础之上，要培育新型职业农民就要减少传统农民，如果城市社会没有提供足够多的就业岗位，不能实现农业转移人口的市民化，就难以推动农村土地稳定持续流转，适度规模经营就难以真正实现。同时，需要不断完善农村社会保障制度，弱化土地的保障功能，强化其资本功能，才能发挥好兜底的稳定功能和降低新型职业农民生产经营的风险，这些都需要长时段的时间周期。在人口城镇化上，在新型职业农民的培育上，我们要有足够的历史耐心。"如果指望在较短时期较大范围内，让为数众多的小规模兼业农户全部退出历史舞台，由此形成对粮食安全和社会稳定的负面影响需要高度警惕，操之过急，很可能得不偿失。"① 新型职业农民并不是一定要与大规模农业生产经营相匹配，建立在适度规模经营基础上的中农是新型职业农民的重要构成主体。新型职业农民是经济发展和社会转型的结果，是中国农业未来的发展方向，不是行政力量推动的产物，更不是一纸文件、一张证书能解决的。农业是一个非常专业的领域，需要懂行的人来做，不是圈出一块地，种上庄稼就能挣钱。农业是一个非常艰苦的产业，需要能吃苦的人来做。农业还是一个投资回报期长的产业，需要有实力的新型经营主体来做。若是实实在在做农业，很苦很累很不容易赚钱，农业生产和经营的成果是天时地利人和的有机结合，绝非一日之功，农业是一项有情怀的伟大事业。新型职业农民的发展壮大是一个长期的渐进式发展过程，要有足够的耐心和韧性，需要充分尊重农业发展的规律。

---

① 姜长云、杜志雄：《关于推进农业供给侧结构性改革的思考》，《南京农业大学学报》（社会科学版）2017 年第 1 期。

参考文献

一　著作

《马克思恩格斯全集》（第25卷），人民出版社1974年版。

《毛泽东选集》（第1卷），人民出版社1991年版。

《邓小平文选》（第3卷），人民出版社1993年版。

曹阳：《当代中国农业生产组织现代化研究》，中国社会科学出版社2015年版。

陈明：《农地产权制度创新与农民土地财产权利保护》，湖北人民出版社2006年版。

杜润生：《中国农村制度变迁》，四川人民出版社2003年版。

范水生：《休闲农业理论与实践》，中国农业出版社2011年版。

风笑天：《社会学研究方法》，中国人民大学出版社2001年版。

郭翔宇：《农业经济管理前沿问题研究》，中国财政经济出版社2012年版。

郭湛：《主体性哲学——人的存在及其意义》，云南人民出版社2002年版。

黄琳：《现代性视阈中的农民主体性》，云南大学出版社2010年版。

黄贤金：《土地经济学》，科学出版社2009年版。

孔祥智：《土地流转与新型农业经营主体培育》，中国农业出版社2015年版。

李俏：《农业社会化服务体系研究》，社会科学文献出版社2015年版。

刘静、郑永胜：《农村土地承包法原理精要与实务指南》，人民法院出版社2008年版。

刘志民：《教育经济学》，北京大学出版社2007年版。

陆学艺：《社会结构的变迁》，中国社会科学出版社1997年版。

陆学艺：《现阶段农民分化问题研究》，社会科学文献出版社2002年版。

宋洪远、赵海：《中国新型农业经营主体发展研究》，中国金融出版社2015年版。

阎志民：《中国现阶段阶级阶层研究》，中共中央党校出版社2002年版。

叶剑平：《中国农村土地产权制度研究》，中国农业出版社2000年版。

郁建兴：《从行政推动到内源发展：中国农业农村的再出发》，北京师范大学出版社2013年版。

袁方、风笑天：《社会调查原理与方法》，高等教育出版社1990年版。

袁方：《社会研究方法教程》，北京大学出版社1997年版。

岳永逸：《传统民间文化与新农村建设》，载李小云等主编《乡村文化与新农村建设》，社会科学文献出版社2008年版。

曾福生等：《农地流转的理论模式与机制构建》，中央编译出版社2012年版。

曾福生：《农业现代化与农村经济组织模式创新研究》，中国农业出版社2013年版。

张英洪：《农民、公民权与国家》，中央编译出版社2013年版。

郑大华：《民国乡村建设运动》，社会科学文献出版社2000年版。

钟涨宝：《农村社会学》，高等教育出版社2010年版。

朱启臻：《中国农民职业技术教育研究》，中国农业出版社2003年版。

［法］埃米尔·涂尔干：《社会分工论》，渠东译，生活·读书·新知

三联书店 2000 年版。

［法］孟德拉斯：《农民的终结》，李培林译，社会科学文献出版社 2005 年版。

［法］皮埃尔·布迪厄、［美］华康德：《实践与反思——反思社会学导论》，李猛、李康译，中央编译出版社 2004 年版。

［美］查尔斯·沃尔夫：《市场，还是政府——不完善的可选事物间的抉择》，重庆出版社 2007 年版。

［美］道格拉斯·诺斯：《制度、制度变迁与经济绩效》，刘守英译，上海三联书店 1994 年版。

［美］黄宗智：《长江三角洲小农家庭与乡村发展》，中华书局 1992 年版。

［美］黄宗智：《中国农村的过密化与现代化：规范认识危机及出路》，上海社会科学院出版社 1992 年版。

［美］西奥多·W. 舒尔茨：《改造传统农业》，梁小民译，商务印书馆 1987 年版。

［印度］阿马蒂亚·森：《以自由看待发展》，任赜、于真译，中国人民大学出版社 2002 年版。

［英］亨利·萨姆奈·梅因：《古代法》（一），高敏、瞿慧虹译，九州出版社 2007 年版。

［英］舒马赫：《小的是美好的》，虞鸿钧、郑关林译，商务印书馆 1985 年版。

二 论文

安希伋：《论土地国有永佃制》，《中国农村经济》1988 年第 11 期。

蔡继明：《农地流转与土地法规修订》，《理论前沿》2009 年第 7 期。

曹俊杰：《山东省几种现代生态农业模式的特征及其功效分析》，《中国软科学》2010 年第 12 期。

常明明：《现行土地制度下的农村环境问题及解决途径》，《生态经济》2007 年第 2 期。

陈柏峰：《两湖平原的乡村混混群体：结构与分层》，《青年研究》2010 年第 1 期。

陈柏峰：《乡村混混对村庄人际关系的影响》，《中国农业大学学报》（社会科学版）2010 年第 3 期。

陈柏峰：《乡村江湖、基层政权与"扫黑除恶"》，《中国法律评论》2018 年第 4 期。

陈朝兵：《农村土地"三权分置"：功能作用、权能划分与制度构建》，《中国人口·资源与环境》2016 年第 4 期。

陈航英：《新型农业主体的兴起与"小农经济"处境的再思考》，《开放时代》2015 年第 5 期。

陈红、张福红：《梁漱溟农民主体性思想及其对新农村建设的启示》，《黑龙江社会科学》2016 年第 2 期。

陈吉元、韩俊：《邓小平的农业"两个飞跃"思想与中国农村改革》，《中国农村经济》1994 年第 10 期。

陈建华：《农业规模经营的新模式——土地托管合作社》，《农村金融研究》2012 年第 10 期。

陈金涛、刘文君：《农村土地"三权分置"的制度设计与实现路径探析》，《求实》2016 年第 1 期。

陈军：《中国新型职业农民：历史演进、群体特征与现实困境》，《成都行政学院学报》2015 年第 1 期。

陈丽、周青：《略论循环农业中的生态学原理》，《生态经济》2006 年第 10 期。

陈良兵：《休闲农业的多维思考》，《思想战线》2017 年第 3 期。

陈琦：《我国农村土地流转的模式比较》，《学习与实践》2010 年第 10 期。

陈荣卓、盘宇：《理解当代中国农民主体性的三个维度》，《哲学研究》2014 年第 3 期。

陈五湖、印笋：《促进农业保险和家庭农场互动发展》，《农村经营管理》2014 年第 4 期。

陈锡文：《农村土地制度改革有 3 条不能突破的底线》，《农村百事通》2014 年第 2 期。

陈向明：《社会科学中的定性研究方法》，《中国社会科学》1996 年第 6 期。

陈晓华：《大力培育新型农业经营主体》，《农业经济问题》2014 年第 1 期。

陈永前、李育生、杨文：《铜仁市现代高效农业示范园区建设现状与对策研究》，《中共铜仁市委党校学报》2014 年第 1 期。

程伟、王征兵：《新时期农民职业教育的价值研究》，《内蒙古社会科学》（汉文版）2011 年第 2 期。

崔宁波、宋秀娟：《新型农业生产经营主体的发展现状与思路探析》，《东北农业大学学报》（社会科学版）2015 年第 3 期。

戴锦、张晓燕：《论中国生态农业经营模式》，《求索》2004 年第 5 期。

戴锦：《中国生态农业发展的三个层次》，《社会科学家》2004 年第 1 期。

戴岳明：《经济社会发展与土地制度变迁》，《江南论坛》2010 年第 7 期。

邓大才：《改造传统农业：经典理论与中国经验》，《学术月刊》2013 年第 3 期。

丁关良：《农村土地承包经营权性质的探讨》，《中国农村经济》1999 年第 7 期。

董帮应：《基于规模经营视角的农户经营主体的变迁》，安徽大学博士学位论文，2014 年。

董国礼、李里、任纪萍：《产权代理分析下的土地流转模式及经济绩效》，《社会学研究》2009 年第 1 期。

董磊明、陈柏峰、聂良波：《结构混乱与迎法下乡》，《中国社会科学》2008 年第 5 期。

董亚珍：《关于发展家庭农场的几点思考》，《黑龙江社会科学》2013

年第 5 期。

杜妍妍、姜长云:《发达国家农民培训的特点与启示》,《宏观经济管理》2005 年第 7 期。

杜园园:《中农塌陷:对农村土地不同流转模式的后果研究》,《西南石油大学学报》(社会科学版)2015 年第 1 期。

杜志雄:《"新农人"引领中国农业转型的功能值得重视》,《世界农业》2015 年第 9 期。

范巍:《农业部办公厅关于新型职业农民培育试点工作的指导意见》,《农民科技培训》2013 年第 8 期。

冯小:《新型农业经营主体培育与农业治理转型》,《中国农村观察》2015 年第 2 期。

傅广宛、韦彩玲:《农村土地股份合作模式:潜在问题及对策》,《学习与实践》2012 年第 8 期。

高强、刘同山、孔祥智:《论家庭农场的生成机制》,《国土资源导刊》2013 年第 7 期。

高昕:《略论新型农业经营主体的市场培育》,《经济界》2014 年第 4 期。

高云才:《畜牧业发展勿忘畜禽粪污问题》,《食品界》2017 年第 2 期。

耿国彪:《说不尽的"互联网+"》,《绿色中国》2016 年第 6 期。

龚春霞、陈柏峰:《外来混混对村庄秩序的影响》,《学术研究》2010 年第 6 期。

谷满意:《农村土地流转:政府权力与农民权利关系的研究》,《湖北省社会主义学院学报》2013 年第 4 期。

谷小勇、张巍巍:《新型农业经营主体培育政策反思》,《西北农林科技大学学报》(社会科学版)2016 年第 3 期。

顾钰民:《论土地承包经营权流转》,《复旦学报》(社会科学版)2009 年第 5 期。

管洪彦、孔祥智:《农村土地"三权分置"的政策内涵与表达思路》,

《江汉论坛》2017 年第 4 期。

郭庆海：《新型农业经营主体功能定位及成长的制度供给》，《中国农村经济》2013 年第 4 期。

郭晓鸣：《"三权分置"改革必须构建的三大制度支撑》，《中国合作经济》2016 年第 11 期。

国亮、侯军岐：《供给侧改革背景下农业产业升级分析》，《河南社会科学》2017 年第 1 期。

韩德军、朱道林：《西南山区典型农村土地流转与经营模式转变实证研究》，《农村经济》2014 年第 5 期。

韩江河：《关于农村土地流转的"成都模式"和"温州模式"比较与启示》，《广西大学学报》（哲学社会科学版）2008 年第 6 期。

韩俊：《土地政策：从小规模均田制走向适度规模经营》，《调研世界》1998 年第 5 期。

韩立达、王艳西、韩冬：《农地"三权分置"的运行及实现形式研究》，《农业经济问题》2017 年第 6 期。

韩万满：《发达国家农民进入市场的经验启示》，《经济研究参考》1998 年第 5 期。

韩志明：《乡村黑恶势力的生成逻辑及其运作机制》，《国家治理》2018 年第 3 期。

何军、王越：《以基础设施建设为主要内容的农业供给侧结构改革》，《南京农业大学学报》（社会科学版）2016 年第 6 期。

何立胜、李世新：《产业融合与农业发展》，《晋阳学刊》2005 年第 1 期。

河南省地方经济社会调查队：《河南省农村土地流转情况调查报告》，《农村经营管理》2014 年第 7 期。

贺雪峰：《农村：中国现代化的稳定器与蓄水池》，《党政干部参考》2011 年第 6 期。

衡霞：《农地流转中农民土地处分权保障研究》，《安徽农业科学》2013 年第 24 期。

衡霞、郑亮:《农地"三权分离"下农村社会治理新模式研究》,《云南社会科学》2016 年第 1 期。

洪仁彪、张忠明:《农民职业化的国际经验与启示》,《农业经济问题》2013 年第 5 期。

胡泊:《培育新型农业经营主体的现实困扰与对策措施》,《中州学刊》2015 年第 3 期。

胡传景、程石:《适当规模化,谨防"非粮化"》,《国土资源》2009 年第 3 期。

胡瑞法、孙顶强、董晓霞:《农技推广人员的下乡推广行为及其影响因素分析》,《中国农村经济》2004 年第 11 期。

胡小平、李伟:《农村人口老龄化背景下新型职业农民培育问题研究》,《四川师范大学学报》(社会科学版) 2014 年第 3 期。

胡晓兵、陈凡:《循环农业的生态学阐释》,《科技成果纵横》2006 年第 2 期。

胡震、朱小庆吉:《农地"三权分置"的研究综述》,《中国农业大学学报》(社会科学版) 2017 年第 1 期。

华芳英:《现代新型职业农民的特征趋向与培育路径》,《继续教育研究》2015 年第 6 期。

皇甫杰:《金融支持对农业产业化发展的作用研究》,《吉林广播电视大学学报》2015 年第 2 期。

黄闯:《新型农业经营主体生成发展中的风险研究》,《湖北农业科学》2015 年第 18 期。

黄鹤群:《"全托管":破解"谁来种地"的难题》,《现代经济探讨》2016 年第 1 期。

黄静:《"三权分置"下农村土地承包经营权流转规范问题研究》,《河南财经政法大学学报》2015 年第 4 期。

黄晓平:《财政支持新型农业经营主体发展研究》,《唯实》2015 年第 1 期。

黄延廷:《现阶段我国农地规模化经营的最优模式:家庭农场经营》,

《理论学刊》2013年第10期。

黄艳、秦趣：《六盘水"三变"改革新型农业经营主体发展研究》，《经济论坛》2016年9期。

黄宗智、高原：《中国农业资本化的动力：公司，国家，还是农户？》，《中国乡村研究》2013年第1期。

黄宗智：《小农户与大商业资本的不平等交易：中国现代农业的特色》，《开放时代》2012年第3期。

黄宗智：《中国农业发展三大模式：行政、放任与合作的利与弊》，《开放时代》2017年第1期。

黄宗智：《中国新时代的小农经济导言》，《开放时代》2012年第3期。

黄祖辉、傅琳琳、李海涛：《我国农业供给侧结构调整：历史回顾、问题实质与改革重点》，《南京农业大学学报》（社会科学版）2016年第6期。

黄祖辉、傅琳琳：《新型农业经营体系的内涵与建构》，《学术月刊》2015第7期。

黄祖辉、俞宁：《新型农业经营主体：现状、约束与发展思路——以浙江省为例的分析》，《中国农村经济》2010年第10期。

季昆森：《发展生态农业是保证农产品安全的基础》，《环境保护》2002年第5期。

贾生华、田传浩、张宏斌：《农地租赁市场与农业规模经营——基于江、浙、鲁地区农业经营大户的调查》，《中国农村观察》2003年第1期。

江激宇等：《种粮大户经营风险感知机理与实证检验》，《西北农林科技大学学报》（社会科学版）2016年第4期。

姜长云、杜志雄：《关于推进农业供给侧结构性改革的思考》，《南京农业大学学报》（社会科学版）2017年第1期。

姜长云：《推进农村一二三产业融合发展，新题应有新解法》，《中国发展观察》2015年第2期。

姜松、王钊、曹峥林:《不同土地流转模式经济效应及位序》,《中国土地科学》2013年第8期。

蒋平:《新型职业农民培育的几点思考》,《农业科技培训》2012年第4期。

蒋先福:《从身份社会向契约社会的转化及社会条件》,《湖南师范大学社会科学学报》1995年第1期。

解安:《三产融合:构建中国现代农业经济体系的有效路径》,《河北学刊》2018年第2期。

孔祥智:《农业供给侧结构性改革的基本内涵与政策建议》,《改革》2016年第2期。

孔祥智:《为农、务农、姓农——从山东实践看供销社改革的出发点和归宿点》,《中国合作经济》2015年第9期。

孔祥智、伍振军、张云华:《我国土地承包经营权流转的特征、模式及经验》,《江海学刊》2010年第2期。

孔祥智:《新型农业经营主体的地位和顶层设计》,《改革》2014年第5期。

雷瑛:《河南培育新型农业经营主体的财政政策探析》,《山东工商学院学报》2015年第1期。

李长健、杨莲芳:《三权分置、农地流转及其风险防范》,《西北农林科技大学学报》(社会科学版)2016年第4期。

李大垒、仲伟周:《农业供给侧改革、区域品牌建设与农产品质量提升》,《理论月刊》2017年第4期。

李国祥、杨正周:《美国培育新型职业农民政策及启示》,《农业经济问题》2013年第1期。

李汉卿:《新中国土地制度变迁与农民主体性发挥》,《武汉学刊》2009年第1期。

李红、何红中:《发达地区农民职业教育路径建构》,《江西社会科学》2013年第4期。

李红、王静:《日本农民职业教育:现状、特点及启示》,《中国农业教育》2012 年第 2 期。

李裴：《六盘水市农村"三变"改革调查》，《农村工作通讯》2016 年第 6 期。

李俏、李辉：《新型职业农民培育：理念、机制与路径》，《理论导刊》2013 年第 9 期。

李秋红、田世野：《农业人才供给侧改革与新农村建设》，《理论与改革》2016 年第 4 期。

李文学：《新型职业农民须具有四大特质》，《农村工作通讯》2012 年第 7 期。

李永成：《新农村法制建设的进路》，《四川大学学报》（哲学社会科学版）2010 年第 1 期。

李哲：《"三权分置"下的农村土地经营权研究》，《兰州学刊》2017 年第 8 期。

李志远、李尚红：《美国的家庭农场制给予的启示与我国农业生产组织形式的创新》，《经济问题探索》2006 年第 9 期。

梁斌、夏玉芬：《农村土地承包经营权流转主体制度研究》，《农业考古》2012 年第 6 期。

梁惟：《从身份到契约：我国现代化的必由之路》，《南昌航空大学学报》（社会科学版）2011 年第 4 期。

林毅夫：《中国家庭承包责任制改革：农民的制度选择》，《北京大学学报》（哲学社会科学版）1988 年第 4 期。

凌云：《关于国家粮食生产核心区农业供给侧改革的若干思考》，《中州学刊》2017 年第 5 期。

刘成林：《现代农业产业体系特征及构建途径》，《农业现代化研究》2007 年第 4 期。

刘汉文：《集并流转土地，推进水稻全程机械化》，《湖北农机化》2009 年第 5 期。

刘军：《创意休闲农业发展模式及对湖南的经验借鉴》，《湖南农业科学》2012 年第 12 期。

刘润秋：《耕地占补平衡模式运行异化风险及其防范》，《四川大学学报》（哲学社会科学版）2010年第3期。

刘润秋：《近期中国农村土地流转模式理论争鸣及原因探析》，《农村经济》2011年第5期。

刘颖：《从身份到契约与从契约到身份》，《天津社会科学》2005年第4期。

刘勇、胡仲明、邱和生：《江西培育新型农业经营主体问题研究》，《江西行政学院学报》2015年第1期。

刘勇、庄小琴：《创新农业经营体系 推动现代农业发展》，《求实》2013年第12期。

刘远坤：《农村"三变"改革的探索与实践》，《行政管理改革》2016年第1期。

楼栋、孔祥智：《新型农业经营主体的多维发展形式和现实观照》，《改革》2013年第2期。

楼建波：《农户承包经营的农地流转的三权分置》，《南开学报》（哲学社会科学版）2016年第4期。

卢荣善：《农业现代化的本质要求：农民从身份到职业的转换》，《经济学家》2006年第6期。

卢彦伶、唐跟利：《农村土地流转中"反租倒包"模式的SWOT分析》，《焦作大学学报》2016年第2期。

陆文聪、吴连翠：《兼业农民的非农就业行为及其性别差异》，《中国农村经济》2011年第6期。

陆益龙：《多样性：真正理想的农村发展道路》，《人民论坛·学术前沿》2012年第10期。

陆益龙：《农民市场意识的形成及其影响因素》，《中国人民大学学报》2012年第3期。

陆益龙：《西方学者眼中的中国农民及乡村社会》，《浙江学刊》2002年第4期。

陆益龙：《新型城镇化与乡村治理模式的变革》，《人民论坛》2013年第 26 期。

吕亚荣、李登旺：《土地托管专业合作社：运作模式、成效、问题及对策建议》，《农业经济与管理》2013 年第 5 期。

伦智慧、朱慧劼：《作为职业、身份、地位和文化的农民角色》，《北京农业职业学院学报》2016 年第 2 期。

罗必良：《土地流转须有严格而规范的制度匹配》，《农村工作通讯》2008 年第 21 期。

罗大蒙、徐晓宗：《从身份到契约：当代中国农民公民身份的缺失与重构》，《党政研究》2016 年第 1 期。

罗剑朝：《论农地流转市场化与农民职业保障社会化的政策》，《河北学刊》2000 年第 5 期。

罗凌、崔云霞：《再造与重构：贵州六盘水"三变"改革研究》，《农村经济》2016 年第 12 期。

罗宁、卢大文：《改造中国"传统农业"：值得关注的几个问题》，《天府新论》2008 年第 2 期。

罗小锋：《农户参与农业基础设施建设的意愿及影响因素——基于湖北省 556 户农户的调查》，《中南财经政法大学学报》2012 年第 3 期。

罗玉辉、林龙飞、侯亚景：《集体所有制下中国农村土地流转模式的新设想》，《中国农村观察》2016 年第 4 期。

马九杰：《"资本下乡"需要政策引导与准入监管》，《中国党政干部论坛》2013 年第 3 期。

马良灿：《主体重建——中国乡村社会治理的四次转型》，《学习与探索》2014 年第 9 期。

毛政：《新型农业经营主体金融供给改革探析》，《湖南农业大学学报》（社会科学版）2016 年第 1 期。

米松华、黄祖辉、朱奇彪：《新型职业农民：现状特征、成长路径与政策需求》，《农村经济》2014 年第 8 期。

倪春华：《涪陵加快培育新型职业农民的对策研究》，《中外企业家》

2015 年第 34 期。

《农业部办公厅关于新型职业农民培育试点工作的指导意见》，《农民科技培训》2013 年第 8 期。

农业部农村经济体制与经营管理司课题组：《农业供给侧结构性改革背景下的新农人发展调查》，《中国农村经济》2016 年第 4 期。

潘俊：《农村土地"三权分置"：权利内容与风险防范》，《中州学刊》2014 年第 11 期。

潘坤、黄杰：《农村污染治理中的农民主体性思考》，《农村经济》2018 年第 4 期。

潘坤：《农业供给侧改革中的农民主体性思考》，《社会科学家》2016 年第 6 期。

彭安绪：《生态农业：理想与现实的矛盾》，《农业经济问题》1989 年第 5 期。

彭世良、吴甫成：《有机废弃物在生态农业中的多级循环利用》，《生态经济》2001 年第 7 期。

彭毅、张仁伟：《作业服务经营和土地流转经营相结合》，《湖南农机》2009 年第 3 期。

皮修平：《湖南发展新型农业经营主体的三个关键问题》，《中国乡村发现》2014 年第 4 期。

戚如强：《基础制度构建：农民主体性生成的现实路径选择》，《理论与改革》2007 年第 2 期。

钱忠好：《中国农村土地承包经营权的产权残缺与重建研究》，《江苏社会科学》2002 年第 2 期。

秦炳涛：《日本生态农业发展策略探析》，《农业经济问题》2015 年第 6 期。

秦红增：《农民再造与乡村发展》，《广西民族研究》2005 年第 2 期。

邱晔、黄群慧：《休闲农业中的美感资源与美感体验分析》，《中国农村观察》2016 年第 2 期。

沈红梅、霍有光、张国献等：《新型职业农民培育机制研究——基于农业现代化视阈》,《现代经济探讨》2014年第1期。

史蕾:《从"两权分置"到"三权分置":农地产权制度演变的逻辑》,《学习与实践》2017年第6期。

宋洪远:《关于农业供给侧结构性改革若干问题的思考和建议》,《中国农村经济》2016年第10期。

孙鸿良:《我国生态农业主要种植模式及其持续发展的生态学原理》,《生态农业研究》1996年第1期。

孙科、郭明顺、孟奇恺:《职业农民培育模式变革与高校定位变化思考》,《高等农业教育》2014年第12期。

孙宁华、堵溢、洪永淼:《劳动力市场扭曲、效率差异与城乡收入差距》,《管理世界》2009年第9期。

孙晓燕、苏昕:《土地托管、总收益与种粮意愿》,《农业经济问题》2012年第8期。

孙中华:《大力培育新型农业经营主体 夯实建设现代农业的微观基础》,《农村经营管理》2012年第1期。

孙中华:《积极引导和扶持家庭农场发展》,《农村经营管理》2013年第9期。

田永胜:《以农业供给侧结构性改革保障食品安全》,《中国党政干部论坛》2017年第2期。

仝志辉、温铁军:《资本和部门下乡与小农户经济的组织化道路》,《开放时代》2009年第4期。

童洁、李宏伟、屈锡华:《我国新型职业农民培育的方向与支持体系构建》,《财经问题研究》2015年第4期。

万宝瑞、李存佶:《家庭农场土地适度经营规模探讨》,《中国农村经济》1986年第12期。

万秀丽:《农民专业合作组织:发挥农民主体性作用的重要载体》,《宁夏社会科学》2011年第3期。

汪发元:《中外新型农业经营主体发展现状比较及政策建议》,《农业经济问题》2014年第10期。

汪洋：《推进现代生态农业产业化发展》，《农村工作通讯》2015 年第 17 期。

王彩霞：《山西省新型职业农民培育路径探析》，《山西农业大学学报》（社会科学版）2015 年第 5 期。

王春光：《关于乡村振兴中农民主体性问题的思考》，《社会发展研究》2018 年第 1 期。

王春娅：《我国农产品价值链风险管理浅析》，《物流科技》2010 年第 9 期。

王存兴：《土地托管拓宽农民增收路》，《农村经营管理》2014 年第 2 期。

王国敏、邓建华：《重塑农民主体性是破解"三农"问题的关键》，《现代经济探讨》2010 年第 9 期。

王国敏、翟坤周：《确权赋能、结构优化与新型农业经营主体培育》，《改革》2014 年第 7 期。

王宏英、王辉：《西北地区农民职业道德研究》，《兰州学刊》2012 年第 3 期。

王竞佼、隋文香：《农村土地托管制度探讨》，《经济师》2010 年第 1 期。

王恺：《新型农业生产经营主体风险管理问题探析》，《安徽农业科学》2015 年第 15 期。

王乐杰、沈蕾：《城镇化视阈下的新型职业农民素质模型构建》，《西北人口》2014 年第 3 期。

王如松：《从农业文明到生态文明》，《中国农村观察》2000 年第 1 期。

王旺：《"田保姆"：土地托管模式的成功探索》，《中国合作经济》2017 年第 5 期。

王昕坤：《产业融合——农业产业化的新内涵》，《农业现代化研究》2007 年第 5 期。

王亚华：《农村土地"三权分置"改革：要点与展望》，《人民论坛·

学术前沿》2017 年第 6 期。

王颜齐、郭翔宇：《土地承包经营权流转外部性问题探索——基于土地发展权的讨论》，《学术交流》2014 年第 7 期。

王英：《农民，是职业、还是身份？》，《社会》1999 年第 7 期。

王跃生：《家庭责任制、农户行为与农业中的环境生态问题》，《北京大学学报》（哲学社会科学版）1999 年第 3 期。

韦彩玲：《土地流转"龙头企业+合作社+农民"模式的潜在问题及对策研究》，《甘肃社会科学》2012 年第 6 期。

韦鸿、王琦玮：《农村集体土地"三权分置"的内涵、利益分割及其思考》，《农村经济》2016 年第 3 期。

韦晓菡：《基于农业供给侧改革的广西农业产业集群发展探讨》，《学术论坛》2016 年第 3 期。

魏学文、刘文烈：《新型职业农民：内涵、特征与培育机制》，《农业经济》2013 年第 7 期。

吴海峰：《推进农业供给侧结构性改革的思考》，《中州学刊》2016 年第 5 期。

吴琳：《晋安区休闲农业发展研究》，《福建农林大学学报》（哲学社会科学版）2017 年第 2 期。

吴晓燕：《农民、市场与国家：基于集市功能变迁的考察》，《理论与改革》2011 年第 2 期。

伍俊斌：《中国市民社会的文化建构：从身份走向契约》，《学术界》2006 年第 2 期。

夏益国、宫春生：《粮食安全视阈下农业适度规模经营与新型职业农民》，《农业经济问题》2015 年第 5 期。

夏永祥、殷杰：《改造传统农业：中国的历史经验、现实与对策》，《中国农村观察》2005 年第 5 期。

夏甄陶：《人在对象性活动中的主体性》，《人文杂志》1995 年第 4 期。

县域经济观察员：《农村土地流转交易中心三大典型模式》，《理论与当代》2008 年第 11 期。

向国成、韩绍凤:《分工与农业组织化演进:基于间接定价理论模型的分析》,《经济学》2007 年第 2 期。

肖菲、王桂丽:《我国新型职业农民培育政策沿革探究》,《江苏开放大学学报》2016 年第 2 期。

肖卫东、梁春梅:《农村土地"三权分置"的内涵、基本要义及权利关系》,《中国农村经济》2016 年第 11 期。

邢传:《我国社会治理的主题:为农民提供公共服务》,《广东行政学院学报》2003 年第 3 期。

邢思和、常力、田文冰:《搞好土地托管,搭建为农服务新平台》,《中国合作经济》2016 年第 12 期。

徐刚:《从土地托管看农业社会化服务》,《农村经营管理》2013 年第 7 期。

徐洁、韩莉:《加大农村公共产品供给,促进二元经济结构转化——韩国新村运动对我国农村经济发展的启示》,《北京联合大学学报》2003 年第 2 期。

徐天敏:《新型职业农民的内涵及特征研究》,《农村经济与科技》2015 年第 10 期。

徐向文:《耕地流转制度实践的再思考》,《社会学评论》2015 年第 2 期。

徐勇:《现代国家建构与农业财政的终结》,《华南师范大学学报》(社会科学版)2006 年第 2 期。

许东风:《新西兰农民工教育培训的经验及启示》,《调研世界》2011 年第 12 期。

许浩:《培育新型职业农民:路径与举措》,《中国远程教育(综合版)》2012 年第 11 期。

许经勇:《马克思的生态经济理论与当代中国实践》,《当代经济研究》2008 年第 9 期。

许经勇:《农业供给侧改革与提高要素生产率》,《吉首大学学报》

（社会科学版）2016 年第 3 期。

许经勇：《以体制改革与机制创新为根本途径》，《福建论坛·人文社会科学版》2017 年第 4 期。

薛志成：《发达国家农民如何进市场》，《北京农业》2004 年第 5 期。

杨继瑞、杨博维、马永坤：《回归农民职业属性的探析与思考》，《中国农村经济》2013 年第 1 期。

杨善华、宋倩：《税费改革后中西部地区乡镇政权自主空间的营造》，《社会》2008 年第 4 期。

杨述明、张社：《破解乡村灰色势力治理困境》，《社会治理》2016 年第 2 期。

杨卫东：《关于家庭农场工商登记的调研报告》，《工商行政管理》2013 年第 11 期。

杨永华：《舒尔茨的"改造传统农业"与中国三农问题》，《南京社会科学》2003 年第 9 期。

杨玉珍：《传统农区三权分置政策执行的风险及影响因素》，《中州学刊》2016 年第 12 期。

杨玉珍：《农村三权分置政策执行偏差的成因及其矫正》，《农业经济问题》2017 年第 6 期。

叶俊焘、米松华：《新型职业农民培育的理论阐释、他国经验与创新路径——基于农民现代化视角》，《江西社会科学》2014 年第 4 期。

袁铖：《农村土地承包经营权流转效率问题研究》，《河北经贸大学学报》2014 年第 3 期。

苑鹏、杜吟棠、吴海丽：《土地流转合作社与现代农业经营组织创新——彭州市磁峰皇城农业资源经营专业合作社的实践》，《农村经济》2009 年第 10 期。

张翠梅、高吉祥：《农村公共产品供给下的农民主体性缺失》，《理论研究》2011 年第 1 期。

张丁、万蕾：《农户土地承包经营权流转的影响因素分析——基于 2004 年的 15 省（区）调查》，《中国农村经济》2007 年第 2 期。

张端：《新中国成立以来中国农民的变迁及走向》，中共中央党校博士学位论文，2013年。

张贵友：《农产品流通基础设施对农业生产影响的机理》，《中国农学通报》2008年第11期。

张国进：《水肥一体化技术实践》，《农业技术与装备》2011年第5期。

张海鹏：《我国农业发展中的供给侧结构性改革》，《政治经济学评论》2016年第2期。

张红宇：《创新制度供给，构建中国农业大格局》，《农村经营管理》2018年第1期。

张红宇、张海阳：《中国特色农业现代化：目标定位与改革创新》，《中国农村经济》2015年第1期。

张华光：《粮食烘干机市场将往何处去》，《农机科技推广》2014年第11期。

张克俊、黄可心：《土地托管模式：农业经营方式的重要创新》，《农村经济》2013年第4期。

张力、郑志峰：《推进农村土地承包权与经营权再分离的法制构造研究》，《农业经济问题》2015年第1期。

张明媚：《新型职业农民内涵、特征及其意义》，《农业经济》2016年第10期。

张守夫、张少停：《"三权分置"下农村土地承包权制度改革的战略思考》，《农业经济问题》2017年第2期。

张曙光：《私有或者革命》，《财经文摘》2008年第7期。

张桃林：《培育新型职业农民将伴随农业现代化发展全过程》，《农民科技培训》2012年第5期。

张晓山：《小农户与大政府、大市场的博弈》，《三农问题》2006年第5期。

张扬：《试论我国新型农业经营主体形成的条件与路径》，《当代经济科学》2014年第3期。

张亿钧、朱建文、秦元芳、文忠桥:《农村"三变"改革:实践与思考》,《中国合作经济》2017年第4期。

张银行:《我国耕地保护行政管理制度亟待完善》,《企业改革与管理》2015年第16期。

张照新、赵海:《新型农业经营主体的困境摆脱及其体制机制创新》,《改革》2013年第2期。

张忠根、黄祖辉:《规模经营:提高农业比较效益的重要途径》,《农业技术经济》1997年第5期。

赵飞、章家恩:《广东传统农业的生态学智慧述论》,《生态科学》2015年第2期。

赵金国、岳书铭:《粮食类家庭农场:规模效率实现及其适度规模界定》,《东岳论丛》2017年第4期。

赵万一:《中国农民权利的制度重构及其实现途径》,《中国法学》2012年第3期。

赵霞、韩一军、姜楠:《农村三产融合:内涵界定、现实意义及驱动因素分析》,《农业经济问题》2017年第4期。

赵霞、吴方卫、张锦华:《农业产业集群优化升级的空间配置模型:供应链管理视角》,《财经研究》2010年第8期。

赵晓峰、何慧丽:《合作化还是组织化——"国家、市场与农民"关系框架下农村基层组织制度变革路径的建构》,《中共杭州市委党校学报》2013年第5期。

赵晓歌:《农地"三权分置"的现实因应》,《重庆社会科学》2017年第5期。

郑杭生:《当前中国比较文明研究的任务》,《社会科学辑刊》1994年第2期。

郑杭生、李迎生:《中国早期社会学中的乡村建设学派》,《社会科学战线》2000年第3期。

郑学党:《供给侧改革、互联网金融与农业产业化发展》,《河南社会科学》2016年第12期。

郑志涛：《从身份到职业：我国农民主体资格认定标准的重构》，《江西社会科学》2015 年第 2 期。

中华人民共和国农业部：《关于实施农村实用人才培养"百万中专生计划"的意见》，《中华人民共和国农业部公报》2005 年第 12 期。

中央党校农村改革调查课题组：《中国农村改革发展的新探索》，《中国党政干部论坛》2016 年第 11 期。

仲云龙、楼庆庆、郑颖：《农机合作社"保姆式"托管服务的实践探索》，《农业装备技术》2010 年第 4 期。

周飞舟：《生财有道：土地开发和转让中的政府和农民》，《社会学研究》2007 第 1 期。

周娟：《土地流转与规模经营的重新解读：新型农业服务模式的发展与意义》，《华中农业大学学报》（社会科学版）2017 年第 4 期。

周蓉：《农业供给侧改革的科技支撑》，《中国农村科技》2016 年第 5 期。

周镕基、皮修平：《供给侧视角下农业"悖论"的成因及其对策》，《湖南师范大学社会科学学报》2017 年第 1 期。

周镕基、皮修平、吴思斌：《供给侧视角下农业"悖论"化解的路径选择与体制机制构建》，《经济问题探索》2016 年第 8 期。

周镕基：《现代多功能农业的价值学研究》，《经济问题探索》2011 年第 12 期。

周少来：《城乡一体化进程中的土地流转模式研究》，《云南大学学报》（社会科学版）2017 年第 3 期。

周艳丽、马超侠：《新型职业农民就业特征、成长路径与政策调控研究》，《农业经济》2016 年第 8 期。

朱长宁：《价值链重构、产业链整合与休闲农业发展》，《经济问题》2016 年第 11 期。

朱光磊：《从身份到契约》，《当代世界与社会主义》1998 年第 1 期。

朱广其：《基于职业农民主体发展现代农业的思考》，《河北科技师范学院学报》2013 年第 4 期。

朱海强:《阜阳市智慧农业研究与发展》,《农机科技推广》2016 年第 12 期。

朱立志、陈金宝:《郎溪县家庭农场 12 年的探索与思考》,《中国农业信息》2013 年第 14 期。

朱启臻:《创造良好社会环境　培养新型职业农民》,《农民科技培训》2012 年第 5 期。

朱启臻、胡鹏辉、许汉泽:《论家庭农场:优势、条件与规模》,《农业经济问题》2014 年第 7 期。

朱启臻、闻静超:《论新型职业农民及其培育》,《农业工程》2012 年第 3 期。

朱启臻:《新型职业农民的内涵特征及其地位作用》,《中国农业信息》2013 年第 17 期。

朱启臻:《新型职业农民特征、地位与存在形式》,《农民科技培训》2013 年第 11 期。

三　外文文献

Chao, Kang, *Man and Land in Chinese History: An Economic Analysis*, Stanford University Press, 1986.

Elvin, Mark, *The Pattern of the Chinese Past*, Stanford University Press, 1973.

E. R. Wolf, *Peasants. Englewood Cliffs*, New Jersey: Prentice-Hall, 1966.

Geertz, Clifford, *Agricultural Involution*, University of California Press, 1963.

Jirong Wang and Eric J. Wailes, "A Shadow-Price Frontier Measurement of Profit Efficiency in Chinese Agriculture", *American Journal of Agricultural Economics*, 1996, Vol. 78, No. 1.

Popkin, Samuel, *The Rational Peasant: The Political Economy of Rural Society in Vietnam*, University of California Press, 1979.

Rosenberg N., "Technological Change in the Machine Tool Industry: 1840 – 1910", *The Journal of Economic History*, 1963.

Scott, James C., *The Moral Economy of the Peasant: Rebellion and Subsistence in Southeast Asia*, New Haven: Yale University Press, 1976.

Terry van Dijk, "Scenarios of Central European Land Fragmentation", *Land Use Policy*, 2003, Vol. 20.

Yao Yang, "The Development of the Land Lease Market in Rural China", *Land Economics*, 2000, Vol. 76, No. 2.

四 报纸

《2万多斤西瓜一夜之间全被砍烂，河南64岁瓜农落泪》，《大河报》（https://www.henan100.com/news/2018/789055.shtml）。

安徽省委农村工作领导小组办公室：《周密部署深入实施农村"三变"改革，加快发展现代农业增加农民收入》，《安徽日报》2016年9月12日第8版。

包雯琦：《蒸汽压片玉米能有效提高肉牛生产性能》，《中国畜牧兽医报》2015年3月8日。

高云才：《农产品加工业将更有活力》，《人民日报》2017年1月2日。

高云才：《"三权分置"是农村土地产权制度的重大创新》，《人民日报》2016年11月4日第6版。

关于制定国民经济和社会发展第十一个五年规划建议的说明，《人民日报》2005年10月20日第1版。

韩长赋：《土地"三权分置"是中国农村改革的又一次重大创新》，《光明日报》2016年1月26日第1版。

韩俊：《准确把握土地流转需要坚持的基本原则》，《农民日报》2014年10月22日第2版。

孔自林：《"三权分置"为推动现代农业发展奠定制度基础》，《中国商报》2016年11月11日第A03版。

刘慧:《多渠道创新确保"颗粒入仓"》,《经济日报》2014年8月1日。

刘奇:《家庭经营是新型农业经营体系的主体》,《农民日报》2013年6月1日第3版。

刘文勇:《土地"托管"与"流转",区别在哪里?》,《中国国土资源报》2017年2月20日第7版。

刘元胜、史咏:《精准推进土地"三权分置"》,《中国社会科学报》2016年8月17日第4版。

农艳:《美国农民怎么种地》,《市场报》2005年11月23日第12版。

彭鑫:《资金精准注入新型农业主体》,《中国农村信用合作报》2015年9月8日第3版。

《"青莲食品"如何玩转生猪养殖》,《浙江日报》2016年10月17日第10版。

曲一歌:《土地制度改革再进一步:三权分置,适度规模》,《中国经济导报》2014年12月20日第A01版。

沈建华:《为新型经营主体提供精准服务》,《农民日报》2014年10月15日第1版。

史力:《10县区开展农村"三变"改革试点》,《安徽日报》2016年9月23日第1版。

汤金升:《金融支持新型农业经营模式探析》,《金融时报》2014年12月29日第11版。

田川:《"三权分置":激荡农村土地制度改革新浪潮》,《社会科学报》2016年12月8日第1版。

王淼:《农民职业化执证种地成"新潮"》,《中国改革报》2013年2月25日。

肖俊彦:《构建培育我国新型职业农民的政策框架》,《中国经济时报》2016年8月23日第8版。

曾福生:《三权分置后促进农村土地流转的对策》,《中国社会科学报》2017年1月10日第4版。

张红宇：《从"两权分离"到"三权分离"》，《人民日报》2014年1月14日第7版。

张红宇：《落实"三权分置"，引导多种形式适度规模经营健康发展》，《农民日报》2016年12月27日第7版。

张延明：《推进农村"三变"改革试点，培育农业农村发展新动能》，《安徽日报》2017年2月27日第7版。

赵永平：《让"农民"从身份变职业》，《人民日报》2013年8月18日第9版。

《中共中央国务院关于推进社会主义新农村建设的若干意见》，《人民日报》2006年2月22日第1版。

周大鸣：《内源式发展与参与式发展》，《中国民族报》2006年3月17日。

周怀龙：《如何走出土地流转"非粮化"困局》，《中国国土资源报》2014年6月30日。

朱启臻：《新型职业农民来源可多元化》，《农民日报》2012年3月21日第6版。

五　网站、统计公告等

《安徽省关于培育发展家庭农场的意见》（皖政办〔2013〕35号），安徽省人民政府办公厅（http：//www.tuliu.com/read-25005.html）。

国新网：《国新办举行关于完善农村土地"三权分置"办法发布会》（http：//www.scio.gov.cn/xwfbh/xwbfbh/wqfbh/33978/35411/）。

郝蕾：《陕西认证高级职业农民，有人24岁已年收入百万》（http：//new.qq.com/cmsn/20150419006675）。

刘梅：《安徽移动应用4G技术助力农业物联网建设》（http：//www.cctime.com/html/2015-3-16/2015316134327038.htm）。

农业部长：《要把农民回归职业概念，让农民成为令人羡慕的职业》（http：//www.sohu.com/a/169185257_260616）。

芜湖市统计局芜湖调查队：《2016 年芜湖市国民经济和社会发展统计公报》。

芜湖市物价局：《2016 年芜湖市秋粮生产和市场情况调查报告》。

习近平：《手中有粮，心中不慌》，新华网（http://news.sohu.com/20131128/n390972184.shtml），2013 年 11 月 28 日。

张晓山：《辩证地看待工商资本进入农业问题》，中国农业新闻网（http://www.360doc.com/content/14/1030/10/1302411_421078107.shtml），2014 年 10 月 30 日。

中共中央办公厅、国务院办公厅：《关于引导农村土地经营权有序流转发展农业适度规模经营的意见》，2014 年 11 月 20 日。

《中华人民共和国农民专业合作社法》（http://www.fdi.gov.cn/1800000121_23_61763_0_7.html）。

后　　记

　　笔者在农村调研时，直观地感觉到，不少地区的年轻人都到城市打工，农村空心化现象严重，种地的主体是五十岁以上的中老年人，等这一批人年老以后，种地将面临后继无人的困境，谁来种地成为一个很现实的问题。而且，中国农业要增强在世界市场上的竞争力，从农业大国走向农业强国，需要提高机械化程度、科技含量和管理水平，年龄较大的传统农民和兼业农民难以满足现代农业的需要，如何种好田成为一个严峻的现实问题。笔者深刻地感受到，中国农业的出路和希望在于新型职业农民，只有培育出有文化、懂技术、会经营、善管理的高素质新型职业农民，才能生产出更高质量的农产品，更好地满足人民群众日益提高的需求。

　　但是，新型职业农民不是凭空产生的，也不是颁发一张新型职业农民资格证书就是职业农民，这只是形式主义。真正的新型职业农民必须建立在现代农业的健康持续发展基础之上，没有现代农业的发展，没有合理的盈利空间，在市场机制的调节下，新型职业农民就是无源之水无本之木。要真正培育出新型职业农民，就需要走适度规模经营之路，完善农业服务体系，拓展延伸农业产业链，创造良好的农业生产和经营环境，新型职业农民才能真正成长起来。

　　出于研究兴趣，笔者申请了国家社会科学基金项目，在顺利立项之后，就立即着手开展课题研究工作，经过三年时间的调研和写作，课题顺利结项，鉴定等级为良好（证书编号：20194040）。在书稿即将出版之际，要向许多帮助过我的单位和个人表示衷心感谢。

　　感谢安徽大学社会与政治学院，这是我的工作单位。学院学科建设蒸蒸日上，给教职工提供了宽广的发展平台，形成了浓厚的科研氛围，我的每一个成长和进步都得益于学院的培养和督促，感谢吴理财院长、蔡俊萍书记为代表的学院领导和老师们对我的指导和帮助。

感谢安徽大学农村改革与经济社会发展研究院（原安徽大学中国三农问题研究中心），这是一个优秀的研究团队，以张德元院长为代表的研究团队对课题研究给予了诸多支持和帮助，衷心感谢三农中心的各位老师。

感谢安徽大学文科处，这是课题的管理部门，陈义平处长和宣玉老师多次关心课题进展，给予指导和鼓励。

感谢课题调查对象的支持与配合，有各级农委的领导和工作人员，有镇村基层干部，有新型职业农民，他（她）们为课题研究提供素材，贡献智慧，也让我开阔视野，增长见识。

本书是国家社会科学基金项目的结项成果，感谢在课题立项和结项过程中评审专家给予的肯定和鼓励。

感谢中国社会科学出版社田文老师，本书的顺利出版离不开她的辛勤劳动和高水平的编辑。

感谢江立华教授和陆益龙教授，在课题研究过程中，提出宝贵的建议，江立华教授拨冗写序，给予鼓励和肯定。

感谢我的家人，爱人承担了绝大部分的家务劳动，我才能更多地集中时间进行调研和写作，对此心怀愧疚。感谢孩子带给我的快乐，与孩子共同成长，是一件很幸福的事情。

从当前的现实情况来看，农民的经济社会地位不高，农民尚未成为一个令人羡慕的职业，在人多地少、农业效益不高的现实国情下，新型职业农民的发展壮大是一个长期的渐进式过程，需要充分尊重农业的发展规律，有足够的耐心。培育新型职业农民是一个难度很大的工作，笔者能力有限，肯定会存在这样那样的不足，敬请专家学者和读者提出批评建议，帮助我在后续研究中进行改正和提升。

熊凤水
2020 年 6 月